Richard Glazar

Die Falle mit dem grünen Zaun

rat UNRAST

Richard Glazar

Die Falle mit dem grünen Zaun

Überleben in Treblinka

Mit einem Vorwort von Wolfgang Benz

UNRAST

Wir danken Jan und Gerd vom Verein Argumente und Kultur gegen Rechts für die Texterfassung und Ute Krabbenhöft für die Unterstützung bei der Textbearbeitung.

Pavla Fröhlich danken wir ihr Vertrauen, uns die Rechte an diesem Buch zu übertragen.

Impressum

Die Deutsche Bibliothek – CIP-Einheitsaufnahme;

Richard Glazar
Die Falle mit dem grünen Zaun
Überleben in Treblinka

3. Auflage
Münster: Unrast 2023
(reihe antifaschistischer texte)
ISBN 978-3-89771-827-2

Richard Glazar
Die Falle mit dem grünen Zaun
Überleben in Treblinka
rat · reihe antifaschistischer texte/UNRAST-Verlag
Hamburg/Münster, Januar 2018
ISBN 978-3-89771-819-7
Satz: pbdt, Hamburg
Druck: Multiprint, Kostinbrod

www.unrast-verlag.de
Mitglied in der assoziation Linker Verlage (aLiVe)

Inhalt

Vorwort

Unter dem Stichwort Treblinka erfährt man aus einem weit verbreiteten Lexikon, dass es sich um ein südöstlich von Warschau gelegenes Vernichtungslager gehandelt habe, das von 1942 bis 1944 existierte: »Insgesamt wurden in Treblinka etwa 900.000 Menschen, meist Juden, getötet, darunter 323.000 Juden aus dem Warschauer Ghetto. 1943 fand ein Aufstand von etwa eintausend Arbeitshäftlingen statt.« Vieles wäre dem anzufügen und etliches ist zu berichtigen. Das Todeslager Treblinka lag nicht südöstlich von Warschau, sondern im Nordosten, an der Grenze des »Generalgouvernements« des von Deutschland besetzten und regierten polnischen Territoriums. Die tödliche Maschinerie von Treblinka begann am 23. Juli 1942 zu arbeiten, der Aufstand der Häftlinge am 2. August 1943 fiel in die letzte Phase, am 18. und 19. August kamen die beiden letzten Transporte (aus dem Ghetto Bialystok) nach Treblinka. Ab Herbst 1943 wurden im Auftrag der Mörder dort nur noch die Spuren verwischt. Die vagen und fehlerhaften Angaben im Lexikon sind nur ein Indiz dafür, wie wenig konkret heute die Kenntnis über eine der schrecklichsten Stätten organisierten Mordens ist. Ein Indiz auch, in welche Vergessenheit – bis hin zum geographischen Ort – die Geschichte dieses Lagers gesunken ist.

Zu ergänzen wäre, auf welche Weise in Treblinka gemordet wurde, nämlich – anders als in Auschwitz – mit dem Abgas von Motoren, die in Räume geleitet wurden, in denen Menschen zu Tausenden zusammengepfercht waren. Zur Brutalität der SS und ihrer ukrainischen Gehilfen kamen die technischen Pannen, wenn die Motoren nicht funktionierten, wenn man die halbtoten Opfer warten ließ, bis das Mordwerkzeug wieder repariert war. Nach Auschwitz-Birkenau war Treblinka die größte Stätte des industriell betriebenen Massenmords der Nationalsozialisten.

Wenige haben Treblinka überlebt. Richard Glazar, einer der Aufständischen des August 1943, hat bereits unmittelbar nach Kriegsende und vor seiner Rückkehr nach Prag diese Geschichte niedergeschrieben. Da sich kein

Verleger für das in tschechischer Sprache verfasste Manuskript fand, blieb es über vier Jahrzehnte liegen. Im Laufe des Jahres 1990 hat es Richard Glazar übersetzt, gekürzt und durch knappe Bemerkungen zu seiner weiteren Lebensgeschichte ergänzt.

Richard Glazar kam 1920 in Prag in einer böhmisch-jüdischen Familie zur Welt. Sein Vater war k.u.k.-Offizier gewesen, in der Familie sprach man Tschechisch und Deutsch. Bis zum Einmarsch der Deutschen 1939 kannte die Familie Glazar Judenfeindschaft eher vom Hörensagen als aus eigenem Erleben. Die Eltern verstecken den 19-jährigen Richard in einem abgelegenen Dorf, dort bleibt er bis zum Sommer 1942 unbehelligt. Dann fällt er den deutschen Besatzern in die Hände, wird Anfang September ins Ghetto Theresienstadt transportiert und Anfang Oktober weiterdeportiert nach Treblinka. Zehn Monate dauert das Inferno für Richard Glazar. Flucht durch Polen, Fremdarbeiter unter falscher Identität in Deutschland, Bedrohungen durch Luftangriffe und Befreier – die Gefährdungen enden scheinbar erst mit der Rückkehr nach Prag im Sommer 1945. Von der Familie hat außer ihm selbst nur die Mutter Auschwitz und Bergen-Belsen überlebt.

Richard studiert in Prag, in Paris und London, erwirbt ein Diplom als Wirtschaftsingenieur, wird Opfer des Stalinismus, flieht nach dem Zusammenbruch des Prager Frühlings aus seiner Heimat. Seit 1969 lebte er in der Schweiz. Nach seiner Pensionierung zog er sich 1995 nach Prag zurück. Am 20. Dezember 1997 nahm sich Richard nach dem Tod seiner Frau das Leben.

1957 hat er, anlässlich einer Geschäftsreise, den Ort Treblinka wieder besucht. In Düsseldorf – bei den beiden Prozessen gegen Mörder von Treblinka und ihre Gehilfen – wird er 1963 und 1971 abermals mit seiner Geschichte konfrontiert, als er Zeugnis ablegt vom millionenfachen Judenmord. Nur 54 Überlebende hatten sich auf die Aufforderung der Justizbehörden noch gemeldet, um Hilfe zu leisten beim Bemühen um juristische Gerechtigkeit.

Richard Glazar, der nach der frühzeitigen Niederschrift seiner Erinnerungen viele Jahre lang nicht mehr über seine Erlebnisse gesprochen hat, sieht seine Aufzeichnungen als Vermächtnis, als Tribut an die Wirklichkeit eines Völkermords, der von Unbelehrbaren immer wieder geleugnet wird, weil es aus ihrer Sicht keine »stichhaltigen Beweise« für die Existenz von Auschwitz und Treblinka, Sobibór und Bełżec gebe.

Wolfgang Benz

Die Sterne mit Erdstaub besudelt

Es beginnt das Jahr 1940. »Besuche der Nichtarier unerwünscht.« Es waren die Eifrigsten, die solche Inschriften an die Eingänge ihrer Kaffeehäuser in Prag angebracht haben, noch bevor für alle Restaurants, Kneipen und Kneipchen, Theater und Kinos in der besetzten Tschechoslowakei das amtliche »Juden Eintritt verboten« angeordnet wurde.

Trotzdem gehe ich ins Kino, ab und zu, nicht so oft wie früher. Selbstverständlich heimlich, zu Hause dürfen sie davon nichts wissen. Manchmal läuft in den Kinos noch etwas, was eigentlich nicht mehr gezeigt werden sollte, was sicherlich bald zurückgezogen wird und jetzt wahrscheinlich zum letzten Mal zu sehen ist. In der *Wochenschau* Fliegerangriffe der Japaner auf chinesische Städte. Bomben fallen und explodieren, Häuser stürzen ein, überall Feuer und Rauch, Motoren und Sirenen heulen. Mitten auf irgendeinem Stadtplatz kniet eine junge Chinesin. Wiederholt streckt sie den ganzen Oberkörper, schlägt die Arme hoch und wirft sich nieder über ein fast nacktes, blutbeflecktes Kind. Immer wieder klagt sie und klagt sie an. Alle Matres Dolorosae, Schmerzensmütter auf den Bildern, auf den Altären – und von solchen gibt es viele im barocken Prag – haben von jetzt an für mich Ähnlichkeit mit dieser jungen Chinesin.

Der amerikanische Film *Shangri La – Der verlorene Horizont* spielt in einem verlorenen, wunderbaren Himalaya-Tal. Dort leben Leute verschiedener Herkunft im ewigen Frühling und Frieden. Sie sind mäßig sündig, mäßig genüsslich und können das alles genießen, denn sie werden in dem Klima erst nach einigen hundert Jahren alt. Abends im Bett vor dem Einschlafen fliehe ich von hier weg nach Shangri La. Nein, nicht nach Shangri La, in eine Einödsiedlung geht es nach einigen Wochen. Fort aus Prag, weit vom Schuss, so wünschten es die Eltern. Ich solle mich da für Kost und Unterkunft aufhalten, solange es nur geht. Das waren die letzten Worte, die ich von ihnen hörte. Sie sollten im Herbst 1941 abtransportiert werden. Sie riefen auf Voranmeldung an. Zum Telefon am Postamt musste ich hinunter in das Städtchen durch den

Wald eine Stunde laufen. Auch die Eltern in Prag telefonierten aus einem Postamt, da sie zu Hause kein Telefon mehr haben durften.

Auf dem steinigen Boden, hoch über den Stromschnellen der Moldau, waren tagsüber zwei Ackergäule meine Gesellschaft und abends die Bücher. Nur in den seltenen Fällen, wenn ich hinunter in das Städtchen musste, zum Beispiel um das Getreide zu Pflichtabgaben in die Mühle zu fahren, heftete ich mir den Judenstern an. Die Leutchen sind dort nicht einmal so übel, aber sie reden zu viel, und vielleicht reden sie so herum und nebenbei, weil sie doch sehen möchten, wie es einem ergeht, wenn man ohne Judenstern erwischt wird. Viele Dinge sind schon aufgefallen, weil Leute zu viel klatschen. Schweigen ist Gold, Reden ist Gestapo.

Dort unten treffe ich einige, die auch Judensterne tragen. Warum sagen die Älteren immer, sie seien eigentlich darauf stolz, sie tragen den Judenstern mit Würde? Wenn ich so mit der Leine in der Hand neben dem Wagen und den Pferden gehe, erwische ich mich ab und zu dabei, dass ich den gelben Stern immer ein wenig verdecke. Unauffällig schaue ich mir die Leute um mich herum an, suche mir die Hässlichen, Vernarbten, Schielenden, Hinkenden, Buckligen aus und überlege mir, mit wem ich tauschen würde und mit wem nicht. Das ist ein gutes Spiel. Irgendwie aber muss alles schon mal da gewesen sein, sage ich mir, als ich am Abend in meiner Wohn- und Schlafkammer über das alte Korea, das Volk von vielen kleinen Dichtern, besetzt und unterdrückt von den Japanern, lese: »Zerstampft das wellende Getreide, verschlammt der frische Tauweg, die Sterne mit Erdstaub besudelt.«

Mit Vieh kenn' ich mich aus

In ein anderes Ghetto im Osten«, so stand es auf der Transportanweisung. Das Kennzeichen des Transports »Bu«. Und auch meine persönliche Registrationsnummer 639. Nur vier Wochen sind vergangen, seit man mich in das Ghetto Theresienstadt im Protektorat Böhmen und Mähren deportiert hatte. Da war ich Transportnummer Bg–417 gewesen.

Anfang September 1942 hatten sie mich doch in dem kleinen, so entlegenen Nest gefasst. Und selbst in Theresienstadt lassen sie mich nicht heimisch werden.

»Tausend Stück soll ich dorthin bringen, tausend Stück, nicht weniger und nicht mehr. Das sag ich euch, wenn einer während der Fahrt den Kopf raussteckt, dann knallt's!« Der Kommandant, unser Bewacher in grellgrüner Uniform der Feldgendarmerie, brüllt derart, dass es all die tausend zusammengetriebenen Menschen am Bahnsteig in Theresienstadt hören müssen.

Der Zug hält oft und besonders in der Nacht des längeren an. Nach der zweiten Nacht, bei Tagesanbruch entnehmen wir den Schildern, dass wir irgendwo in Polen sein müssen. Kurz nach Mittag halten wir wieder an. Ein Eisenbahnhäuschen mit der Aufschrift »Treblinka« ist zu sehen. Ein Teil des Zuges wird abgekoppelt. In der Kurve sieht man, dass die vorderen Wagons auf eine eingleisige Strecke abbiegen. Wald auf beiden Seiten. Der Zug fährt ganz langsam. Einzelne Kiefern, Birken, Fichten sind zu erkennen.

Der Wald wird lichter, alle werden lebendig, drücken sich an die geschlossenen oder ganz wenig heruntergeschobenen Fenster, aber niemand traut sich hinauszuschauen. Hoher grüner Zaun, offenes Tor, durch das sich unser Abteil gemächlich schiebt. Es ist fast vier Uhr nachmittags, der 10. Oktober 1942. »Aussteigen, alles aussteigen, schneller! Schweres Gepäck zurücklassen – wird nachgeliefert!« Eine Rampe, dahinter eine Holzbaracke, auf der Rampe Leute in Stiefeln, aber in Zivilkleidung. Der dort hat so einen langen komischen Knüppel in der Hand, eine lederne Peitsche. Gewöhnliche Leute werden es sein, keine Juden, Judensterne tragen sie nicht. Dazwischen SS-Uniformen, auch mit Peitsche und einige mit Maschinenpistolen. Das schaut aus wie eine kleine Station im Wilden Westen, und dahinter gleich eine Farm mit hohem grünen Zaun. Hübsch grün ist der Zaun, eine große Farm wird es sein mit einer Menge Vieh – und mit Vieh kenn ich mich aus. Die Menschen werden von der Rampe weg durch ein anderes Tor auf einen Platz dirigiert. Auf beiden Seiten Reihen von Holzbaracken.

»Männer rechts, Frauen mit Kindern links! Gepäck ablegen – ausziehen – nackt ausziehen!« Einige – ausgezogen oder halb ausgezogen – werden zur Seite gestellt. Die ziehen sich jetzt wieder an. Werden sie weitergeschickt? Zum Besseren, zum Schlimmeren? »Dokumente und Uhren in der Hand behalten!« Ein hoch gewachsener SS-Mann in der Mitte erläutert etwas mit ruckartigen Gesten. Auf die Entfernung kann ich nichts hören. Was, in ein Desinfektionsbad gehen wir und dann gleich zur Arbeit? Ich stehe nackt ausgezogen am Ende der Reihe. Nach Baden steht mir bei diesem Wetter nicht der Sinn. Ein SS-Mann mit Schiffchenmütze eilt, von rechts her kommend, die Reihe entlang und an mir vorbei. Sein Gang verlangsamt sich, nachdem er schon fast vorbei ist und mich mit den Augen gestreift hat. Jetzt bleibt er stehen, schaut mich über die Schulter an und dreht sich dann ganz zu mir: »Komm, du auch – zieh dich wieder an, schnell, stell dich dorthin zu den anderen. Judensterne runter, keine Uhr, kein Messer, so ... Ihr werdet da arbeiten, und wenn ihr euch bewährt, könnt ihr Vorarbeiter oder Kapos werden. Kommt sofort auf euren Arbeitsplatz!«

Zurück durch das mit grünem Reisig bezogene Tor, um die Ecke ein anderes Tor, jetzt halb offen. Beim Vorbeigehen erblicke ich einen großen Platz, auf ihm riesige Haufen, Berge von Sachen – da sind wir schon drinnen, in der Baracke. Holzgeruch, Muff, von draußen hört man das Rattern irgendeiner Maschine, wahrscheinlich ein Traktor. Überall Leute in Zivilkleidung. Sie laufen hin und her und tragen irgendwelche Bündel auf dem Rücken fort.

»Das hier ist euer Vorarbeiter.« Ein hoch gewachsener hübscher Kerl in Zivilkleidung mit Peitsche in der Hand und gelber Armbinde mit der Inschrift »Vorarbeiter« brüllt wild die Leute an. Was er schreit, verstehe ich nicht, aber seinem Ausdruck und seinen Gesten entnehme ich, dass die hin- und herlaufenden Menschen das Durcheinander aller möglichen Kleidungsstücke, zusammengehäuft in einer meterhohen Schicht über der ganzen Baracke, auseinander nehmen, sortieren, bündeln und wegtragen sollen.

»Du«, versuche ich es auf Deutsch, »was geschieht hier? Wo sind die andern, die Nackten?« »Tojt, alle tojt – wenn nicht jetzt schon, dann bestimmt in ein paar Minuten. Das hier ist ein Todeslager, hier werden Juden umgebracht, und uns hat man herausgeholt, damit wir dabei helfen.« Irgendwie hat er das, was er spricht, dem Deutschen angepasst. Viele Worte verstehe ich, den Rest denke ich mir hinzu. Er steht über mir auf dem riesigen Kleiderberg, aus dem die andern in wildem Getümmel Stücke ziehen, zerren, rupfen, hinlaufen und wegrennen. Ich blicke zu ihm empor, wie er da oben die Arme ausstreckt, am Handgelenk baumelt die Peitsche.

»Ihr seid aus der Tschechei? Und ihr versteht kein Jiddisch? – Achtung!« Mit einer Kopfbewegung zeigt er zur Tür, wo eine grünschwarze SS-Uniform erschienen ist. Die Adern am Hals laufen ihm an, das bräunliche glatte Gesicht wird rot, die Hand beginnt die Peitsche zu schwingen.

»Mach schon, pack die Klamotten, beweg dich, um Himmels willen beweg dich, sonst hältst du es bis zum Abend nicht aus!« Schnell, schnell etwas machen – wie der da – und der dort. Aus dem Packen ziehe ich etwas wie ein Bettlaken heraus, breite es aus, werfe Lumpen von Kleidungsstücken in die Mitte und will das Ganze zubinden ... »Mehr, mehr, einen größeren Ranzen, wenn du noch zurückkommen willst!« Ich werfe mir das Bündel über die Schulter und will hinaus auf den großen Platz. Kaum vor der Tür, fällt mir von oben etwas wie ein voller Sack in den Nacken. Ich taumele nach vorne, und mit knapper Not finde ich wieder das Gleichgewicht. In schwarzer Uniform, mit dem Schiffchen auf dem Kopf, sehr jung, sehr gesund aussehend, spaziert der SS-Wachmann draußen um die Tür herum und treibt uns lächelnd mit Peitschenhieben an: »Immeeer Laufschritt, immeer laufeen!«

Aha, hier muss man laufen, darf man nicht gehen. Den großen Platz kann ich kaum überblicken. Berge von Kleidungsstücken, Schuhen; allerlei Dinge türmen sich auf – und überall ein Hin und Her von Leuten im Laufschritt, so wie in der Baracke. »Laufen, immer laufen – schneller, schneller«, schreien und peitschen einige in schwarzen und grünschwarzen Uniformen und andere mit gelben Armbinden wie der in der Baracke.

Irgendwo am Fuß eines Stapels nimmt man mir das Bündel ab. Beim Zurücklaufen erkenne ich jetzt deutlich die Inschriften »Vorarbeiter« und »Kapo« auf den Armbinden.

Wie hat der in der Baracke gesagt? »Tojt, alle tojt« – tot, alle tot, alle die Ausgezogenen, die Nackten, die hinter dem grünen Zaun geblieben sind. Die Szene taucht in mir wieder auf: Der Zug war stehen geblieben und dann langsam, fast schrittweise zum Wald abgebogen. An der rechten Seite befand sich eine Lichtung, die weit bis zum Horizont in ein flaches Gelände überging. Kühe weideten dort, bei ihnen ein Hirtenjunge, barfuß – wie ausgeschnitten aus einer alten Fibel – starrte er aus der Ferne den Zug an. Jemand rief ihm durch das spaltbreit geöffnete Fenster etwas zu. Auf die Entfernung und dazu noch in Tschechisch konnte der Junge nichts verstehen. Nur das Rufen hat er gehört und die fragenden Blicke der Leute hinter den Scheiben gesehen. Er fasste sich mit beiden Händen am Hals, machte eine drosselnde Bewegung, riss die Augen auf, streckte die Zunge heraus – so wie die Buben ihre Späße treiben. Nur einen Augenblick verharrte er so, dann drehte er sich um und rannte zurück zu den Kühen.

Jetzt höre ich, wie Wagons anrollen. Der zweite Teil fährt herein – und darin befindet sich doch Karl Unger mit seinen Eltern und seinem jüngeren Bruder. In der letzten Zeit in Theresienstadt hatte ich bei ihm immer Halt gemacht, wenn ich an seiner Pritsche vorbei musste. Er saß oben »im Stock«, baumelte mit den Beinen in kurzen groben Stiefeln und sah aus, als ob er wartete, bis ich vorbeikommen würde. Manchmal hielt er mich an. Ich wette bei mir wie damals, wenn es in der Schule Schwierigkeiten gab: »Wenn sie auch ihn herausnehmen, dann wird es mit uns beiden gut weitergehen.«

Ich komme zurück zu meinem Vorarbeiter: »Du, wo wird hier geschlafen?« – »In den Baracken.« – »Wie ist es mit dem Essen?« Was frage ich nur für dummes Zeug – »In dem kannst du ersaufen.« Er macht eine Bewegung, als ob er mich umarmen wollte. Gleich darauf strafft sich wieder alles an ihm, einige Male haut er mit der Peitsche über die Bündel auf den Rücken der zum Lauf ansetzenden Leute. »Nach zwei, drei Tagen, wenn du noch am Leben sein wirst und bis du zu dir kommst, wirst du wissen, dass es in Treblinka alles gibt – alles – nur kein Leben. Ich heiße Leon. Und wie heißt du?«

Eine weitere Gruppe wird hereingeführt. In dem Moment, als ich unter ihnen Karl erblicke, ruft er mir schon meinen Namen entgegen. Es treibt ihn ein Stück hinaus aus der Reihe. Er weiß schon – aber in seiner Stimme klingt noch die Frage, der Widerwille zum Begreifen, als er mir zuruft: »Mutter – Vater – Bruder.«

Gegen Abend ertönen von mehreren Seiten Pfeifensignale. Mit Peitschen treiben sie uns alle in Fünferreihen zusammen. Wir marschieren entlang der Eisenbahnrampe einen Abhang hinunter zu einer anderen Baracke. Über uns einige hohe Kiefern, gespenstisch verdreht, oben in der Krone ganz dunkel. Durch eine Fensterluke werden Blechschüsseln und Brot gereicht – das ist die Küchenbaracke.

Gierig schlucke ich aus dem Napf den schwarzen Ersatzkaffee. Er fließt über den rundlichen Rand an meinem Mund vorbei, aber ich kann nicht aufhören, kann mich nicht von der Schüssel losreißen. Durst, fürchterlichen Durst habe ich. Eigentlich habe ich seit zwei Tagen nichts getrunken. Vielleicht ist mein Kopf darum so leer, so ausgelaugt. Nein, ein Balken, eine Stange steckt drin, wenn man sie an beiden Enden anfasst, kann man mich heben, bis ich mit den Beinen baumeln werde, zum Boden drücken kann man mich, hin und her drehen. Jemand reicht mir eine volle Schüssel und nimmt mir die leere ab. Aber es ist keiner von denen, die man aus unserem Transport heute herausgeholt hat. Wir stehen da alle beisammen, etwa zwanzig. Der andere, der mir die Schüssel gereicht hat, macht eine Miene, als ob er froh wäre, dass ich gekommen bin – ihm nach, ihnen, den anderen nach. Die keilförmige Portion grobkörnigen Brotes werfe ich weg, auf einen Haufen von Broten verschiedener Größe und Herkunft. Dunkle Laibe, weißliche Wecken mit grünlichen Schimmelflecken, halbe andere Brotlaibe, aufeinander geklebte Scheiben vermengen sich dort noch mit etwas, was früher vielleicht essbar war.

Nach einer Weile wieder Pfiffe, wieder treiben sie uns zusammen, wieder Schläge auf Schläge, bis wir in einer Baracke landen, dort oben auf dem Platz, wo wir uns am Nachmittag ausziehen mussten. Einige Kerzen flackern auf. Kahler Boden, überall nur Sand. Jeder lässt sich nieder, wo es geht, kämpft um den Platz, stolpert, fällt über die andern. Dazwischen erklingt ein Befehl von draußen: »Licht löschen, schlafen!« Gegen die sich schließende Tür richtet sich über den ganzen Platz ein Lichtkegel vom Dach der gegenüberliegenden Baracke. Stickiger Geruch der Körper, des Holzes und des Sandes, der jetzt die Tageswärme abstrahlt. Tausende von Nadeln stechen mich am ganzen Körper und beginnen zu brennen. Der Sand muss voll von Flöhen sein.

Wir hören Seufzer, Gejammer, auf einmal Aufstöhnen, das übergeht in Gebrüll und dann in Geheul. Jetzt tönt es so, wie wenn sie sich mit jemandem raufen, ihn beschimpfen, bitten, beschwichtigen. Das ist Karls Hand, die mich betastet: »Sieht so aus, dass sich dort jemand erhängt hat ...« Nach kurzer Zeit beruhigt sich alles. Und dann heben sich von dem seufzenden Atmen der vielen im Raum allmählich hoch klagende Töne und Worte ab: »Jiskadal we jiskadal.« Das kenne ich doch – das ist der Kaddisch, das jüdische Totengebet.

So viel Phantasie

Schwer zu sagen, wie viele sie damals von den Tausend aus unserem Transport aussonderten – ob mehr oder weniger als zwanzig. Einige Gesichter verlor ich aus den Augen, kaum dass ich sie wahrgenommen hatte. Einer soll in der ersten Nacht eine volle Röhre mit Schlafmitteln geschluckt haben. Ein Anderer suchte am nächsten Tag das gleiche Ende, um Frau und Kind in den Tod zu folgen.

Jetzt weiß ich, was mit unserem Transport geschah und was mit allen Transporten, die hier ankommen, geschieht. Noch vor der Toreinfahrt wird auf der eingleisigen Abzweigung eine gewisse Zahl von Wagons abgekoppelt. Manchmal sind darin fünfhundert, manchmal noch viel mehr Menschen eingepfercht. Die Lokomotive schiebt die Wagons langsam durch das Tor hinein. Dann erfolgt beim Aussteigen das, was ich selber erlebt habe: »Alles aussteigen, schneller – Handgepäck mitnehmen, schweres Gepäck zurücklassen, wird nachgeliefert!« Über die Zufahrtsrampe wird die Masse von Menschen auf den »Entkleidungsplatz« geführt. Das ist der grün umzäunte Platz, wo wir uns für das »Desinfektionsbad« nackt ausziehen mussten. Die nackten Frauen mit den Kindern führt man in die »Friseurstube«, wo man ihnen die Haare schert. Aus Frauenhaaren sollen Dichtungen für Motoren gemacht werden. Die Männer, auch schon nackt ausgezogen, müssen inzwischen das Handgepäck, das sie mitgebracht haben, in der Ecke des Entkleidungsplatzes stapeln, die dem Sortierungsplatz am nächsten liegt. Die SS-Männer treiben sie zum Laufschritt an. Die Lungen atmen dann tiefer und es geht anschließend schneller in den Gaskammern. Alle zusammen, die geschorenen Frauen mit den Kindern und die keuchenden Männer, treibt man nachher durch den »Schlauch« in den zweiten Teil des Lagers. Der Schlauch ist eine schmale Gasse aus Stacheldraht, die an die Schleuse erinnert, durch die man wilde Tiere in die Manege einlässt. Diese Gasse jedoch ist länger, zieht sich im Bogen, und man kann weder hinein – noch hinaussehen. Die Stacheldrähte sind mit grünem Reisig umflochten. An der Grenze zwischen den beiden Teilen des Lagers ist direkt in den

Schlauch die »Kleine Kasse« eingebaut. Am Schalter dieser kleinen Holzbude müssen alle ihre Dokumente, Uhren und Schmuck abgeben. Hier wird jedem sein Name und ein Stück weiter das nackte namenlose Leben weggenommen. Während die eine Gruppe des Transports den »Schlauch« durchläuft, fahren die Wagons mit der nächsten Gruppe ein. Inzwischen hat die erste zu Ende »geduscht«, und bevor die nächste Gruppe den Weg durch die grüne Schleuse antritt, sind die »Duschen« geleert und warten auf den neuen Schub.

Mit den Transporten aus Darmstadt, aus Theresienstadt, überhaupt aus dem Westen, die in Personenwagons ankommen, geht man noch milde um. Die scheinen noch immer nichts zu wissen. Jeder ahnungsvolle Gedanke wird gleich weit von sich weggestoßen. Niemand kann sich sein eigenes Ende vorstellen – ein solches nacktes Ende. Die aus dem Warschauer Ghetto, aus Grodno und von anderswo aus dem Osten sind schon nach dem Zusammentreiben in die Viehwagons oder durch die Fahrt halbtot. Der Großteil wird in den mittleren Gang mit den »Duschkammern« auf beiden Seiten gepresst. Den Rest prügeln die SS-Männer und die ukrainischen Wachmänner hinein. Nach dem Befehl »Iwan – Wasser!« setzt ein ukrainischer SS-Wachmann die Motoren in Gang. Die Duschen sprühen anstatt Wasser Auspuffgase. In etwa zwanzig Minuten wird Treblinkas Endprodukt daraus. Und schon greifen weitere Sklaven nach diesem nackten, zusammengepressten, aschfahlen, violett durchfärbten Produkt. Die einen ziehen die Leichen durch die hochgeklappten Öffnungen in den Außenwänden der Gaskammern heraus, andere Spezialisten brechen den Toten die goldenen Zähne heraus – »Wer ist da Zahnarzt oder Zahntechniker oder versteht überhaupt was von Gold – zur Seite, zieht euch wieder an, ihr werdet da arbeiten ...« Weitere ordnen sie in den Massengräbern. Dann folgen schon die letzten Arbeitsvorgänge, das »Einpudern« mit Kalk und das Zuschütten mit dem Sandboden von Treblinka – ein ununterbrochen arbeitender Bagger erledigt dies. Das war das Rattern, das ich bereits am ersten Tag gehört hatte.

»Kranke und Gehbehinderte zur Seite! Ihr geht ins Lazarett zur Untersuchung! Du Alter und du mit dem Kind auch!« Das »Lazarett« steht in der oberen Ecke des Sortierungsplatzes dicht unter dem Sandwall, fast ein Quadrat von 25 Metern Seitenlänge. Erinnert ihr euch aus der Kindheit an die verschiedenen Irrgärten, in denen wir uns herumtrieben? Ein ähnlicher Eingang führt hinein – ein enges winkliges Gässlein, grüne Wände aus nadligem Pelz ragen hoch über den Kopf. Eine Bude mit dem Abzeichen des Roten Kreuzes steht an der Einmündung des Gässleins. Rote Kreuze auch auf den Armbinden einiger Leute, die dort arbeiten. Endlich – hier findest du Ruhe bei diesen barmherzigen Samaritern. Erst im Nachhinein erblickt der humpelnde Alte aus dem Transport die Leichen in der tiefen Mulde und den oben stehenden SS-Mann mit dem Gewehr. Eine einzige »Pille«, verpasst ins Genick, befreit dann jeden Kranken, Gebrechlichen oder sonst wie Behinderten, der auf dem Weg zum »Bad« ein Hemmnis sein könnte, von all seinen Beschwerden.

»Lieber Freund, was ist los mit dir? Kannst nicht mehr? Drückeberger und Krüppel können wir da nicht brauchen. Komm, komm, geh vor!«

»Aber Herr Scharführer - Herr Chef - ich - bitte - ich ...« Angst und Bitten wirken wie eine angezündete Lunte: »Du Rindvieh, du Saujud elender.« Pistole in der einen Hand, in der andern die Peitsche, die dann von oben auf den Kopf saust und über das Gesicht schleift. Die Arme des Opfers fliegen durch Reflex hoch und versuchen den Kopf zu schützen. Die Hand mit der Peitsche ist aber schon für den nächsten Schlag bereit, den sie sofort im Gegenschwung von unten nach oben führt, gezielt in das Gesicht.

Der Schlag stößt den gebeugten Kopf wieder hoch. Die zwei bloßen Hände holen die uniformierte Hand mit der Peitsche nie ein ... In diesem Rhythmus nähern die beiden sich dem »Lazarett«. Das Gesicht ist nur noch eine blutige Fratze, die Nase breitgedrückt, die Mundwinkel mit ihren Blutstreifen tief nach unten gezogen. »Ausziehen!«, da sind sie schon drinnen, im »Lazarett«. Die »Samariter« müssen ihm die Kleider vom Leib reißen, ihn dicht über den Abhang der Mulde stellen, auf eine kleine Erhöhung, versteift durch ein Holzstück - ein Sprungbrett in die Ewigkeit.

Ein Genickschuss aus dem Gewehr oder aus der Pistole, und der nackte Körper ... Was macht so ein nackter Körper? Der eine streckt sich hoch auf die Fußspitzen, wie zum echten Sprung vom Sprungbrett, und kippt in die Grube hinab. Der andere bricht sofort zusammen, rutscht die ganze Sandböschung hinunter. Einer wirft die Arme auseinander, ein anderer schlägt wie ausgelassen mit den Beinen. Jedes Mal ist es anders, niemals wiederholt sich die Szene genau. Der strohblonde SS-Unterscharführer August Willi Miete, das Schiffchen im Nacken, schafft sich mit der stillen Eingenommenheit eines Leisetreters immer neue und neue Bilder vom Ende des Lebens und vom Anfang des Todes herbei - dieser aufreizenden, rätselhaften Veränderung. Beim Abendappell irgendwann in der zweiten Hälfte des Oktober 1942 meldet der Dienst habende Unterscharführer dem hageren, ewig wütigen SS-Hauptscharführer Küttner die Belegschaft: »1.068 Juden, davon 12 Jüdinnen, 14 Juden Lazarett.« Da werden sie gleich morgen früh aus den Transporten neue Leute zur Ergänzung herausholen. Jedes Mal erregte Spannung bei uns - wenn man sie herführt, wenn sie es erfahren, nach und nach - sie können es noch nicht ganz fassen, nicht glauben. Niemand hat so viel Fantasie ...

Der Name Treblinka

Den Namen entliehen sie von einer kleinen Ortschaft in der Nähe, eigentlich einer Ansammlung von ein paar armseligen Bauernhütten. Die nächst gelegene Eisenbahnstation heißt Malkinia, etwa 100 km nordöstlich von Warschau. Die Hauptstrecke führt weiter nach Bialystok; in das Lager eine eingleisige Abzweigung. Sand, überall Sand, aus ihm winden sich Kiefern hoch, voller Harzbeulen, Knoten und Buckel. Vielleicht haben sie diesen Sandwinkel an der Biegung des Flusses Bug, unweit der ehemaligen russisch-polnischen Grenze, deshalb ausgesucht, weil man die Massengräber leichter ausheben und zuschütten kann.

Das ganze Lager nimmt eine Fläche von nur etwa 400 x 600 Metern ein. Umzäunt ist es bis zur Höhe von 2,5 Metern mit Stacheldraht, der dicht mit Nadelreisig durchflochten ist. Diese Wand aus grünem Nadelpelz ist noch dadurch erhöht, dass sie auf einer etwa einen halben Meter hohen Böschung errichtet ist. Im Innern ist das Lager in verschiedene Plätze und Räume eingeteilt, umzäunt auf dieselbe Weise, damit man nicht durch- und hinüberblicken kann – so wie es »der Betrieb« erfordert.

Geleitet wird alles von SS-Männern. Zur Hilfe haben sie junge Ukrainer als SS-Wachmänner. Und dann sind wir noch da, etwa tausend, eine Zahl, die täglich aus den ankommenden Transporten aufgefüllt wird. Zwischen der Zufahrtsrampe auf der einen und dem hohen Sandwall auf der anderen Seite breitet sich der erste, größere Teil des Lagers aus, das Auffanglager. Hinter dem Wall befindet sich der zweite Teil, der nur etwa ein Viertel der Gesamtfläche einnimmt, das Totenlager. Bis auf den Sortierungsplatz, den größten Platz des Auffanglagers, greift noch das Leben mit seinen Resten hinüber und türmt allerlei Dinge in bizarre Haufen, Hügel und Berge. Hinter dem Wall ist nur noch das Reich des Todes. Die, die jenseits die Toten aus den Gaskammern zu den Massengräbern schleppen, sind mehr tot als wir diesseits. Für keinen, hinter dem sich Treblinkas Tor einmal geschlossen hat, gibt es eine Rückkehr ins Leben. Für keinen, der die Grenze des Totenlagers überschritten hat, gibt es ein Zurück.

Meistens werden die Neuen denjenigen Kommandos zugeteilt, die auf dem Sortierungsplatz die Sachen aus den Transporten ordnen. Man kann sie noch nicht direkt den speziellen Kommandos zuführen. Zum Beispiel den »Blauen« mit den blauen Armbinden, die die Transporte auf dem Bahnhof empfangen und die Leute und ihr Gepäck von der Zufahrtsrampe schnellstens wegschaffen müssen. Oder zu den »Roten« mit den roten Armbinden, die den Leuten auf dem Entkleidungsplatz beim Ausziehen helfen und den Frauen, die sich weigern, die Kleider vom Leib herunterreißen müssen. Das verlangt nach einem schon recht abgebrühten Burschen.

Im oberen Teil des Sortierungsplatzes sind Pfähle in den Boden getrieben, auf ihnen Schilder mit Inschriften: »Baumwolle« – »Seide« – »Wolle« – »Lumpen«. Von dort bis zur Mitte des Platzes liegen die sortierten Sachen in mit Leintüchern oder Stricken umwickelten Bündeln zu riesigen Haufen aufgestapelt.

Im unteren Teil des Sortierungsplatzes häuft sich das Material zum Verarbeiten für die Sortierungskommandos – Sachen von den Transporten, so wie sie von den »Blauen« vom Bahnhof und von den »Roten« vom Entkleidungsplatz herbeigetragen werden. Koffer und Rucksäcke, gewöhnliche Säcke mit Schnüren anstatt Tragriemen, Tausende von Stiefelpaaren, zusammengebunden und aufgehäuft zu einem schwarzen, zottigen und bröckelnden Berg, elegante und schäbige Halbschuhe, Latschen, feine Damenwäsche, zerrissene verlauste Mäntel. Unglaublich, woraus das letzte Gepäck von Abertausenden besteht. Ein Köfferchen, ausgestattet wie ein kleines Labor, eine zusammenfaltbare Ledertasche und darin Schlosserwerkzeug, verschiedenste Sperrhaken, eine Garnitur von Injektionsspritzen mit glänzendem Gefäß zum Auskochen. Ein riesiger Trödelladen, in dem alles vorhanden ist – außer Leben. Der Wind wirbelt kleinere Stücke auf, Papiergeld, grünliche polnische Zlotys, rötliche russische Rubel, deutsche Mark, amerikanische Dollars, Edelsteine und Gold, Wertsachen, die man auf der Flucht leicht mitnehmen kann, ein kleines Herz aus Gold mit Halskettchen. Oben auf einem roten Federbett mit braunen Durchfallflecken sitzt eine schwarze Rabbinermütze, daneben Beinprothesen, eine Kinderkrücke. Ha, ha – »der Glaube ist meine Krone wie auch meine Krücke« –, mit der da wird das Feuer im »Lazarett« nachgefüttert. Jetzt sortiere ich schon mit Routine. Ich passe auf, eigentlich passe ich vor allem auf, und so arbeite ich auch. Fortwährend in Lauerstellung, unaufhörlich wittern, von wo die Gefahr kommen könnte, von wo eine Warnung ertönt, ausgerufen nur so nebenbei als Antreibung zur Arbeit, aufpassen, von wo die schwarzgrüne Uniform mit dem Totenkopf auf der Mütze erscheint, in welcher Richtung sie sich bewegt, wann sie sich umdreht, was sie im Blickwinkel haben könnte, was ihre Haltung und ihre Bewegungen bedeuten. Manchmal kommt es mir vor, dass ich mich in dieser Haupttätigkeit und Überlebenskunst übe, dass es mir Spaß macht, mich in diesem spannenden Spiel um mich selbst zu verbessern. Wer ununterbrochen in aufgepeitschtem Tempo arbeitet, sich immer mehr Dinge auflädt, wer nicht herausspürt, wann bei den wütigsten SS-Männern und Wachmännern die Antreibungswelle verebbt, der erschöpft sich bis zum Zusammenbruch. Wer zu lange verweilt und die nächste Aufwallung verpasst, mit dem ist auch Schluss.

Wenn ich Hunger verspüre, passe ich den geeigneten Augenblick ab, laufe mit einem Bündel auf dem Rücken hinter den Haufen mit Nahrungsmitteln und stopfe mir dort den Mund voll. Nie in den letzten zwei Kriegsjahren hatte ich ihn so voll mit Butter, Schokolade, Zucker. Aus einem anderen Haufen hole ich mir ein Hemd heraus, jeden Tag ein sauberes, jeden Tag eins von einem anderen Toten. Schmutzige Wäsche wirft man unauffällig zurück auf unsortierte Haufen oder einfach ins Feuer.

»Was, Papier? Da, reiß dir ein Stück ab von der Damenwäsche!« Auch so erkennt man einen Grünschnabel in Treblinka, der nach Papier für die Latrine fragt. Davon gibt es hier nicht so viel wie Seide, wenn man das Papier der Banknoten nicht mitzählt. Wenn sie einen erwischen, der sich etwas aus einem Haufen nimmt, kommt die übliche Strafe: Erst bringen sie ihn um sein menschliches Gesicht und im »Lazarett« folgt nur noch das nackte Ende. Aber so muss es nicht immer sein. Es kommt darauf an, wer von den SS-Männern einen erwischt, in welcher Stimmung er ist, oder ob zufällig mehrere von ihnen zugegen sind. Es genügt, dass ein anderer SS-Mann das Geschehen von weitem erblicken konnte und dass die zwei voneinander wissen. Da fängt der eine zu schlagen an, der andere kommt hinzu, macht mit, und schon überbieten sie sich, um sich zu beweisen, dass der eine »besser« als der andere ist. Warum haben sie eigentlich uns Häftlingen nicht irgendeine einheitliche Kleidung verpasst? Mit Nummern, natürlich. Warum dürfen wir Zivilkleidung tragen, und sogar die Judensterne mussten wir abtrennen. Aber sind wir denn überhaupt noch irgendwelche Häftlinge, Juden oder sonst noch was? Wir sind nicht mehr, wir existieren nicht mehr, sind tot, auf eine Weise tot, dass wir davon wissen ... Halt, so kannst du nicht, so darfst du nicht denken – sonst drehst du durch wie der in der letzten Nacht, den man noch vor dem Morgenappell ins »Lazarett« abgeführt hat. Vielleicht soll die Zivilkleidung auch zur Täuschung der Leute aus den Transporten gehören, die uns sehen können. Das betrifft besonders die »Blauen« auf der Zufahrtsrampe und die »Roten« auf dem Entkleidungsplatz. »Trzymaj sie – halte dich, halte durch!« Einer von denen, die öfters Polnisch sprechen, hat es rausgelassen und schon wurde daraus ein Gruß, eine Losung. Ja, das ist es – halte – aufrecht – durch – nimm die richtige Haltung ein! Aber nicht so wie draußen im Leben. Da, zieh dir das grüne Manchestersakko zu der hellbraunen Reithose an! Um den Hals binde dir ein rotgelbes Seidentuch! Das beeindruckt die da irgendwie. Auf den gehen sie dann nicht mit Peitschenhieben los. Wenn es heute dreckig wird oder zerreißt, ziehst du morgen etwas noch Fescheres, Ausgefalleneres an.

Die zwei dort in der Mitte, sortieren sie oder suchen sie etwas für sich heraus? Schwer zu sagen. Macht sich der da die Stiefel nur zurecht oder zieht er sich ein anderes, besseres Paar an? Ja, Junge, je mehr deine Stiefel glänzen werden, um so weniger kriegst du über die Schnauze. Dort drüben ist eine Sammlung von Schuhcreme. Solltest du es schaffen, alles davon für deine Stiefel zu verbrauchen, dann erreichst du ein gesegnetes Alter. Pass auf, dass du es mit dem Schmuggeln und Spekulieren nicht übertreibst. Hübsche Sachen musst du dir heraussuchen, aber wieder nicht so hübsche, dass sie diese für sich selbst haben möchten. Vor allem merk dir: Wer ein unrasiertes, strapaziertes Gesicht hat, der kokettiert geradezu mit der Peitsche und dem drohenden »Lazarett«. Das, was man im Vernichtungslager Treblinka im »Lazarett« mit Genickschuss erledigt, bewerkstelligt man im nahe liegenden Strafarbeitslager Treblinka angeblich mit einem Hammerschlag. Das schon frühere Bestehen dieses Lagers erleichterte das Errichten des Vernichtungslagers. Die Abzweigung der Bahn zum Arbeitslager war bereits vorhanden. Es genügte, nur noch ein paar Meter Abstellgleis zu verlegen. Das Strafarbeitslager Treblinka soll bereits irgendwann im Jahre 1940 errichtet worden sein. Als Grundlage dazu diente eine Sandgrube. Die Zwangsarbeiter aus diesem Lager setzte man angeblich zum Bau des Treblinka-Vernichtungslagers im Frühjahr 1942 ein. Ein gutes Tarnungsmanöver – hie und da wusste man, dass Treblinka irgendein Zwangsarbeitslager sei. Der erste Transport soll aus Warschau im Juli 1942 gekommen sein. In der Zeit waren nur die Grundeinrichtungen da – einige Holzbaracken, ein gemauertes ebenerdiges Gebäude mit den Gaskammern und dem Maschinenraum, Brunnen, Umzäunung. Diejenigen, die man tagsüber aus den Transporten herausholte, erschoss man abends nach Arbeitsschluss. Die SS-Leute sollen damals noch schlimmer getobt haben als später im eingespielten Betrieb. Allmählich holten sie aus den Transporten Zimmerleute und Schlosser zur Fortsetzung des Baus heraus, Sattler zur Herstellung der Peitschen, Schneider, die Anzüge und Uniformen nähen sollten, Goldschmiede zum Sortieren von Gold und Juwelen, und auch die, die den Leichen goldene Zähne ausbrechen mussten; Jugendliche für persönliche Dienste bei den SS-Männern und einige Frauen, um ihnen die Wäsche zu waschen. Von denen, die im allmählich voll laufenden Betrieb bei den Gaskammern oder auf dem Sortierungsplatz arbeiteten, überlebten nur wenige mehrere Tage.

Treblinka – den Leuten draußen im Leben mag es wie ein freundlicher Name klingen.

Mein nächster Pyjama

Eine Reihe gebückter Rücken mit aufgeladenen Bündeln windet sich zwischen struppigen Bergen unsortierter Habseligkeiten und wohlgeformten Schobern von sortiertem »Baumwolle-, Wolle-, Lumpen-Material«. Hunderte von Füßen in ununterbrochenem Laufschritt wirbeln den feinen Sand des Sortierungsplatzes auf. Wie hat der vor mir das Bündel von seinem Rücken dem oben auf dem Stapel hingereicht? Er fuhr ihm in und über die Handfläche. Ich bin neugierig, ob sich dasselbe bei den nächsten Runden wiederholen wird. Ja, ja – etwas drückt er ihm in die Hand, zusammen mit dem Bündel, das er ihm hinauf auf den Stapel reicht. Und er ist nicht der einzige, es sind mehrere, die es so machen. Der hagere, ältere, mit blassem, geädertem Gesicht, der hinter mir läuft, berührt mich leicht.

»Du bist Richard und der vor dir ist Karl? Tschechen? Ich bin David. Bis ihr jetzt die Sachen für das nächste Bündel sortieren werdet, bleibt neben mir. Ich sag euch, um was es geht. Die Welt müssen wir wissen lassen ...«

So hat uns David Brat, mit vorstehenden Zähnen und knochiger Nase, eingeweiht. Die zwei, die oben auf dem Haufen sortierter Lumpen arbeiten und dort die Bündel stapeln, sind aus Warschau. Sie kennen die Umgebung, und überhaupt kennen sie sich aus. Sie werden versuchen zu flüchten. Wir werden ihnen helfen. Ihre Aufgabe wird sein, über Treblinka zu berichten. Der Untergrundorganisation im Warschauer Ghetto Zeugnis von Treblinka zu geben. Die soll dann versuchen, die Nachricht über den polnischen Untergrund ins Ausland zu schicken – nach England.

Ein großartiges Gefühl war es, dass auch ich mitgemacht und den beiden heimlich beim Sortieren gefundenes Geld und Gold gebracht habe. Und sie werden viel Geld brauchen. Viel mehr, als die Leute dafür bekommen, wenn sie einen Juden in seinem Versteck anzeigen. Es ist gelungen. Seit gestern sind die zwei weg. Kurz vor dem Abendappell versteckten sie sich zwischen den Haufen. Als uns die SS-Leute zählten, war alles schon überstanden. Entweder fälschte Kapo Kurland vom »Lazarett« die Meldung, wie viele von uns an diesem Tag im »Lazarett« endeten, und erhöhte einfach die Zahl um zwei. Oder es hat der Lagerälteste, Ingenieur Galewski, so eingerichtet. Wie hat er das hinbekommen? Am Nachmittag schleusten die »Blauen« und die »Roten« vor den Augen der SS-Männer zwei zusätzlich unter die soeben Herausgeholten.

Die Gesamtstärke beim Mittags- und Abendappell stimmte! Nur in der Zeit dazwischen arbeiteten auf dem riesigen Sortierungsplatz zwischen den Bergen von Sachen zwei gekrümmte Rücken zuviel. Heute Morgen stapeln zwei andere oben auf dem Haufen die Bündel mit Lumpen. Für die SS-Männer sind alle gleich. Und sollten sie doch nach jemandem fragen, dann sagt man: »Herr Chef, Herr Scharführer, den hat gestern Herr Unterscharführer Miete ins Lazarett weggeführt ...« Selbstverständlich darf nicht der stämmige Kapo Rakowski, der Moniek von den »Blauen«, der Vorarbeiter aus der Küche oder eine andere bekannte Gestalt fehlen. Das muss ein namen- und gesichtsloser Typ oben vom Sortierungsplatz sein, staubig und grau vom Sand, gekrümmt vom Lastenschleppen.

Ein großer Transport aus polnischen Gebieten bringt in mehreren Zügen fünftausend Leute. Ein einziger wird herausgeholt, einer aus fünftausend.

Am Abend bei der Küche, als er sagte, er sei aus der Slowakei, zeigte man ihm unsere tschechische Gruppe, versammelt unter der großen gekrümmten Kiefer. So scharen sie sich alle in der Nähe der Küche in Augenblicken der Rast. Mit Essnäpfen und Schüsseln in den Händen stehen sie da herum, die aus Warschau, aus Tschenstochau, aus Kielce, die kleine tschechisch-mährische Gruppe und noch andere. Der Neue von heute stammt aus dem slowakischen Preschau und heißt Zelomir Bloch. Man nennt ihn Zelo. Mit seiner Frau ist er hier angekommen. Wir fragen gar nicht, auf welch großen Umwegen er aus der östlichen Slowakei zunächst nach Deblin, oder wie der Ort in Polen heißt, und dann hierher gelangt ist. Er ist nicht groß, hat eine eher stämmige Figur, auch das Gesicht mit kleinem Schnurrbart ist voll und über der hohen Stirn wellt sich dickes schwarzes Haar. Auf einem Pferd irgendwo an der slowakisch-ungarischen Grenze kann ich ihn mir eher vorstellen, weniger in der Synagoge mit dem Gebetstuch um die Schultern. Den Blick über die Blechschüssel ins Leere gerichtet, trinkt er schluckweise, raucht er, und wie aus der Ferne antwortet er auf unsere Fragen, die jetzt doch vereinzelt aufkommen.

Es ist immer dasselbe mit den Neuen bei der Küche, immer dieselbe Szene, nach außen fast reglos, ohne Handbewegungen, ohne Gesten. Warum schau ich jeden Neuen so an? Auf was warte ich? Dass er plötzlich aufheult, seine Hände verkrallt, er hervorbricht, über sie herfällt, sie zerfleischt und dabei fortdauernd brüllt ... Nein, er macht es nicht. Ich warte und wünsche mir, dass er es nicht tut. Ich bin erleichtert, als ich sehe, dass er dort steht und nichts unternimmt. Er ist also der gleiche Scheißer wie ich, wie alle hier ... Na, komm, komm zu uns. Bist einer von uns ... Wenn jeder so ist, wenn wir alle so sind, dann ist vielleicht keiner von uns so ein Scheißer ... Mir kommt in den Sinn, wie mir damals jemand eine weitere Schüssel zum Trinken unterschob und dabei eine Miene hatte, als ob er mich hier willkommen hieße. Der lange Hans Freund wendet sich jetzt an den Neuen und sagt anerkennend und vielleicht auch mit Erleichterung: »Ja, da tun sie dich zunächst ganz ausnehmen und erst dann schlachten.«

Zelomir Bloch – Zelo – jetzt hat er noch einen eigenen Wintermantel an, aufgeknöpft, lang, bis über die groben Stiefel reichend. Morgen schon wird er eine »Kurtka« – einen kurzen polnischen Rock tragen, dazu elegante Reithosen und Stiefel aus Glanzleder – wenn er bis morgen aushält.

Es vergehen einige Tage. Eines Abends, als man uns in die Baracke zum Schlafen hineintreibt, legen wir uns nicht sofort auf den Sandboden. Wir setzen uns zusammen. Jetzt erst, im unruhigen Kerzenlicht, sieht man, dass Zelo braune Augen hat, ein breites Kinn mit Grübchen und dazu einen irgendwie nicht passenden feinen Mund. Neben Zelo sitzt Rudi Masarek. Schmales Gesicht, helle Haut, kurz geschorene blonde Haare, hellblaue Augen, die Brust und die Schultern durchs Fechten geformt. Der hat sich durch seine Erscheinung auf dem Entkleidungsplatz so abgesondert, dass sie ihn aussondern mussten. Einen mit derart arischem Aussehen haben sie vorher vermutlich nur als Abbildung gesehen. Rudi ist Mischling. Seine Mutter ist angeblich keine Jüdin. Das erste Mal heftete er sich den gelben Judenstern zu seiner Hochzeit an und versprach seiner jüdischen Frau, ihn erst dann abzulegen, wenn sie, Volljüdin, es können würde. Sie kamen zusammen nach Treblinka. Sie war schwanger. Rudis Versprechen ist hier nichtig geworden. Hans Freund überragt uns alle auch im Sitzen. Ähnlich, wie er sich schlendernd bewegt, kommen auch die Worte aus seinem Mund. In jedem Satz hört man einen waschechten Prager. Viele seiner Ausdrücke entstammen der Geschäftswelt, der Textilbranche. Hans konnte man nach der Ankunft auf dem Entkleidungsplatz wegen seiner Größe nicht übersehen. Seine Frau und sein kleiner Bub jedoch gingen den Weg durch den Schlauch.

Robert Altschul fiel bei der Ankunft unseres Transports durch etwas ganz anderes auf. Fast alle im Transport hatten irgendwelche Strapazierkleidung an – Stiefel oder hohe Schnürschuhe, Sporthose, Jacke, Mütze. Robert trug einen breitkrempigen Hut auf dem Kopf, einen städtischen Anzug mit Mantel und Halbschuhe an den Füßen. Den Regenschirm hatte er nicht am Koffer angebunden, sondern hielt ihn in der Hand. Wenn Robert alt gewesen wäre, wäre an ihm nichts Auffälliges gewesen. Alte Leute gingen eben so zivil gekleidet in den Transport. Robert aber wirkte alt-jung. So stand er auf dem Entkleidungsplatz, vielleicht in der Nähe von Karl Unger, dessen Körper abgehärtet und gebräunt war durch die frühere Arbeit in den Olmützer Ziegeleien. Langsam und sorgfältig legte Robert seinen Regenschirm zur Seite, nahm den Hut vom Kopf mit dem vorzeitig schütteren Haar und rieb sich vor Kälte die blasse Haut. Ein jüdischer Intellektueller, der sich in Prag ausschließlich zwischen der medizinischen Fakultät, dem Kaffeehaus, dem deutschen und tschechischen Theater und seiner Junggesellenwohnung bewegt hatte. Jetzt kann er sich selber nicht richtig erinnern, wie es sich eigentlich zugetragen hat. Ob sie zuerst bemerkten, wie sorgfältig und arglos er beim Entkleiden zum »Bad« vorging, wie sie ihn herausholten und dann fragten, was er von Beruf sei – oder ob sie zunächst fragten, wer was mit Medizin und Medikamenten zu tun hätte – und als er sich meldete, er sei »Mediker«, sie ihn zur Seite stellten. Solch einen haben wir da noch nicht. Medikamente, von denen es nach jedem »reichen« Transport große Mengen gibt, soll er sortieren. Das Rigorosum, das Robert zum Abschluss seines Medizinstudiums noch fehlt, wird er nun nicht mehr ablegen können. Sein Fall zeigt, dass es das Zusammenkommen von zufälligen Begebenheiten ist, die einen einzelnen aus der Reihe hinausstellen.

So bilden die Totengräber in Treblinka ein buntes Gemisch aus Kraftmensch, Schneiderlein, Frömmler, Ganove der Warschauer Unterwelt, Handwerker sowie Geschäftsmann und Finanzier. Diese so genannten Goldjuden sammeln Gold und Schmuck, sortieren und zählen Banknoten verschiedensten Ursprungs und setzen so ihre Feinarbeit von draußen hier fort.

Karl Unger und ich sind die Jüngsten in der Gruppe. Wenn wir noch einige Wochen aushalten, erleben wir hier unseren zweiundzwanzigsten Geburtstag. Die anderen vier sind um die Dreißig. Der älteste scheint Hans Freund zu sein.

Es sieht nicht so aus, als ob Zelo das Wort führt, so wie wir da auf dem Boden sitzen und die Augenblicke ausnützen, bevor der Befehl zum Löschen der Kerzen kommt. Etwas sagt dieser, etwas jener, aber alle wenden wir uns dabei an Zelo. Etwas müssen wir unternehmen, um herauszukommen. Wir befinden uns in einem völlig unbekannten Land, in einer anderen Welt. Die aus Warschau oder von anderswo in Polen kommen, haben noch eine geringe Chance. Für uns gilt es auszuhalten und Zeit zu gewinnen. Das bedeutet, wir müssen uns verdammt gut halten, müssen die SS- und Wachmänner kennen lernen und die unter uns, auf die man hört. Außerdem müssen wir uns im Lager gründlich auskennen und heimlich Geld und Wertsachen sammeln. »In zwei, drei Wochen werden wir sehen, was sich machen lässt«, überlegen Zelo und Robert zusammen.

Eine Woche oder etwas mehr vergeht seit jenem Abend. Wir reihen uns zum Appell ein. Schwarze Stiefel aus feinem Leder, geputzt auf Hochglanz, Reithosen, um die kurzen Jacken haben wir Gürtel geschnürt, um den Hals ein Seidentuch gebunden und die Schildmütze schön zur Seite gesetzt. So hat uns der Textilfachmann Hans Freund und der Mode- und Zuschneider Rudi Masarek herausgeputzt. Kecke Jungs aus dem Reich des Verderbens und des Todes.

Alle im Lager kennen schon die tschechische Gruppe. Nicht nur unser Sechsergespann, sondern auch die andern von jenen zwanzig Verschonten, die mit den Transporten aus Theresienstadt kamen. Nur wissen wir nicht, ob dieser »Erfolg«, die fast drei Wochen überlebt zu haben, uns selbst zuzuschreiben ist. Es sind seltsame Änderungen im Gange: Man erschießt, wechselt aus und ersetzt uns nicht mehr so oft wie früher.

Aus der Baracke oben auf dem Entkleidungsplatz zogen wir in den unteren Teil des Lagers um. Eine einzige weiträumige Baracke, geformt wie ein großes »U«, bildet eine Sackgasse und umfasst unsere neuen Schlafplätze wie auch alle Werkstätten. So entstand hier noch ein »Ghetto«, in das wir abends eingeschlossen und aus dem wir morgens herausgelassen werden. Drei Räume, geteilt durch Trennwände, zwei rechts vom Eingang in die Sackgasse und einer auf der gegenüberliegenden Seite, werden als selbständige Wohnbaracken bezeichnet. Ein kleiner Zwischenteil in der Mitte der zwei Wohnräume ist sogar als Waschraum gedacht. Der Brunnen befindet sich außerhalb des »Ghettos«, vor dem Tor. Um ihn herum gibt es immer Gedränge, sogar Raufereien, wenn man uns hineintreibt. Wasser zum Waschen haben dann vor allem die erfolgreichen Raufer, die flotten Betrüger und die, die wir unter uns »bessere Gäste« nennen.

Wir schlafen nicht mehr auf kahlem Boden. Über die ganze Breite der Baracke ziehen sich durchlaufend Pritschen, an manchen Stellen zwei-, an anderen dreistöckig. Wir sechs schlafen und wohnen zusammen auf der oberen Pritsche, dort, wo sie nur zweistöckig ist und an die Bretterwand stößt, hinter der sich der Waschraum befindet. Das sind zwar Plätze für »bessere Gäste«, als wir es sind, aber das hat Zelo eingefädelt. Zelo beginnt im Lager »jemand« zu sein, wobei jeder das irgendwie für selbstverständlich hält.

Weckruf, eigentlich Weckpfiff, ist um sechs Uhr. Unlängst haben wir mit Karl gemutmaßt, woher unser Barackenältester die Pfeife mit dem schrillen Ton hat. Das Ding sieht weder wie ein Kinderspielzeug noch wie eine echte

Schiedsrichterpfeife aus. Dann rasseln schon die Blechschüsseln. Morgens gibt es nur schwarze Brühe aus Kaffeeersatz, ohne Brot, ohne alles. Um Viertel vor sieben hinaus auf den Appellplatz, der an der ganzen äußeren Front unserer Wohnbaracken entlang verläuft. Wie dick die Suppe mittags ist, hängt davon ab, was die letzten Transporte gebracht haben. Nach dem Abendappell bekommen wir am Ausgabeschalter der Küche wieder Kaffeeersatz und dazu eine Portion Brot. In den kleinen Brotsäcken, die wir tragen dürfen, bringen wir etwas Besseres zum Essen mit. Diese über die Schulter getragenen Beutel bergen nicht nur Lebensmittel, sondern auch Seife, Rasierzeug, Schuhcreme und allerlei für den Alltag, und gehören zu einer Neuerung, von der niemand so genau weiß, wann sie eigentlich eingeführt worden ist.

Decken durften wir uns vom Sortierungsplatz in die Wohnbaracken mitnehmen. Tagsüber müssen sie am Kopfrand der Pritsche tadellos zusammengelegt werden und alles muss sauber gefegt sein. Zwischen die Decken kann man aber so manches verstecken, was für den »Haushalt« gebraucht wird.

Es ist wieder einmal nach dem Abendappell, Feierabend auf der Pritsche. Robert hat soeben seinen zusammenlegbaren Hocker aufgeklappt. Das Anglerstühlchen mit Sitz aus Leinen hat er von oben, vom Sortierungsplatz, hierher durchzuschmuggeln gewagt, nachdem ihn Hauptscharführer Küttner zur Arbeit in die neu errichtete Revierstube eingewiesen hatte. Dort, im kleinen Abteil der Wohnbaracke mit etwa sechzehn Plätzen auf den Pritschen, soll er weiter, aber besser unterm Dach Medikamente sortieren.

»Diese Revierstube ist der beste Beweis dafür, was sie mit uns und was sie überhaupt vorhaben.«, meint Robert. »Jeder echte Fabrikbetrieb braucht spezialisierte Arbeiter. Darum pflegen und hegen sie uns jetzt. Und schließen lässt sich daraus, dass weitere große Transporte zu erwarten sind.« Unser Rudi ist neulich nach unten in die Schneiderei beordert worden. Dem feschen und sadistischen Oberscharführer Kurt Franz fiel Rudis arisches Aussehen und sportliche Körperhaltung auf. Zugleich entdeckte er in ihm einen ausgezeichneten Schneider von Herrenwäsche »aus dem goldenen Prag« – für sich und für die anderen SS-Männer in Treblinka.

Um neun Uhr müssen die Kerzen gelöscht sein und alle auf ihren Plätzen liegen. Ich breite mir die Decken aus, Schuhe und Kleider lege ich griffbereit am Kopfende zusammen. Den seidenen Pyjama, den ich aus meinem Bettzeug herausholte und den ich jetzt anhabe, werde ich morgen oben wegwerfen. Nach drei Tagen, eigentlich Nächten, ist er voller Blutflecken von den vielen Flöhen. Morgen kann ich mir von oben vielleicht einen neuen Pyjama mitbringen. Das ist zwar verboten, aber so manches wird in der letzten Zeit eher geduldet oder übersehen. Nur darf man nicht in die Hände der Schlimmsten fallen – Franz, Küttner, Miete. Vielleicht ist mein nächster Pyjama in Treblinka noch gar nicht eingetroffen, erst unterwegs. Vielleicht werde ich morgen keinen mehr brauchen. Nein – wenn ich alles richtig und geschickt mache, muss ich nicht wie in den ersten Tagen befürchten, dass mich ein SS-Mann einfach zur Jause verspeist.

Es wird deutlich, dass sich das System der Stabilisierung und Spezialisierung bewährt. Um die fünfzehntausend hat man heute erledigt. Nicht bemerkt wurde, dass in der neuen, effektiven Organisation der Arbeitssklaven der erste Funke geschlagen ist, der den Brand von Treblinka legen wird.

Eli, Eli – ins Feuer und in die Flammen stürzten sie uns ...

An einem verhangenen Novembernachmittag bricht hinter dem Sandwall eine hohe Flamme zum Firmament hervor und frisst sich im Nu in die Breite. Die riesige Feuer speiende Bühne bemerken wir, als wir am Abend nach unten zum Appell marschieren. Wir torkeln mit den Essnäpfen um die Küche herum, beleuchtet von dem dunkelroten Schein von drüben und von den Ecklampen an den Baracken über uns. »Sie fangen an, die Toten zu verbrennen – es ist nicht mehr Platz genug zum Begraben – sie wollen die Spuren verwischen.« Gerüchte verbreiten sich in Windeseile durch das Lager, noch ehe wir die Wohnbaracken erreichen. Als letzter klettert Robert hinauf auf die Pritsche. »Es ist nicht so einfach, solche Mengen von Menschen zu verbrennen, und dazu noch auf offenem Feuer.« Und weiter: »Der Mensch brennt nicht gerade besonders gut, eher schlecht. Scheiterhaufen muss man machen, zwischen die Leichen noch was Brennbares legen, noch mit etwas übergießen. Versuche haben sie vorher machen müssen.« Die Brotsäcke bleiben hingeworfen, ungeöffnet. Immer wieder richten sich die Blicke von den Pritschen zu den wenigen vergitterten kleinen Fenstern. Hinter ihnen ergießt sich das Flammenrot, färbt jetzt schon den Nachthimmel dunkelrot, geht über ins Gelbrote und verflüchtigt sich in schwefeligem Dunst.

Dort, wo die gegenüberliegende Pritsche an die Außenwand stößt, erscheint Salve. Aufgerichtet, mit dem Rücken zu dem kleinen Fenster, schaut er in die Tiefe der Baracke. Das Gesicht, rein und hell, weist keine einzige Falte auf, die Haut um die gerade Nase und um den Mund ist so fein, so bebend. Er stand am Anfang seiner Karriere als Operntenor, ehe sie ihn in das Warschauer Ghetto steckten. Von dort brachten sie ihn im Transport nach Treblinka. Ein Bekannter hatte auf ihn aufmerksam gemacht, weshalb die SS den Tenorsänger ausgesondert hatte, für sich und für uns; einen kleinen, aber ungewöhnlich gut aussehenden Mann.

Auf den vierzehnjährigen Edek musste niemand hinweisen. Mit seiner Ziehharmonika, die fast den ganzen Körper verdeckte, wirkte er – ihm war dies nicht bewusst – wie ein Teil von Treblinkas Inventar. Seine Eltern und Geschwister mussten gleich nach der Ankunft durch den »Schlauch« gehen. Sie hatten kein Musikinstrument gespielt.

Jetzt steht er an der Seite von Salve, unten sind nur die Füße zu sehen, oben über der Harmonika das längliche Gesicht mit den traurigen Augen ohne kindliche Züge.

»Eli, Eli – ins Feuer hat man uns gestürzt, mit Flammen gepeinigt – von Deiner heiligen Schrift ließ niemand ab.«

Salve klagt und wehklagt. Die Melodie und die Worte aus finsterer Vergangenheit, das Feuer, das aus der Gegenwart von draußen hereindrängt, reißen das Innere auf. Es zerreißt uns, die wir das Lied zum ersten Mal hören, ebenso wie die, die es schon früher in den Stunden des Grauens bei Hetzjagden und Pogromen gehört hatten. »Rette uns, oj rette uns – erlösen kannst uns nur Du allein ...« Am Schluss reißen die Akkorde ab, und die Stimme überschlägt sich irgendwohin hoch über den Flammen: »Shema Israel ... adonaj echod!« Hans fasst sich an den Kopf: »Jes Marja, sie sind darauf eingestellt, sie haben sogar für das Verbrennen einen Song!«

Viereinhalb Jahrhunderte alt soll das Lied sein. In den Zeiten von Isabella von Kastilien, auf den spanischen Scheiterhaufen des Inquisitors Torquemada, soll es entstanden sein, als man die Juden und andere Nichtgläubige im Zeichen des Kreuzes verbrannte – des gewöhnlichen Kreuzes, noch nicht des Hakenkreuzes.

Strenggläubige Juden sprechen den Namen Gottes nicht aus. Sie nennen ihn »Allmächtiger«, »Einziger«: »Eli, Eli – lomo asaftuni.« Hebräisch kann ich nicht. Aber in der Bibel habe ich viel gelesen, im Alten wie im Neuen Testament. Damals während der einsamen Abende, als ich dem Vieh das letzte Futter gab. Damals, vor nicht ganz drei Monaten. Hier jetzt höre ich mit aufgerissenen Augen zu, und die Szene steht in mir auf, in der der Mann am Kreuz um die neunte Stunde aufschrie: »Eli, Eli – lama asabthani? Du Einziger, warum hast Du mich verlassen?« Ja, so irgendwie kann es gewesen sein: »... und der Vorhang im Tempel zerriss ... die Erde bebte ... die Felsen zerrissen« – dort hinter dem Rücken von Salve, hinter dem Gitter. Jurek, der Kapo der »Roten«, hält eine Flasche Wodka in der Hand, streckt sich nach vorne und brüllt: »Salve – teraz Jiddische Mamme – spiewaj Jiddische Mamme – dawaj!« Da weiß ich schon, was kommt. Das erste Mal hörte ich das Lied Salve singen und Edek spielen – vor kurzem am Abend in der Schneiderwerkstatt: »Jiddische Mamme ist das schöjnste auf der Welt – Jiddische Mamme, oj wej, wie bitter, wenn sie –«, ich weiß nicht, ob es weiter heißen soll, »wenn sie fehlt« oder »wenn sie fällt«. Salve wohnt gegenüber in der Baracke, da er zu den »Hofjuden« gehört.

Hierher zu uns brachte ihn heute offenbar der blutig geöffnete Himmel. Erst als er von der Pritsche heruntersteigt und wieder weggehen will, beginnt die Baracke zu lärmen. »Für diese Folklore fehlte uns die richtige Motivation und Inspiration. Dafür ging es uns zu gut«, meint Robert.

Einige Tage nach Zelos Ankunft errichtete man das »Sortierungskommando A-Baracke«. Hier werden nur bessere Kleidungsstücke sortiert und verarbeitet. Es ist dieselbe Baracke, in die man mich und dann auch Karl nach unserer Ankunft gebracht hatte, zu den dampfenden, fest zusammengepressten Haufen von Textilien. Heute aber sieht das Innere der Baracke völlig anders aus. Der Raum ist durch Trenngitter aus Rundholz in einzelne Abteile gegliedert, die man »Boxen« nennt. Über jeder Box hängt eine Tafel mit Hinweisen, was dort verarbeitet und gelagert wird. Karl und ich arbeiten in der Auslesekonfektion, hinten in der Ecke der Baracke bei den »Herrenmänteln I. Sorte«. Jeder Arbeiter des Kommandos »A-Baracke« trägt eine gelbe Armbinde mit dem Buchstaben »A«. Und Zelo ist hier Vorarbeiter. Die SS-Männer sahen, wie sich die anderen um ihn scharten. Er fiel auf, verhielt sich dabei aber nicht draufgängerisch.

Längs der »A-Baracke« in Richtung Sortierungsplatz wurde die »Vorsortierungsbaracke« angebaut, so dass eine Doppelbaracke entstand. Aus der Vorsortierung bekommen wir Material zum Verarbeiten, ebenso wie die danebenliegende »B-Baracke«, wo Schuhe, Leder-, Galanteriewaren, Mützen, Hüte und Toilettenartikel sortiert werden. Von der Zufahrtsrampe, von der uns nur die hintere Bretterwand der Baracke trennt, ertönt ein schriller Pfiff. Der kleine Abraham von der Box nebenan rutscht vom Stapel der Bündel herunter, von wo aus er durch eine Bretterspalte nach draußen spähen kann: »Keine Viehwagons, Personenwagons sind es – die kommen aus dem Westen – ein reicher Transport ...«

Nur knapp hat es Abraham geschafft, die Arbeitsposition wieder einzunehmen, als unser jetziger »Chef«, Unterscharführer Bredow, erscheint und mit ihm noch andere SS-Männer: »Alles raus, auf den Bahnsteig ...!«

Das ist eine zusätzliche Aufgabe von uns, den Leuten aus der »A-Baracke«. Wenn ein großer Transport ankommt, den das Kommando »Blau« allein nicht schnell genug von der Rampe (genannt auch Bahnsteig oder Bahnhof) mit sämtlichem Gepäck wegschaffen kann, dann werden wir als Reserve zur Verstärkung eingesetzt. Die blauen und die gelben Armbinden wirken auf die

Aussteigenden beruhigend, wecken Vertrauen. Sie zeugen von guter Organisation und Ordnung am Ankunftsort.

Es geschah gelegentlich, dass jemand aus einem Transport fragte: »Wo sind wir, was wird mit uns geschehen?« und jemand von uns zischte: »Dem Tod entgegen geht ihr – wehrt euch! – Los, wir alle! …« Dann schauten sie ihn misstrauisch und befremdet an wie einen Narren, falls sie überhaupt inmitten des Tumults, in der Sorge um ihre Kinder, Frauen, Mütter, Koffer und Ranzen imstande waren zu schauen. Am »Bahnsteig« angekommen, erkenne ich an den Personenwagons und an tschechischen Gesprächsfetzen, dass es ein Transport aus dem Ghetto Theresienstadt ist. Die Rampe quillt über von Gepäck, und dazwischen wanken einige zurückgebliebene alte Leute. »Die Alte da führst du ins Lazarett!« Der SS-Mann gibt mir ein Zeichen mit seiner Peitsche. Ich fasse die Frau unter dem Arm. Das Kopftuch rutscht unter den Knoten ihrer grauen Haare. Über siebzig mochte sie gewesen sein, nicht klein, nicht groß. »Bitte, wo führen Sie mich hin?« Am Ende des Satzes ist die wehrlose Unruhe und Sorge spürbar. »Ins Lazarett …« – Weder ihr noch mir kommt es seltsam vor, dass sie auf Tschechisch fragte und auch auf Tschechisch Antwort bekam. Für sie ist das hier die Fortsetzung von Theresienstadt. »Warum eigentlich ins Lazarett?« – »Zur Untersuchung – alle alten Leute müssen dorthin. Von wo sind Sie eigentlich her?« – »Von Beneschau – bitte, geben Sie mir etwas Wasser zum Trinken; ich habe fürchterlichen Durst.« – »Gedulden Sie sich eine Weile, kommen Sie, bitte, bleiben Sie nicht stehen.« Hinter uns bewegt sich ein ähnliches Paar, gefolgt von einem SS-Mann, und dann noch weitere. – So, jetzt bin ich selber dran, bis hinein werde ich sie führen müssen, dort erkennt sie …, wird mich anschauen. Über der Grube werde ich ihr die Kleider vom Leib reißen müssen, sie vielleicht an der Hand halten, stützen.

Jetzt – denke ich – ist es entschieden. Es fiel auf dich, und nun bleibt dir nur das zu tun, was du dir immer vorgestellt hast. Ihr kommt rein, die Alte darfst du nicht genauer ansehen. Musst sie ganz nah an den SS-Mann heranführen, gibst ihm einen Tritt zwischen die Beine, reißt ihm die Pistole aus dem Halfter, nimmst nicht das Flobert-Gewehr, mit dem er jetzt so sauber und lautlos schießt. Er hält freilich zu gut den Abstand. So nah kommst du an ihn nicht heran, und der Wachmann oben auf dem Wall wird schneller am Abzug sein.

Wir nähern uns der grünen Wand des »Lazaretts«. Ich lasse ihren Arm los, will mich von ihr lösen. Aber sie hakt sich fest in mich ein, ruht auf meinem Arm im dunkelblauen feinen Sakko, den ich heute morgen gefunden und gleich angezogen habe. Der Samt lädt sie jetzt ein, sich anzuschmiegen. »Was war das? Jemand hat dort geschossen?«, sie fragt das ohne Schrecken, nur wieder mit bewegter Stimme. »Nein, nein, da machen nur unsere Burschen Lärm mit dem Gepäck.« Ich schaue mich um, bevor wir die kleine Gasse zum »Lazarett« betreten. Der Abstand zwischen dem Paar hinter uns und dem SS-Mann hat sich vergrößert. Der Weg ist für zwei nebeneinander recht eng. Bei der zweiten Biegung deute ich an, sie solle vorgehen, und nachdem sie abgebogen ist, drehe ich mich um, wie von fremder Gewalt gepackt, und breche aus, zurück. Gleichzeitig fällt drinnen ein weiterer Schuss. Beim Eingang dränge ich mich an zwei anderen vorbei. Der SS-Mann lässt mich vorbeilaufen.

Ich renne in die Baracke, aber sofort treibt man mich wieder mit den andern zur Rampe zurück, um das dort noch verbliebene Gepäck wegzutragen. Vor den Augen flimmern mir Bezeichnungen auf den Koffern aus den Transporten, die aus Theresienstadt kamen: Bu – Bv – By. Die Halden von Habseligkeiten, von Schuhen, Kleidung, Konserven wachsen immer noch an.

Du hast dich herausgemogelt, davongelaufen bist du – der Alten und dem, was du eigentlich machen wolltest. Dann genieße weiter Treblinka – das Fressen, die Peitschen, das »Lazarett« ... Was hast du ihr gesagt, als sie trinken wollte? Gedulden Sie sich ein Weilchen, gleich werden Sie ... Nein, das habe ich ihr nicht gesagt. Aber gedacht hast du es. Gib zu, so etwas ist dir eingefallen: Im Nu werden Sie von allem genug haben. Du Vieh – was würdest du tun, wenn du deine eigene Großmutter führen müsstest? Vielleicht ist sie schon da, ist soeben durch, ist schon drüben, jetzt gerade ...

Ich komme als einer der letzten in die Baracke zurück. Der kleine krausköpfige Abraham ist überall im Gesicht bestreut mit Kakaopulver aus einer aufgerissenen Packung. Er schüttelt sich und wischt das braune Pulver ab, schiebt sich zwischendurch immer davon etwas in den Mund. Dabei jammert er, wehmütig und schwärmerisch zugleich: »Oj, was für ein großer und reicher Transport – oj, was für ein Transport!«

Die geheimnisvolle Werkstatt des Todes

Die erste Reihe berührt mit den Schuhspitzen die weiße Linie, die sich über den mit schwarzer Schlacke bestreuten Appellplatz zieht. Hinter dieser Linie sind wir ohne Lebensrecht angetreten, mit kahl geschorenen Köpfen und den Mützen in der Hand. Vor uns stehen die, die vom Leben um so mehr haben, je mehr Leben sie vernichten. »Stillstehen, nicht abmarschieren!«, brüllt Kiewe und schreitet nach vorne. SS-Hauptscharführer Fritz Küttner, genannt Kiewe, fungiert in Treblinka als Betriebsleiter. Ein Betriebswüterich, der in unerwartet kurzer Zeit an verschiedensten Orten auftaucht und es schafft, das ganze Lager in rasendes, fieberhaftes Tempo zu versetzen. Die hohe Schildmütze sitzt Kiewe so tief im Gesicht, dass sie die ganze Stirn verdeckt. Wie durch ein Visier stechen die Augen in die Reihen und Glieder auf dem Appellplatz hinein. »Lagerältester, Kapos, hierher, mir nach!« Ein Teil der SS-Männer schlendert in dieselbe Richtung. Kiewe lässt die kleine, ganz am Rande angetretene Gruppe der Frauen unbeachtet und geht langsam durch die Reihen. »Du, komm raus – nein, du – jaa, du, tritt vor, du auch.« Die Peitsche knallt. Die Alarmglocken in mir klingen ein wenig ab, denn jetzt weiß ich, worum es geht. Sofort aber stelle ich mich auf das ein, was kommt. Sie suchen Leute für das Totenlager aus. Sie müssen wieder die Schar derer auffüllen, die direkt in der Werkstatt des Todes arbeiten. Soviel ich weiß, holen sie die Leute für das Totenlager nie direkt aus den Transporten heraus. Vermutlich hatten sie erkannt, dass der erste Teil des Lagers die unumgängliche Vorstufe für die Arbeit mit dem völlig nackten Tod nebenan ist, dass dafür die nicht viel taugen, die gerade von draußen aus dem Leben kamen.

»Na, Kapo, welche sind deine faulsten Leute, hol sie raus!« Kiewe tut, als ob die Auswahl von den Kapos und den Vorarbeitern abhängig wäre. Sie folgen ihm verhalten. Bei dem einen verlangsamt der Kapo kaum merklich seinen Schritt, einen anderen schaut er etwas länger an, und Kiewe peitscht sie beide aus der Reihe heraus. Sie gehören nicht zu den Verlässlichen. Das weiß Kiewe selbstverständlich nicht. Dafür aber wissen es die Kapos und die Vorarbeiter nur zu gut. Mit ihrer Hilfe halten so die Sklaven in diesem Teil von Treblinka wortlos ein strenges Gericht. Es geschieht nicht nur beim Aussondern für das Totenlager. Manchmal bei dem Treiben auf dem Sortierungsplatz kommt die nötige Hilfe nicht rechtzeitig. Niemand kann aber erkennen, inwieweit so ein »Betriebsunfall« Zufall war, Rache eines einzelnen oder ob dahinter ein gemeinsamer Wunsch steckte. Kiewe hat sich inzwischen in seinen üblichen tollwütigen Zustand hineingesteigert, hat alle überholt und sondert weit vorne einzelne aus, wie es ihm gerade einfällt. Die anderen SS-Männer prügeln sie an der Ecke der Baracke zusammen – zwölf, dreizehn, vierzehn ... Jetzt, jetzt kommt er an, beäugt den neben mir. Ich halte den Kopf hoch dadurch, dass ich die schwarze Teerdecke der Baracke anstarre. Ist vorbei, ich hab's hinter mir, diesmal. Bin nicht unter ihnen, werde hier weiter Mäntel, Hemden, Schuhe sortieren, in Haufen von Nahrungsmitteln herumwühlen, mir heimlich den Mund voll stopfen, saubere Wäsche anziehen ...

Die, die man jetzt hinter den Wall führt, steigen ganz tief hinab in das Reich des Todes. Mit nichts anderem mehr werden sie in Fühlung kommen, nur ihn werden sie in Händen haben, nur ihn, aber in Tausenden Gestalten aus nacktem Fleisch. Von überall wird der Tod sie mit Abertausenden von aufgerissenen Augen und Mündern anstarren. Mit den Beinen und Armen wird er um sie herumschlenkern. Durchdringen wird er sie mit stickig-süßlichem Geruch. Von den nackten Körpern werden sie sich abends nichts in die Baracke mitbringen können. Sie werden sich in den Kleidungsstücken schlafen legen, in denen sie von hier gekommen sind. Zum Essen nur das, was die Küche in der Blechschüssel ausgibt. Eine Zigarette wird dort mehr bedeuten als bei uns Dollars und Brillanten.

Die Werkstätten mit Werkzeugen und Arbeitstischen, die Rampe, der Entkleidungsplatz, noch durchtränkt vom Geruch der nackten Körper, das sind alles Stätten der Vorarbeit. Am Ende ist »das zweite Lager« – Versenkung mit streng gehütetem Geheimnis. Schon das Wort »Totenlager« ist ein Beschwörungswort, das gefährlich werden kann. Sogar unter uns sagen wir geheimnisvoll »Lager Zwei« oder »dort drüben«. Und doch, nach und nach, so wie Wasser in ganz kleinen Mengen einen noch so gut abgedichteten Staudamm durchsickert, gelangten Einzelheiten zu uns in das erste Lager, und mit der Zeit erfuhr ich immer mehr.

Die Gaskammern waren das einzige gemauerte Gebäude im ganzen Lager. Eigentlich waren es zwei Objekte. Am Anfang errichteten sie – weiter vom Eingang entfernt – ein kleineres Gebäude mit drei Gaskammern, jede etwa 5 x 5 Meter groß. Irgendwann im Herbst 1942 wurde das größere Gebäude mit zehn Gaskammern fertig gestellt. Man platzierte es ganz in die Nähe des »Schlauchs«, dort, wo er aus dem ersten Teil des Lagers in den zweiten Teil mündet. Durch die Mitte des neuen Gebäudes hindurch verläuft ein Gang. Von dort betritt man die Gaskammern, auf jeder Seite fünf. Die Ausmaße jeder dieser Gaskammern sind etwa 7 x 7 Meter. An die hintere Giebelwand, wo der Gang endet, schließt der Motorraum an. Aus ihm leitet man durch eine Rohrleitung und Öffnungen in der Decke die Auspuffgase in die Gaskammern. Diese sind als Duschen getarnt, der Boden, ausgelegt mit groben Fliesen, hat eine Neigung zu den Außenwänden. In diese Wände sind abgedichtete, nach oben hochziehbare Falltüren eingebaut. Nach dem »Vergasungsablauf« werden sie geöffnet und die Leichen auf eine schmale Rampe hinausgeschleppt. In der Anfangsphase schleppte und trug man die Toten auf grob zusammengenagelten Tragen zu den Massengräbern. Jetzt stapelt man sie auf einem großen Verbrennungsrost, gebaut aus Eisenbahnschienen.

Anfang Oktober, als unser Transport nach Treblinka kam, müssen sie die neuen Gaskammern in Betrieb gesetzt haben. Wenn man alle diese Gaskammern füllt, dann ist es möglich, auf einmal fast zweitausend Menschen zu töten. Die eigentliche Vergasung dauert etwa zwanzig Minuten. Viel hängt vom raschen Füllen und Entleeren der Gaskammern ab und auch davon, wie verlässlich die Motoren arbeiten. Der größte Engpass aber entsteht außerhalb Treblinkas bei Verzögerungen auf den Zufuhr- und Nachschubwegen.

Das rasendste Arbeitstempo muss beim Entleeren der Gaskammern angesetzt werden, wenn man im ersten Teil des Lagers den nächsten Schub vorbereitet. Was geschieht mit all den Riemen und Gürteln, die man hier einsammeln und zum Tor des zweiten Lagers bringen muss? Jeder drüben hat so ein Riemengeschirr. Das eine Ende schlingt er um die Füße oder die Arme der Leiche und: »... los, los, ziehen, ziehen!« Anders könnten sie es überhaupt nicht so schnell schaffen, wenn es etwa dreihundert sind.

»So, Abmarsch!« Kiewe gelangt an das andere Ende des Appellplatzes. Die Gruppe der Ausgesonderten für das zweite Lager verschwindet hinter der Ecke der Wohnbaracke, und wir marschieren in anderer Richtung hinauf zur Arbeit.

»Singen, ein Lied!« – den Befehl zum Singen übernehmen die Wachmänner in Schwarz von den grünschwarzen und grüngrauen SS-Männern und dehnen ihn johlend aus: »Singeeen dawaj, job twoju matj, los, ficke deine Mutter szpiewaj, kurwa twoja matj, singe, Hurensohn!« Vom Ukrainischen geht das Gejohle ins Polnische über. Die Kapos und die Vorarbeiter mit gelben Armbinden heulen und hüpfen neben ihren Kolonnen hin und her.

»Ja, Mensch, marschieren, eins-zwei, eins-zwei, kannst nicht, verstehst nicht?« Niemand würde glauben, dass die metallene scheppernde Stimme einer so kleinen Gestalt gehört, dass dieses Berliner Deutsch von keinem SS-Mann, sondern von einem der drei Unseren kommt, die für die SS deutsche Juden und für die Ärmsten hier jüdische Deutsche sind. Das hier ist Kapo Mannes, geradlinig in seinen Bewegungen, genau in seinen Handlungen, sauber in seinem braunen Gesicht. In der letzten Reihe seiner Kolonne holpert ein Männlein ohne Namen, ohne Alter von irgendwo aus der jüdischen Ecke eines Dorfes in der Nähe von Warschau. Kapo Mannes will nicht, dass seine Leute von Peitschen getroffen werden. Der kleine sich reckende Kapo Mannes mit kräftiger Stimme will, dass seine Kolonne tadellos marschiert, dass alles in Ordnung ist. Kapo Mannes zeigt dem Männlein, führt ihm vor, fordert ihn auf, warnt, dass die Gefahr schon naht, erhöht die Stimme bis fast zum Aufbrüllen, senkt sie zum Drängen. Wenn auch Kapo Mannes mit der Peitsche nicht direkt droht, das Männlein hebt jedes Mal angstvoll den Arm, macht mit dem ganzen Körper ausweichende Bewegungen und beantwortet alles mit jammernden Fragen: »Oj, Kapo Mannes, for wues muss ich soj marschieren in Treblinka, for wues muss ich soj singen?«

Für den längst nicht so scheuen Adrian aus irgendeinem polnischen »Stettl« hingegen ist das Marschieren im Gleichschritt einfach unpassend, fremd, nicht koscher: »Oj, Kapo Mannes, was biste für 'a Jid. Dajtscher Jid biste? Jiddischer Dajtsche? Eh Jecke biste!«

Für einen zehn andere

Diesmal ist der Klang der einrollenden Wagons irgendwie anders. Nachdem das Quietschen der Bremsen und das Klirren der Puffer aufgehört hat, ertönen Pfiffe. Wir werden vom Sortieren aus der Baracke hinausgejagt. Entlang der ganzen Rampe stehen Güterwagons. Die »Blauen« und wir öffnen sie. Kein Druck von innen gegen die Schiebetür, sie öffnet sich leicht. Die Wagons sind leer. Stabsscharführer Stadie steht nahe beim Einfahrtstor mit irgendeiner Waffe über der Schulter. Weitere Leute vom Sortierungsplatz werden auf die Rampe getrieben. Die SS-Männer peitschen und treten einige, bis sie am Boden liegen. Die Wachmänner, wie eifrige Lehrlinge, ahmen sie nach. Auch ihr Befehlshaber ist anwesend. Oberwachmann Rogoza. Ein knabenhaft hübscher, rotwangiger Grobian. Jetzt verstehen wir ihr Toben! Sie bereiten eine neue Aktion vor, sie führen Regie in einer neuen Szene, die noch nicht erprobt und eingespielt ist. Von überall her hört man Peitschenhiebe und Gebrüll, bis wir in einer langen Reihe stehen: »Im Laufschritt – die Wagons beladen!«

Eine riesige Schlange bewegt sich von den Pyramiden mit den sortierten Bündeln auf dem Sortierungsplatz zu den Wagons auf der Rampe und zurück. Bevor ich mit dem nächsten Bündel zur Rampe angelaufen komme, ist der erste Wagon bereits voll, und beim zweiten fehlt nicht viel, dann ein dritter, ein vierter ... Die meisten Vorarbeiter schwingen die Peitschen ins Leere und begleiten dieses Dirigieren mit rhythmischem Brüllen.

Alle Wagons an der Rampe sind voll beladen. Die SS-Männer gehen von einem zum andern, kontrollieren und befehlen, die Schiebetüren zu schließen. Der Zug fährt hinaus, und nach kurzer Zeit schiebt die Lokomotive weitere leere Wagons herein. »Na, das ist ja 'n verkehrter Transport«, sagt Hans Freund, der die ganze Reihe überragt und überschaut. »Alles, was noch zurückgeblieben ist, sind brauchbare Sachen, für die Front und für daheim.«

In jenen Tagen, Ende November, Anfang Dezember, lichteten sich die Transporte, aber der Betrieb im ersten Lager blieb intensiv. Die Wagons mit

Menschen nach Treblinka wechseln sich jetzt ab mit Wagons mit Sachen aus Treblinka. Bis auf wenige Ausnahmen benutzte man zum Laden von sortierten Gütern nicht dieselben Wagons, in denen man Leute gebracht hatte. Die abgedeckten Viehwagons mit Menschen kamen größtenteils aus polnischen Ortschaften, die leeren Güterwagons zum Beladen meistens aus Deutschland. Die Berge gebündelter Sachen auf dem Sortierungsplatz und auch die Stapel in den Baracken verschwanden und neue wuchsen wieder hoch wie im Trickfilm. Wenn ich SS-Mann wäre, wüsste ich, dass auch dieses »Menschenpack« sich zusammentun kann, wenn es zwei, drei Tage in Reihen hin und her läuft und immer nur die Wagons belädt. Da weiß dann einer vom andern zu gut, wer vor ihm, wer hinter ihm ist, wer die Bündel abnimmt, wer sie in den Wagons stapelt.

Ich würde durchschauen, was vor kurzem geschah. In der Wagontür stießen auf einmal drei, vier Gestalten mit den Bündeln zusammen und fielen um. Zwei Vorarbeiter gingen sofort mit Peitschen auf sie los. Auch der Lagerälteste, Galewski, erschien brüllend dazwischen. Dann prügelte einer der Vorarbeiter jemanden von den Wagons weg, und Unterscharführer Gentz konnte nicht anders, als sich umdrehen und nachschauen, »... wie die polnischen Scheißkerle aufeinander losgehen ...«. Da waren die zwei im Wagon schon mit Bündeln zugedeckt und verschanzt, der Wagon war abfahrbereit. »Zumachen, Herr Chef?« Wenn ich da SS-Mann wäre, würde ich aus dieser blöden Frage mehr heraushören. Die voll geladene Zuggarnitur fährt hinaus und mit ihr wieder zwei, die »die Welt wissen lassen sollen«. Ein wunderbar inszenierter Tumult begleitete dies. Und die Hauptakteure – außer den zwei Ausgerissenen – waren die, die sich vor der Küchenausgabe drängen, die dir alles mögliche vor deinen Augen mausen.

Wenn ich da SS-Mann wäre ... Immer wieder bewegen mich diese Worte und Vorstellungen.

Bald danach folgen zwei Ereignisse, die die Genugtuung ersticken und den Willen zur Flucht aus Treblinka brechen. Der nachspähende Oberscharführer Boelitz, immer strammer und gründlicher als die andern, entdeckt knapp vor der Ausfahrt der voll geladenen Wagons zwei vom Sortierungsplatz, die sich im Fahrgestell versteckt hatten. Sofort erscheint »Lalka«, denn das ist jetzt seine Angelegenheit. Er geht nicht, er schreitet. Er weiß von jedem seiner Schritte, er weiß von sich, dass alles an ihm makellos ist, gebügelt, blank geputzt: die schwarzen Stiefel, die graue Reithose, mit großen gelben Lederstücken über dem Hintern bis zu den Knien verstärkt, der grüne Uniformrock, die grauen Hirschlederhandschuhe, die schräg aufgesetzte Schirmmütze mit dem Totenkopf. SS-Oberscharführer Kurt Franz weiß nur zu gut, dass er von allen hier der am höchsten, am schönsten gewachsene Mannskerl ist. Was er nicht weiß, ist, dass ihm seine Figur, die roten Wangen und die strahlenden braunen Augen bei den Verdammten in Treblinka den polnischen Spitznamen »Lalka« eingebracht haben – auf Deutsch »die Puppe«. Die anderen SS-Männer stehen herum wie in Erwartung einer Schau, einer Schau mit Menschen, die nackten Vogelscheuchen gleichen. Die zwei müssen sich noch auf der Rampe ausziehen. Die Wachmänner laufen zusammen, auf Befehl und in Erwartung eines neuen »Spaßes«. Am Strick um den Hals schleppen und peitschen sie sie nackt hinunter zur Küche. Dort hängen sie sie an den Füßen mit dem Kopf nach unten an einen Balken, den sie an zwei Kiefern befestigt haben. »Guckt euch genau die zwei dort an!« Die Hand im grauen Hirschlederhandschuh zeigt vom Appellplatz um die Barackenecke in Richtung Küche, »... und zieht daraus die Lehre, ihr Träumer, ihr Affen – sollte jemand von euch noch so was einfallen. Abtreten!« Das Gedränge bei der Küche wächst, so wie mit den seltener gewordenen Transporten in der letzten Zeit die Haufen von Essen schwinden. Zwischen dem Dampf aus den Essschüsseln, in der rauen Kälte und im schalen Küchengeruch drängt sich ein wie durch einen Zerrspiegel auf den Kopf gestelltes Bild auf. Bläuliche Körper, nach hinten gestoßene Köpfe, hervorstehende Adamsäpfel, die Augen wie über die ganze Stirn ergossen, dicker Blutstreifen zwischen Nase und Lippen, dünne Blutstreifen von den Mundwinkeln zu den Schläfen.

»Shema Israel – höre Israel ...« Aus dem anfänglichen Röcheln stoßen Worte des Gebets und des Kampfrufs zugleich heraus. Dann geht ein Ruck durch den einen Körper, als ob er sich mit den hinter dem Rücken gefesselten Händen stemmen wollte, und aus dem blutenden Mund kommt wieder stoßartig: »Was wollt ihr da noch! Werft das Fressen weg und denkt an Rache!«

Und noch einmal die gleiche Szene, als zwei aus einem beladenen Wagon herausgezerrt wurden. Es ist nicht ganz klar, ob sie gerade dabei waren, sich zu verstecken, oder ob sie sich im Wagon beim Stapeln der Bündel irgendwie verfangen haben. Diesmal – es war kurz vor dem Mittag – riefen sie die Zimmerleute, und kurz darauf ragten aus dem Boden auf dem »Bahnhofsplatz« zwei Holzpfähle, zwischen ihnen wieder ein Querbalken, und an ihm hingen sie, uns zur Warnung. Als wir nach dem Mittag wieder vorbeimarschierten, gaben sie schon keinen Laut mehr von sich, und mir fiel nur ganz blödsinnig ein: »Also so sieht ein nackter, auf den Kopf gestellter Mensch aus.«

Nach einer Weile schnitten sie sie ab fürs »Lazarett« und den Galgen ließen sie gleich wieder auseinandernehmen.

Einige Tage später leitet Zelo unsere Abendsitzung auf der Pritsche leiser als sonst, aber umso eindringlicher ein, eben wie nur er es kann: »Jetzt ist also höchste Zeit, etwas zu unternehmen. Bald kommt der Winter, Frost und Schnee und dann ...« – »Na ja, da könnten uns die Füße abfrieren, wenn sie uns nackt aufhängen –«, lässt Hans Freund fallen. »Ich sprach heute mit einem, Kohlenbrenner heißt er. Der hätte einen Plan, wie wir sechs zusammen mit ihm raus kämen. Unter der Wache, nachts, ist es nicht so arg. Die Baracke wird nicht abgesperrt. Ich als Vorarbeiter könnte den Ukrainer, der dann Dienst haben wird, zur Tür herbeirufen. Man könnte mit ihm einen Handel einfädeln. Wenn wir mit dem, der am Abend den Wachdienst antritt, verabredeten, wir würden ihm in der Nacht an die Tür ein Päckchen mit Geld hinlegen, und er stellt uns dafür Wodka hin ... das wird hier doch schon eine Zeitlang praktiziert. Die Flaschen mit Wodka haben die »Blauen« und die »Roten« nicht nur aus den Transporten. Ihr werdet hinter der Tür stehen, und wenn er nah herankommt, überwältigen wir ihn in aller Stille, einer von uns zieht seine Uniform an, nimmt sein Gewehr, ruft den SS-Mann am Ghetto-Tor, der dort Nachtdienst haben wird, und den müssen wir auch erledigen. Sein Mantel, seine Mütze und Maschinenpistole müssten uns dann helfen, über die Wache am Tor beim Gleis hinauszugelangen. Das ist der kürzeste Weg. Wenn wir so mit dem Burschen Kohlenbrenner rauskommen, verspricht er, dass er uns dafür nach Warschau führt und für alle falsche Papiere besorgt.« »Das bedeutet also, ein gehöriges Paket von Geld und Gold mitzunehmen«, ergänzt Robert. »Und warum hat sich der Bursche gerade uns ausgesucht?«, fällt wieder Hans dazwischen. »Der hat doch hier andere Kumpane, uns kennt er doch zu wenig.« – »Und wir ihn«, knüpft Robert an, »nur, für uns sechs wird es wohl die einzige Möglichkeit sein ...« – »Er will es mit keinem versuchen, den er kennt, weil er hier zu viele kennt«, erklärt Zelo, »und weil er sie eben nur zu gut kennt«, setzt Hans hinzu.

»Mit falschen Papieren könnten wir uns der Untergrundbewegung in Polen, den Partisanen, anschließen, oder uns freiwillig zur Arbeit nach Deutschland melden.« – »Und warum hat er sich nach Treblinka bemüht, wenn er das alles schon längst für sich selber in Warschau hätte besorgen können?« – »Weil auch er es nicht geglaubt hatte. Hie und da hat er was gehört, aber zu glauben vermochte er nicht. Uns vertraut er.« – »Vertraut – vertraut, weil die arische Fratze, die da Rudi und auch Karl haben, ihm das Türmen leichter machen wird.« Hans weist mit dem Rasierpinsel vor sich hin. »Auch rechnet er damit, dass wir, wenn es zu Zwischenfällen kommt, schlagfertiger sind, dass wir nicht sofort in die Hose scheißen wie seine Freundchen. Der Rudi hat es beim Militär zum Leutnant gebracht, Zelo auch, aber er, der Scheißkluge aus Warschau, wird uns Ratschläge geben und wir werden ihm die Leibwache stellen.« – »No, czloveku, na Treblinku to nie je taka zla ponuka – Mann, für Treblinka aber ist es kein so schlechtes Angebot.« Zelo mischt slowakische, tschechische und polnische Ausdrücke zusammen. »Und was hindert ihn dann daran, uns draußen irgendwo allein stehen zu lassen? Irgendwo in Polen«, zweifelt Hans weiter. »Möge mich schon jemand draußen so stehen lassen, irgendwo in irgendeinem Polen«, wünscht sich Karl.

Das Gespräch geht in ein Durcheinander über: »Wenn man uns schon hier schnappt, dann wird nackt an den Füßen mit dem Kopf nach unten folgen, das dauert nicht so lange, vielleicht zwanzig Minuten, dann verlierst du das Bewusstsein. Zwanzig Minuten sind dir nicht lange genug? Dazu dürfen wir es überhaupt nicht kommen lassen, wir müssen sofort auf sie los und sie auf der Stelle fertig machen – und wenn uns draußen die deutsche Feldgendarmerie oder Schutzpolizei, oder wie sie alle heißen, aufgreift, hast du gehört, wie es hier in Polen zugeht, wenn du keine Papiere hast? Nackt ziehen sie dich aus und sehen sofort deinen Ausweis: ohne Vorhaut, und da spielen sie mit dir noch paar Runden, bevor du kalt werden darfst. Für die SS-Uniform hat Rudi die beste Figur, aber draußen wird es besser sein, die Montur sofort wieder abzulegen.«

»Spätestens in einer Woche sollten wir es wagen.« Zelo spricht wieder zusammenhängend. »Rudi und ich versuchen noch herauszufinden, ob es überhaupt Losungen für die Nachtwache gibt und wie das läuft. Ihr schleust gleich morgen aus der Mäntel-Box das ganze versteckte Geld hierher nach unten. Jeder soll in der Tasche irgendeine Konserve, Messer, Stricke oder Riemen haben.«

Am übernächsten Tag muss uns der Barackendienst nicht wecken. Lange vor dem Weckpfiff sind alle auf. Erregte, gedämpfte Stimmen in der Baracke. Sieben von den »Blauen« wollten ausreißen, auf ähnliche Weise, wie wir es im Sinne hatten. Der Wachmann am Ghetto-Tor war aber schneller, rief den Dienst habenden SS-Mann herbei und mit ihm auch weitere Verstärkung. Die Nummern der sieben wurden notiert, dann wurden sie in die Baracke zurückgetrieben und Wachen aufgestellt. Das alles verlief in der Stille zwischen zwei und drei Uhr am Morgen. Das erste Mal kamen dabei die kleinen Dreiecke aus Stoff mit Nummer zur Geltung, die jeder von uns bekam, als man uns in das »Ghetto« umsiedelte. Diese Dreiecke müssen wir sichtbar an der Oberkleidung an der linken Brustseite tragen. »Und sie ließen sich zurückjagen« – Robert zieht die Worte noch mehr in die Länge als sonst – »Und dabei sind doch bei den »Blauen« lauter flotte Jungs.« Beim Appell sind diesmal ungewohnt viele SS-Männer zugegen. Um die zwanzig mögen es sein. Franz »die Puppe« tritt vor und eröffnet seine Vorstellung: »Heute zum letzten Mal wird mild durchgegriffen.« Mit nachlässiger Miene und Stimme fährt er fort: »Die sieben von euch, die flüchten wollten, werden erschossen.« Plötzlich erhöht er die Stimme: »Von heute an mach' ich jeden Kapo und jeden Vorarbeiter für ihre Leute mit ihrem eigenen Leben haftbar. Für jeden, der ausreißt oder es versucht, werden zehn Mann erschossen – für einen zehn andere! So, alle Kapos und Vorarbeiter werden jetzt der Hinrichtung im ›Lazarett‹ beiwohnen! Abtreten!«

Wir marschieren ab und verteilen uns oben in die Arbeitsbaracken. »Aber sie haben nicht gefoltert«, bemerkt jemand, und dann in die eingetretene Stille nach den sieben einzelnen Schüssen wiederholt er nachdenklich: »Für einen – zehn.«

Die Henker und die Totengräber

Man könnte auch die Bezeichnung »die Herren und die Sklaven« für alle die benutzen, die sich in Treblinka auf zwei Beinen bewegen. Aber solche Bezeichnungen sind nur gut für die Überschrift. Sonst ist es in Treblinka auch nicht so einfach. Es gibt größere und kleinere Herren. Halbherren, Kommandanten der Henker, Meisterhenker und ihre Gehilfen, mehr oder weniger lebendige Sklaven. Totengräber, groß und klein.

Alle belauern und bewachen die anderen und sich gegenseitig. Alle verhalten sich anders, wenn sie zu mehreren beisammen sind, und anders, wenn sie einzeln auftreten und einer von höherem Rang nicht zuschaut. Alle sind von der Hinterlassenschaft betört, die sich da aus den letzten Dingen und Wertsachen von Hunderttausenden Menschen anhäuft. Alle plündern sie und spekulieren mit ihr. Die Herren SS-Männer und die Wachmänner sind vor allem auf das Gold, den Schmuck, das Geld, die Pelzmäntel scharf, für jeden Fall: Sollte der Krieg für sie gut oder schlecht ausgehen. Die Sklaven ergreifen das Essen und auch die Wertsachen für den einen einzigen Fall.

Alle sind gespannt und neugierig darauf, was der nächste Transport nach Treblinka bringt. Sogar die ganz am Ende im Totenlager können die »Güte« des Transports nach den ausgebrochenen goldenen Zähnen abschätzen, und vielleicht auch nach der Untersuchung, die man dort stichprobenweise macht, ob nämlich die nackten Toten Gold und Schmuck auch in anderen Öffnungen außer dem Mund haben. Alle singen und lassen sich besingen – die Deutschen »Heimat ... deine Sterne«, die Ukrainer »Oj pri luczku, pri szirokym poli ... in der Aue, im weiten Feld«, die Juden »Stejterle Bels, mein geliebtes Bels ...« und »Jiddische Mamme« und »Eli, Eli ...«.

Er promenierte und hielt zwischendurch oben auf dem Sandwall an. Es war einige Tage danach, als man mit dem Verbrennen angefangen hat. Von dort aus besichtigte er sein Herrschaftsgut. Er schaute herab auf die Seite, von wo der Rauch emporstieg und ihm eine majestätische Kulisse verschaffte. Dann blickte er wieder auf die Seite, wo unten die Berge von Sachen und Ketten von winzigen Gestalten unaufhörlich ihre Formen änderten und wie im Kaleidoskop immer neue und neue Gebilde gestalteten. Er hatte keine schwere Karbatsche wie alle anderen SS-Männer, sondern nur eine leichte Reitpeitsche und immer helle Hirschlederhandschuhe, auf dem Kopf ein Schiffchen, einige Finger der rechten Hand an der Brust in der eng anliegenden grünen Uniformjacke eingehängt. Der Kommandant des Lagers, SS-Hauptsturmführer Franz Paul Stangl. So wie er einzig und allein vom Wall herabblickt, so hält er Abstand von allen und Überblick von oben herab über alles. Von unten aus der Kommandanturbaracke kommt er nur selten in den Betrieb nach oben, jeglichen Kontakt mit den Arbeitsjuden wie auch mit den ukrainischen Wachmännern meidend. Wenn er manchmal zum Appell kommt, dann nur, um von der Seite, von der Barackenecke Einblick zu nehmen. Mit der Reitgerte leicht gegen die Stiefel tippend, geht er wortlos noch vor Ende des Appells fort. Mit leicht gebogener Nase und vorspringendem Kinn, durch lockere Körperhaltung und Bewegungen, die nur den höheren Rängen zustehen, wirkt er wie ein Burgherr, der die Macht unter die andern Herren verteilt. Robert sagt, dass dieser erhabene Herr mehr als die andern wissen und auch mehr auf dem Gewissen haben wird. Der sei in einer Position, dass er selber weder schießen noch mit der Peitsche zuschlagen muss. Fast jedem werden Spitznamen gegeben, für alles Mögliche entstehen Beinamen, weil wir Verständigungs- und Warnsignale haben müssen, die nur wir verstehen – niemand anderer. Unter ihnen sind drei besondere Namen, für uns Signale tödlicher Gefahr, und zugleich symbolisieren sie die Hauptpfeiler von Treblinka und seinem Betrieb. Ihre echten Namen sind uns nur vom Hören bekannt; wie sie sich richtig schreiben, wissen wir nicht – Franz, Küttner, Miete. Das erste Mal sah ich Franz am zweiten oder dritten Tag nach unserer Ankunft in Aktion. Ich komme aus der Baracke hinaus auf den Sortierungsplatz und sehe, wie er sich einige Meter vor mir einen der Arbeitssklaven umständlich in die richtige Lage gebracht hat und anfängt, ihm fünfundzwanzig auf den Hintern zu verpassen. Jeder Schlag mit vollem Strecken, Durchbiegen und Ausholen, so wie ich es vom Tennis kenne, mit stilgerechtem Schwung. Das war aber nur eine kleine Vorstellung. Erst bei dem großen Theater, das er für alle und mit allen auf dem Appellplatz inszeniert, bekommt das Rot auf seinen glatten Wangen die volle Ausprägung. Franz Lalka »die Puppe« ist in diesem Betrieb so was wie der Junior-Chef, den sie möglicherweise gegen Stangl angesetzt haben, und gegen Franz selbst setzte wieder jemand den erfahrenen »Feldwebel« Küttner. Lalka ist für die Repräsentation, für außerordentliche und größere Vorkommnisse da. Küttner-Kiewe sorgt für den alltäglichen Betrieb, für die Routine. Seine

Augen spähen in alle Ecken, er rast an den Werkstätten vorbei, schlägt einen blutig, weil er ihm zu langsam ist, und im Nu saust er mit der Peitsche zwischen die Leute oben in der »A-Baracke«. Am liebsten führt er den Hieb ins Gesicht, dass es laut und voll schnalzt. Alle seine Bewegungen, und auch die Sprache, sind ruckartig – alles »ruck-zuck« – im Gegensatz zum athletisch betonten Auftreten von Lalka. Franz ist von Beruf Koch, von der Anlage her ein fescher Chefkoch. Küttner hat nach Treblinka allerhand aus seinem früheren Leben mitgebracht: Polizeimeister und Gefängniswärter soll er gewesen sein.

Lautlos wie ein Geist erscheint Unterscharführer August Willi Miete überall dort, wo einer nicht mehr kann, der gezeichnet ist, gestempelt, der es nicht mehr schafft zu simulieren, er sei gesund und bei vollen Kräften. Die Nase und das ganze Gesicht sind ein wenig zur Seite gekrümmt. Die langen Beine am kurzen Rumpf bewegen ihn im Schaukelschritt. Die Mütze – das Schiffchen – sitzt nach hinten geschoben über den strohblonden glatten Haaren. Und die Fischaugen – als ob sie einen trösten: »Na, komm, komm, jetzt wirst du schon deine Ruhe haben. Aber du musst wie ein Lämmlein vor mir tippeln. Sonst fang' ich an, mit meiner Fistelstimme zu gellen und zeig' dir, dass ich es vielleicht besser kann als der elegante Franz oder der ›Feldwebel‹ Küttner.« Ein Beiname genügt für ihn nicht. Der mordende Leisetreter und sorgsame Aufräumer von Abfall in Treblinka hat davon mehrere: im Tschechischen »der fromme Schütze«, auf Jiddisch »dr Krumme Kop« und den bedeutendsten in der biblischen Sprache »Malchamowes – der Todesengel«, denn sein ist das Lazarett-Reich. Der immerfort irgendwie ungepflegte und zerzauste Willi Mentz mit schwarzem Schnäuzer unter der Nase steht unterhalb der Persönlichkeit von Miete, im Zivilleben wie in der Uniform, obwohl er ebenfalls Unterscharführer ist. Von Hause aus ist er Melker, und hier ist er Schütze Nummer zwei. Er ist für das routinemäßige Erschießen im »Lazarett« beim Eintreffen der Transporte da. Er schießt und schießt, immer weiter und weiter, auch wenn der Vorhergehende manchmal, noch nicht tödlich getroffen, hinunter ins Feuer fällt. Unsaubere Arbeit.

Wir fanden heraus, dass immer ungefähr nach sechs, acht Wochen eine Gruppe in den Urlaub fährt. Der erste, der es merkt, wann sie sich anschicken, ist Rudi unten in der Schneiderei. Dann merken wir es oben am Verkehr in der Konfektionsbaracke.

Unterscharführer Paul Bredow, Chef der »A-Baracke«, kommt zu uns ganz in die untere Ecke, in die Box »Herrenmäntel I. Sorte«. Er bewegt sich mit gleitendem Schritt, wie auf einem Parkettboden, wie wenn er aus seinem Zivilleben den Kellnerfrack noch anhätte. Und einen seltenen Gast bringt er mit, Scharführer Pötzinger von nebenan aus dem zweiten Lager.

»Zeigt mal, habt ihr schon was?« fängt Bredow an. So kommt er schon seit einer Woche in unsere Box. Er will einen »fabelhaften« und einen »tadellosen« Mantel. Jedes Stück prüft er genau, ob es nicht am Kragen abgeschabt, an den Taschen abgewetzt ist, auch das Futter schaut er an. Irgendwas mit kariertem Muster möchte er, mit Gürtel darf es sein. Kleine Verlegenheit, wohin die Peitsche ablegen, bis sie der mittlerweile zuschauende Pötzinger hält. Beim Anprobieren schlägt Bredow immer den Kragen hoch bis zu den tief reichenden Koteletten. Mit diesen und mit dem Schnauzbart holt er wahrscheinlich ein, was ihm oben über dem fleischigen bleichen Gesicht fehlt.

Pötzinger beginnt mit der Anprobe, ein wenig zögernd, weil er sich bewusst ist, dass für seine große stämmige Figur nur schwer etwas Passendes zu finden sein wird. Wenn er ganz nah herantritt und den Kopf mit dem von unter dem Schiffchen nach außen drängenden Kraushaar senkt, geht von ihm der stickig-süßliche Geruch des zweiten Lagers aus. Seine Stiefel sind verschmutzt und auch die Uniform ist ein wenig zerknittert. Dort drüben, von wo er kommt, gibt es lauter Geländearbeit. Nicht einmal die SS-Männer können sich dort im Dienst so elegant halten wie die hier.

Zuletzt gefällt beiden ein und derselbe Mantel. Sie beginnen einander zu überzeugen, dass der Mantel dem andern nicht passe, für jenen sei er zu groß, für diesen zu klein. Unterscharführer Bredow, als Chef der Konfektionsbaracke, setzt sich gegen Scharführer Pötzinger milde durch. Die Szene wird durch das Erscheinen der hohen Schildmütze von Küttner-Kiewe unterbrochen. Bredow ordnet an, ich solle den Mantel nach dem Mittagessen in die Schneiderei zum Plätten bringen, er werde sich ihn dann selber abholen. Beide entfernen sich und schreiten unbekümmert Küttner entgegen.

Das könnte sich Matthes, Betriebsleiter im Lager Zwei, so wie Küttner hier, seines Rufes wegen nicht leisten. Er soll auch zu den Hauptstützen Treblinkas gehören. »Jeden Judenstern abtrennen, so dass nicht zu erkennen ist, dass dort einer gewesen ist ...« – David Brat von der gegenüberliegenden Box steht hinter dem Tisch unter der Hinweis-Tafel »Herrenmäntel II. Sorte« und lernt gerade einen Neuling an. Dem reicht David mit dem Kopf gerade an die Brust und verliert sich beinah gänzlich neben ihm. Diese Dampfwalze mit kleinen Augen und Schnauzbürste unter der Nase nennt sich Willinger. Die Vorarbeiter von draußen aus dem Sortierungsplatz haben ihn hineingekriegt, nachdem sie ihren »SS-Chefs« was vorgespielt haben. Es sind die Anfänge eines großen Spiels, das vorbereitet wird.

»Alle Taschen leeren, durchschauen, den ganzen Mantel durchtasten, ob drin nicht Geld, Gold, Wertsachen eingenäht sind. Siehst du die Kästchen, die bei jeder Box hängen? Dort hinein wirfst du dann den ganzen Schmuck.« David hält kurz an und fährt dann betont fort, was in Jiddisch wie »as oser« (denkste!) klingt, und macht dazu noch die Geste »lange Nase«.

»Na«, David verstummt erneut und ändert den Ton: »Etwas hineinwerfen müssen wir. Die dort vorne können nicht so ganz leer nach unten zurückkommen.« Mit einer Geste des Kopfes zeigt er auf zwei, die soeben langsam durch die Baracke gehen. Am Oberarm haben sie gelbe Armbinden mit der Inschrift »Goldjuden« und in den Händen tragen sie kleine Köfferchen. Einige Male am Tag machen diese Gold- und Schmucksortierer einen Rundgang im ganzen Lager, gehen alle Arbeitsbaracken durch, leeren alle Kästchen an den Pfosten, sammeln die gefundenen Wertsachen und kehren nach unten in ihre Arbeitsstätte, in die »Große Kasse« zurück, wo sie dann alles sortieren und verpacken. Auch wenn sich jetzt die Köfferchen der Sortiermeister des Goldes längst nicht mehr so füllen wie früher, als ein Transport dem andern folgte und wir noch nicht so gut »eingearbeitet« waren, hält das Kommando »Goldjuden« befehls- und ordnungsgemäß seine regelmäßigen Rundgänge ein. So entstehen und entwickeln sich Nachrichtenverbindungen zwischen dem unteren und dem oberen Teil des Lagers, es besteht Anschluss an das »Ghetto« und an die Werkstätten auch während der Arbeitszeit.

»So wird jeder Mantel zusammengelegt, immer zehn Stück zusammengeschnürt in ein Bündel und hier in der Box aufgestapelt.« David beendet seine Lektion. Dann vernehme ich noch das Wort »Stichprobe«. Da will David den Neuling warnen, dass hier in der »A-Baracke« die SS-Leute besonders oft und gründlich Stichproben vornehmen und mit »Lazarett« drohen, sollte nicht alles einwandfrei sortiert und verpackt sein.

Aus der Tiefe der Baracke gelangen Warnsignale zu uns. Es ist Unterscharführer Hirtreiter, der kommt. Wir unter uns nennen ihn »Sepp«, so wie seine SS-Kumpane zu ihm sagen. Grobheit kennzeichnet sein dunkles Gesicht mit den vorstehenden Backenknochen und den dicken Lippen ebenso deutlich wie auch jede seiner Bewegungen und Redensarten. Er sieht sich einige Mäntel flüchtig an, rollt sich einen unter den Arm, entfernt sich mit langen lässigen Schritten und murmelt gedankenlos aus Gewohnheit weiter: »Los, los, zacki, zacki ...« »So ein richtig gemeiner Typ für die Weiber«, sagt Hans Freund. Der nächste Kunde ist Unterscharführer Karl Schiffner, im Gesicht wie leicht bepudert. Beim Sprechen zeigt er eine Reihe goldener Zähne: »Da will ich mal sehen, ob ich etwas Anständiges schnappe.« Er wirft eine Schachtel Zigaretten auf den Sortierungstisch. Noch vor drei Wochen hätte sie keinen Wert gehabt. Jetzt aber, nachdem die Transporte ausgeblieben sind, beginnt sie wieder zu zählen. Mit leichter Bewegung setzt sich Schiffner das Schiffchen auf dem Kopf zurecht. Seine Fingernägel sind gepflegt, seine schwarzen Haare glatt gekämmt, in der Mitte gescheitelt. Er geht wieder weg, den Mantel gefaltet und über den Arm gelegt. Angeblich ein Landsmann aus Töplitz-Schönau, dem deutschsprachigen Gebiet der ehemaligen Tschechoslowakei. Behäbiger Bürger, ein Zivilist in Uniform und vermutlich der Älteste unter den SS-Männern hier: Unterscharführer Karl Seidel. Er spricht uns immer unpersönlich an: »Das wegtragen, das kommt hierher, das dorthin ...« Jetzt aber wendet er sich mit gedämpfter Stimme direkt an mich: »Wenn Sie einen anständigen Wintermantel finden ...« »Sie«, »bitte« hat er nicht gesagt oder doch auch? Herrgott, warum trete ich nicht wenigstens dem da in die Eier, warum schlinge ich ihm nicht diesen Mantelgürtel um den Hals und ziehe zu, bis ihm die Augen austreten wie den beiden, die man zum Aufhängen nackt an den Füßen vor die Küche schleppte? Und was würdest du damit erreichen, wem würdest du damit helfen? Die anderen würden zuschauen, ohne sich zu rühren. Musst dich dann selber sofort fertig machen, dass sie dich nicht schnappen ... So, so, fantasiere nur und rede dich gleich dabei heraus, wühle in dem Haufen und suche. »Am liebsten dunkelblau oder dunkelgrau ...« für den angegrauten Herrn Seidel mit festen Gesichtszügen und artigem Benehmen. Im Gang zwischen den Boxen erscheinen in der Tiefe der Baracke Unterscharführer Gentz und Scharführer Boelitz. »Oh, das werden auch meine Kundschaften sein«, lässt Hans Freund aus der neben liegenden Box mit der Inschrift »Damenmäntel I. Sorte« verlauten. Einen langen weißen Mantel hat er an, der ihm bis an die Knöchel der blank geputzten Stiefel reicht und seine hohe Gestalt noch länger macht. Um die Taille hat er einen breiten Gürtel geschnallt, auf dem Kopf sitzt eine russische Pelzmütze. Den wollenen Handschuhen schnitt er die Fingerspitzen ab, damit er besser »sortieren« könne. Den weißen Kittel benützt er zur Arbeit in der Box. Die Läuse kriechen angeblich nicht so zahlreich auf das Weiße.

»Guckt mal, jetzt sind sie bei den ›Büstenhaltern und Damenschlüpfern‹.« Hans tastet den Mantel, den er in Arbeit auf dem Pult hat, ohne hinzuschauen durch. Mit den Augen, mit der Stimme und eigentlich mit dem ganzen Körper verfolgt er die zwei Gestalten in Uniform. Die Inschriften an den Tafeln über den einzelnen Boxen kann er zwar von seinem Platz aus nicht sehen, aber er beweist uns und sich, wie gut er sich hier schon auskennt: »Na ja, da fangen wir am besten von unten an, bei den ›Büstenhaltern und

Damenschlüpfern‹, Damenstrümpfe führen wir nur in Packungen à 50 Paare, meine Herren, Mieder à 25 Stück, wie es da zu lesen steht, Herrenhemden – 25 Stück, Herrenhosen dito, Kinderwäsche, kein Interesse? Die kommen hauptsächlich zu mir. Gentz bedrängt mich schon einige Tage wegen eines Persianers. Etliche habe ich schon zerfetzt, aber etwas werde ich ihm geben müssen. Die sollen mich kennen lernen. Heute kriegen sie alles gratis. Persianer, Biber, Bisam, alles für die SS-Gnä'frau und für die Nutten auch. Wer kann schon heute in Großdeutschland mit der Firma Hans Freund, Damenmäntel, Treblinka, konkurrieren?«

Boelitz kam sicher nicht von selbst. Gentz wird ihn verleitet haben. Wenn ich mir bei Gentz die SS-Uniform wegdenke, da könnte er ein ganz netter witziger Junge gewesen sein. Ich stelle mir vor, wie er die Tasche mit irgendwelchen Schulsachen in die Ecke schleuderte, wie er sich das Schiffchen auf die hellroten glatten Haare drückte, sich die Uniform zuknöpfte, im Spiegel sein jugendliches sommersprossiges Gesicht mit rotblonden Augenbrauen angrinste und dabei dachte: »'s wird 'n Jux sein.« Und als er nach Treblinka kam und alles um sich herum neugierig beäugte, da sagte er sich, und sagt sich wohl immer noch: »Da schau her, ist das 'n Jux.«

Da ist Boelitz anders beschlagen, aus soliderem Stoff gemacht. Schlanker und straffer Junggeselle; nicht nur die kurz zugeschnittenen Haare, hinten hochrasiert, auch die Augenbrauen und Wimpern im ovalen rosigen Gesicht sind wie von der Sonne bestrahlt – blond. Er brüllt nicht und regt sich nicht auf wie Küttner und Franz, aber er teilt gleichermaßen fürchterliche Schläge mit Bedacht und Diensteifer aus. Seine Kameraden mögen von ihm sagen, dass er den Dienst frisst und Streber sei. Gerne würde er so manches tun wie sie, aber er schafft es nicht. Höchstens schaut er zu, wie seine Kumpane, wenn Küttner und Franz außer Sicht sind, sich hübsche und wertvolle Sachen aussuchen. Verbieten kann er es ihnen nicht. Er gehört doch zu ihnen und unter sie. Sie zu verpfeifen, das bringt er auch nicht fertig. Dieser SS-Mann ist in Treblinka einsam. Jetzt steht er bei der Box »Damenmäntel I. Sorte« und schaut ein wenig verlegen, ein wenig verächtlich und ein bisschen neugierig zu, wie sich Gentz von Hans verschiedene Mäntel vorlegen lässt. Und Gentz, scheint mir, spielt mit Boelitz eine kleine Komödie:

»Komm doch mal näher«, ruft er ihm zu und hält ihm einen Persianer-Pelzmantel entgegen. Die Peitsche in der anderen Hand sieht jetzt aus wie so ein Ding, mit dem Pelze geklopft werden. »Na, was sagst' zu dem da?« – »Nichts, so 'ne Scheiße«, Boelitz vermag sich im Augenblick nicht anders auszudrücken. »Keine Scheiße, das ist ein echter Breitschwanz-Persianer. Nicht wahr,

Hans?« Gentz kennt Hans schon dem Namen nach. »Jawohl, Herr Unterscharrfirra, Breitschwanzlperrsijan«, Hans radebrecht sein Prager Deutsch. Leicht rothaarig und sommersprossig, sieht er aus wie ein Lausbub. »Was für 'n Wert kann der Scheißdreck haben?«, fragt Boelitz. »Oje ...« Hans schwenkt freundlich die Hand und beginnt zu erklären: Kürschnerarbeit, Pelze, Karakulschafe, Auktionen – die Baracke mit Boxen ist zu einem großen Verkaufsraum geworden, voll mit Textil- und Pelzwaren, und der Fachmann Hans Freund erläutert, vergleicht, bietet an, verkauft ... »Lass dir doch auch einen aussuchen«, Gentz neckt erneut Boelitz. Und Hans kapiert, schließt sich dem Spiel von Gentz an und lässt dienstfertig erschallen: »Nojo, Herr Scharrfirra!«

Oberscharführer Lindenmüller, um einiges älter, um vieles reifer als Boelitz und nur äußerlich ein ähnlicher Typ, kommt vor Weihnachten in die »A-Baracke« mit anderem im Kopf als »Einkaufen«. Er bleibt mit Zelo allein im Büro, gleich neben dem Haupteingang, und setzt an, als ob er sich selbst Meldung erstattete: »Stamme aus einer Offiziersfamilie, bin überzeugter Nationalsozialist, aber das hier kann ich mit meiner Soldatenehre nicht vereinbaren, fahre morgen in den Weihnachtsurlaub und kehre hierher nicht mehr zurück, melde mich freiwillig an die Front, will, dass jemand von euch davon weiß, habe mir dich ausgesucht ...«

Die »Wachmänner« – Sklaventreiber und Henkersgehilfen sind sie, verachtet von den Herren und Meisterhenkern wie auch von den Sklaven, den Verdammten. Allesamt sind sie jung, um die Zwanzig herum, alle strotzen vor Gesundheit und Grobheit. Es träumte ihnen nicht, als sie sich, aus ihren Dörfern und Weilern kommend, anwerben ließen, dass sie im Fressen, in Wodka und Geld schwimmen würden, dass die Weiber, die Gören ihnen zum Lager in die herumliegenden Dörfer nachziehen würden – fast mit hochgehobenen Röcken. Es kommt ihnen vor, als ob sie da mit dem Schlagen und Erschlagen von Juden weitermachen könnten, wie sie es von zu Hause gewöhnt waren. Aber erst hier geht es eigentlich los. Dazu mussten die »Germancy« kommen. Einzig Rogoza, der Oberwachmann, hat einen Namen. Alle anderen sind nur Saschka, Grischka, Ivan. Die SS-Männer rufen sie »He, Wachmann«, wir sprechen sie »panje – Herr Wachmann« an und verständigen uns in einem Gemisch von slawischen Sprachen. Aus der Entlegenheit und schier endlosen Weite ihrer Heimat bringen sie eine seltsame Gabe mit: wundervollen Gesang. In den schweren Abend- und Morgendämmerungen lässt ein einziger Zug der ablösenden Wache hoch über die dichten Gipfel der Kiefern ein wehleidig wildes Lied emporsteigen, das ganz Treblinka in mehrstimmigem Choral umspannt.

Während allmählich zunächst das Essen weniger wird, dann die Kleidung und die Wertsachen, während sich der märchenhafte Nachlass in Treblinka zerstreut und in alle Ecken verschwindet und von keinen Transporten mehr nachgefüllt wird, schreiten die lustigen gierigen Gesellen in schwarzen und braunen Uniformen an uns vorbei und wiederholen: »Dawaj hrosche – gib Groschen, es wird Brot, Schinken, Wodka geben.« Sie passen dabei auf die Schlimmsten – Franz, Küttner – auf, und auf die Schlimmeren – Miete, Boelitz.

Die Totengräber, die echten und die elendsten, sind »drüben« hinter dem Wall. Aber nicht alle fassen mit ihren Händen den nackten Tod an. Der dortige Lagerälteste – Singer soll er heißen und aus Wien kommen –, die Kapos und die Vorarbeiter, sie arbeiten alle mit den Peitschen in der Hand, die Barackenleute mit dem Besen, diejenigen, die sich mit den aus Holz grob zusammengenagelten Tragen hin und her bewegen, müssen die nackten toten Körper nicht so unmittelbar berühren wie die, die ihnen die Leichen aufladen oder abnehmen. Der, der irgendwo abseits im Unterstand das Gold abspült, sieht vom Tod nur die Zähne mit Stücken Zahnfleisch und nimmt ihn so nur stückweise zwischen die Finger. Einige wenige Frauen dort haben dasselbe Los wie auch die meisten Frauen hier im ersten Lager, die Wäsche zum Waschen gehört in ihre Hände.

Auch hier, in diesem Teil des Lagers, gibt es drei echte elende Totengräber. Es sind die drei »Samariter« mit den Armbinden des Roten Kreuzes, die im »Lazarett« die Erschossenen in der Grube auf einem Scheiterhaufen verbrennen müssen. Dann sind schon die namenlosen »Aufräumer des hinterlassenen Mists« hier auf dem Sortierungsplatz an der Reihe, nur zeitweilig Schlepper von Toten, Halbtoten und Reglosen aus den ankommenden Wagons.

Bedeutend höher eingestuft sind die »Fachleute« aus der Konfektion der »A-Baracke« und aus der »Galanteriewaren«-Abteilung der »B-Baracke«. Die meiste Zeit haben sie bei ihrer Arbeit ein Dach über dem Kopf. In den Baracken, belichtet nur durch längliche Oberlichtfenster und durch ein Fenster in der Giebelwand, sind sie nicht so im Blick- und Schussfeld. Sie haben die Möglichkeit, mit ihren physischen Kräften besser wirtschaften zu können.

Die »Blauen« auf der Zufahrtsrampe und die »Roten« auf dem Entkleidungsplatz arbeiten noch mit den Lebenden. Allmählich haben sie sich zu Kommandos hartgesottener Jungs geformt. Nur solche, denen die verschiedenen Entkleidungsszenen, besonders bei den Frauen, zu stark aufs Gemüt schlugen, hielten dem nicht stand. Die anderen Sklaven wie auch die Herren, jeder auf seine Weise, entbieten ihnen wegen ihrer heiklen Arbeit eine gewisse

Anerkennung: die SS-Männer, weil alles klappt, und wir – na, wenn niemand von ihnen schlappmacht, wird niemand von uns zu ihnen abkommandiert.

Einmal – es soll nicht lange gewesen sein, bevor wir nach Treblinka kamen – sammelte einer alles zusammen, was in ihm noch geblieben war, und stürzte sich mit einem Messer auf einen mit dem Totenkopf. Nach dem erstochenen SS-Mann benannte man die Wohnbaracken der ukrainischen Wachmänner »Max-Biala-Kaserne«. Er soll noch schlimmer als Küttner-Kiewe und Franz-Lalka gewesen sein. Der, der ihn erstach, hieß Berliner oder so ähnlich. Er hatte wohl deshalb noch Mut und Kraft in sich, weil er gerade in seine Heimat nach Polen, vom Ausland zurückgekehrt war, wo er viele Jahre gelebt hatte. Ein gutes Ende hat er nach seiner Tat hier doch noch gefunden: Sie erschlugen ihn auf der Stelle.

Seitdem die Transporte seltener geworden sind, wandelten sich die »Blauen« und die »Roten« in eine Art von Mehrzweckkommandos. Gemeinsam richten sie den »Bahnhofsplatz« her, auch treibt man sie zur Arbeit auf dem Sortierungsplatz und selbstverständlich zum Beladen der Wagons mit sortierten Sachen. Es scheint mir, die SS-Männer lassen sie an längerer Leine laufen, wenn es nicht um ihre Hauptarbeit geht, für die sie spezialisiert sind.

Die Bezeichnung »Hofjud« hat nicht mehr die Bedeutung wie früher. Damals, in der Zeit der größten Willkür vor der Stabilisierung, vernichtete man die Sklaven von einem Tag zum anderen, von einer Stunde zur anderen, und neue tauchten auf. Miete selbst hatte täglich an die Acht auf dem Gewissen. Man musste irgendwelche Schonungsmaßnahmen einführen für die Handwerker und Fachleute, die sie für die Tischler-, Zimmermanns-, Schlosser- und Bauarbeiten, für das Sortieren von Geld, Gold und Schmuck herausgesucht hatten. Hierzu zählten auch etliche Knaben und Frauen, die zum Putzen und Wäschewaschen bestimmt waren. Die mussten sie irgendwie markieren, damit sie nicht zufällig sofort vernichtet würden. So kam es zu der gelben Armbinde mit der Inschrift »Hofjud«. Nach gewisser Zeit merkte man sich ihre Gesichter, weil eben die »Hofjuden« blieben, während die anderen, die ohne Gesichter, kamen und gingen.

Die Stabilisierung aber gab allmählich auch anderen Gesichter und Namen, zunächst den älteren unter den Kapos und Vorarbeitern, dann auch weiteren »Spezialisten«. Die Armbinde »Hofjud« wurde überflüssig und sogar lästig. Kiewe mit seinen Erfahrungen als Polizeimeister empfand, es sei nicht gut, wenn dieselben Leute längere Zeit beisammen sind, und außerdem ist er gegen alle Aufmachungen, für die Franz »die Puppe« eine Vorliebe hat.

Noch etwas von Bedeutung kam in Bezug auf die »Hofjuden« hinzu: In den Augen und Ohren derjenigen, die nach und nach Gesichter und Namen bekamen, dabei aber Füße und Hände wund vom Schuften hatten, begann die Bezeichnung »Hofjud« eine ebenso ungute Bedeutung zu haben wie der Ausdruck »lepszy gosc – besserer Gast«. Heute also bezeichnet »Hofjud« die Arbeitsjuden von unten, vom Vorhof zu den Wohnbaracken der SS- und der Wachmänner, die vom »Ghetto«, von den Werkstätten, von der Küche, der Garage und auch von der »Großen Kasse«.

Es sind hier einige, denen bis jetzt als einzigen vergönnt ist, bei ihrer Arbeit mit der Natur in Berührung zu kommen, das Lager des Todes von außen zu sehen, sich zeitweilig vom Leichengeruch zu entfernen, der in alles eindringt, in die Lunge und in das Holz der Baracken. In den Augenblicken, wenn man sie aus dem Lager hinaus in den Wald treibt, wenn sie von den Nadelbäumen Äste abbrechen und sammeln müssen, können sie einen Hauch von Leben einatmen. Beim Kommando »Tarnung« halten sich aber nur solche, die imstande sind, hoch auf die Fichtenbäume zu klettern und mit schweren Bündeln von Ästen zurückzutrotten. Diese Äste flechten sie dann durch die Stacheldrähte und pflegen das »Tarngrün« um Treblinka herum. Kurland, Kapo der »Lazarettmänner«, des kleinsten Kommandos im ganzen Lager, ist der älteste Totengräber, gemessen an seinem Alter wie angeblich auch an seinem »Dienstalter« in Treblinka. Über die kleinen runden Gläser mit Drahtgestell schauen Augen, die vermutlich viel sahen und viel verstehen. Die Nase ist ein wenig knollig, der Mund zahnlückig, die Wangen sind tief eingefallen und das Gesicht wie gefärbt von dem dunkel abgebrannten, mit Asche durchmischten Sand. Die am Gürtel hängende Peitsche ist ihm immer irgendwie hinderlich, sie gerät unversehens zwischen die Beine, die in Filzstiefeln und in einer Hose aus grobem Stoff stecken. Und da er von eher kleinerer Statur ist, schleift das Ding an seinem Ende noch über den Boden. Ich glaube, die Mütze, auch aus grobem Stoff, mit Schild und Ohrenschutz zum Herunterziehen, gehört wohl noch zu der Bekleidung, in der er angekommen war. In den seltenen Fällen, wenn er die Mütze lüftet, zeigt sich eine angegraute dicke Locke. Als Kapo hat er das Privileg, nicht kahl geschoren sein zu müssen. Kapo Kurland wohnt über Nacht zusammen mit uns, den Arbeitsjuden, in der Ghetto-Baracke, und tagsüber in der kleinen Bude im »Lazarett«, wenn eben keine Transporte ankommen. Die SS-Männer kehren dort ein, um zu plaudern, sagt man. Nie habe ich gesehen, dass sie gegen ihn die Hand erhoben hätten. Keiner von den Raufbolden in der Schlange bei der Essensausgabe vor der Küche rempelt ihn auch nur aus Versehen an. Eher machen sie ihm Platz. Er und seine zwei Gehilfen, auch nicht mehr so jung, arbeiten ausschließlich mit dem Feuer und mit dem Tod. Und ihr mächtiger Geruch trennt sie in diesem Teil des Lagers von den andern, die im Vergleich mit ihnen ganz kleine Totengräber sind. Ins »Lazarett« kam Kurland als Kapo wahrscheinlich einfach so, als er bei einem zufälligen Durchsieben der ersten Transporte auf die Frage der SS sagte, er sei draußen im Leben das gewesen, was man hierzulande Feldscher nennt.

Lagerältester Galewski ist oder war von Beruf Ingenieur. Hier ist er aristokratischer Sprecher der Sklaven von Treblinka. Vielleicht schon um die Vierzig herum, oben in den Schultern nach vorne geneigt, wie es bei Leuten mit hohem Wuchs vielfach der Fall ist. Schwarze, an den Schläfen angegraute Haare, nach hinten glatt gekämmt, machen das Gesicht noch schmaler. Mit seiner eher adelig als jüdisch gebogenen Nase und dem kleinen schwarzen Schnurrbart gilt er der SS als einprägsame Gestalt. Für den Lagerältesten passte ihnen der Schreihals und Polterer Rakowski mit dem großen Weibergesicht doch nicht, und selbstverständlich auch kein Talmudist oder ein Langfinger aus der Warschauer jüdischen Unterwelt. Es musste jemand sein, bei dem sie nicht die Lust verspüren würden, auf ihn ohne weiteres loszudreschen. Galewski versteht, was das Los und die Pflicht derjenigen ist, die in Treblinka zur Arbeit herausgeholt werden. In korrekter Haltung und ohne Kriecherei schlägt er vor den SS-Männern die Absätze seiner blank geputzten Stiefel zusammen und spricht ein leidliches Deutsch. Uns allen gegenüber ist er auch höflich abgemessen, wenn er zu etwas eher Anregung als Befehl gibt, immer in Polnisch. Jiddisch, auch wenn er es versteht, kann er nicht gut sprechen. Nur gegen rücksichtslose Betrüger, bei der Essensverteilung, wenn Hunger herrscht oder bei Wasserknappheit zum Beispiel, gerät er in Rage.

Wie erkennst du in Treblinka, dass du schon etwas bedeutest, dass du schon ein Gesicht und einen Namen hast? Einfach daran, wie leicht du am Abend in eine Werkstatt durchkommst, am liebsten in die Schneiderei, in die »Gesellschaft«. Alle können in ihrer freien Zeit nicht hinein – vor neun Uhr, um ein Stück Leben zu spielen. Auflauf vor der Tür gibt es, Flüche und Beschimpfungen gehen in Schlägereien über, in der alle Verlierer sind – auch diejenigen, die die Raufenden voneinander trennen. Drinnen gibt es Unterhaltung und auch einen geheizten Ofen, jetzt im beginnenden Winter. Der kleine Edek spielt Ziehharmonika, der rothaarige Schermann Geige, Salve singt. Die andern stehen um die Werkstattische herum. Manchmal kommen auch ein paar von den Frauen herein. Hie und da wird erzählt, dass einige versuchen, doch noch für einige Augenblicke die Erfüllung ihrer persönlichsten Wünsche zu erleben. Wenn ich von mir ausgehe, kann ich es nicht glauben. Diese Gefühle hat man doch hier eher ausgebrannt als den restlichen Körper. Überhaupt, wo sollten sie es machen, wenn jetzt Frauen ganz getrennt wohnen und wenn du überall, wohin du dich regst, wo immer du dich befindest, ein Stück in einem lärmenden Haufen bist. Treblinka kennt keine Stille, keine Einsamkeit, für keinen von uns.

Eppes Kleines in die Tasch'

Noch bevor ich mich um einige Meter in der langen Schlange vor der Küche nach vorn geschoben hatte, trat die Nacht ein, eine der Winternächte, die vom Frost ohne Schnee und von den Sternen erhellt sind. Von der Küche und von den Baracken aus leuchten matt die hohen Vierecke der Türen, über dem Eingang in das »Ghetto« steht das scharfe Licht eines Scheinwerfers, zwischen den Bäumen blinken die Beleuchtungslampen über den SS-Baracken. Schaue ich hinter mich, geht der dunkelrote Schein über dem Totenlager in den frostigen Höhen in ein noch nie zuvor gesehenes Farbenspektrum über: orange, gelblich, dunkelviolett, violettgrün, schwefelig dunstig.

In der gesprungenen Schüssel ist etwa ein halber Liter eingedickte Flüssigkeit, drin schwimmen zwei ungeschälte Kartoffeln und noch etwas mehr Kartoffelschalen. Die Schüssel brennt in den Fingern. Ich schreite vorsichtig und weiche dem Gedränge um mich herum aus. Gott im Himmel, nur sich die Schüssel jetzt nicht aus den Händen schlagen lassen. Du bist jetzt mein alles, nur dich hintragen und auf die Pritsche stellen, du mein Leben ...

Die Vorbereitung zum Schlaf ist gleichzeitig ein Versuch zur Entlausung, mit der Hand und immer vergeblich. Je mehr wir anziehen, um uns gegen die Winterkälte zu schützen, um so mehr Läuse brüten sich an uns aus. Je weniger wir anziehen, um so mehr beißt sich der Frost in uns fest.

Robert, schon für die Nacht gekleidet, hüpft über unserer Pritsche herum. Direkt am Körper, unter einem dicken Pullover, trägt er ein langes Damenhemd aus Seide, an der sich die Läuse nicht so gut festhalten können. Auf dem kahl geschorenen Kopf trägt er eine Schlafmütze, um sich gegen den Frost in der Nacht zu schützen, geknotet aus einem abgeschnittenen Damenstrumpf. Während wir uns ähnliche Nachtkleidung anziehen, verstäubt Robert aus einem Parfümzerstäuber so etwas wie eine Desinfektionsflüssigkeit. Irgendeine Zierpuppe hat ihn mitgebracht, aus geschliffenem Glas. Oder sein früherer Besitzer hat ihn schon zweckentfremdet und ihn ebenso wie Robert bereits verwendet.

»Achtung!« ertönt von der Barackentür. Oben und unten auf den Pritschen springen wir hoch, richten uns stramm und starr in Achtungstellung auf und erweisen den hereinschauenden SS-Männern und Wachmännern die »Ehre«, in herabfallenden langen Hemden aus rosa, hellblauem, gelbem Flanell mit Blumenmuster, wollenen Frauenleibchen, voll gestopften langen Unterhosen, mit Nachtmützen und Handgelenkwärmern angetan – Gespenster, Hampelmänner, Vogelscheuchen.

Nach der Parade wickeln wir uns in die Decken ein und führen dabei eine leise Debatte über Kuba, unseren Barackenältesten, der seit einiger Zeit niemandem so recht gefallen will. Das letzte Wort hat Hans: »Mir langt, wenn ich sehe, dass der Kerl jeden Abend, bevor er sich niederlegt, etwas kaut. Wer in dieser hungrigen Zeit das Maul mehr betätigt als die andern, auf den muss man aufpassen.« Am Morgen stehen wir auf in einem feuchten Dunst, gesättigt durch den nächtlichen Atem und Ausdünstungen von dreihundertfünfzig Leuten in der Baracke. Die Feuchtigkeit haftet an den Wänden und am rohen Boden. Die Decken und die Kleider sind von klebriger Nässe durchtränkt. Oben an den Balken hängen schwere Tropfen, lösen sich und fallen auf die Pritschen. Wenn die Barackentür geöffnet wird, dann brechen im frostigen grauen Morgen Dampfwolken hervor. »No, kurwa twoja matj – Hurensohn.« Das Schimpfwort gilt dem, der beim Bettenmachen die Decken von der oberen Pritsche einem direkt ins Gesicht ausschüttelt.

»Do cholery jasnej – reine Cholera«, der eine verliert beim Stiefelanziehen das Gleichgewicht und reißt zwei andere mit. »Heniek, Prosze tebe – ich flehe dich an, steh auf, du musst, nimm dich zusammen!« Jemand spornt seinen fiebrigen Kameraden an. »Hab ka Kojach – habe keine Kraft mehr.« Die Antwort in Jiddisch geht in den Stimmen anderer unter.

»Du Schwein«, regt sich Rudi auf, mit den Händen oben am Balken und mit dem Körper über der Pritsche hängend, »da musst du noch in den Kübel reinmachen, wenn die Scheiße schon überläuft? Da kann doch –«, schon wird er unterbrochen: »O, o, oho, Rudek, was soll hier in Treblinka ausbrechen?« Die Arme fliegen hoch, die Hosen fallen noch tiefer herunter und weitere nackte Hintern schließen sich dem verrückten Gelächter an. »Du hast über mich die vergangene Nacht gewacht, Allmächtiger, und gabst, dass ich das Licht des nächsten Tages erblicke – gepriesen sei Dein Name.« Die Gebetsriemen für das Morgengebet hat er um die Arme gewickelt und weiter hoch bis an die Stirn, mit der er gegen die Pritsche gerade unter meinen Füßen rhythmisch schlägt. Vielleicht ist das einer von den »heiligen Männern« hier, die zu glauben beginnen, Hitler sei der Erlöser von allen Sünden, der Messias, der alle Juden an einem Ort versammeln wird – in Treblinka?

Kiewe im langen Militärmantel mit großem Pelzkragen verkündet beim Morgenappell mit dampfendem Atem: »Es kommt ein Transport heute. Alles vom Transport, sämtliche Nahrungsmittel, kommen ins Magazin. Das sag' ich euch«, die Stimme geht in Kreischen über, »wer sich etwas von den Nahrungsmitteln aneignet, und überhaupt, wer spekuliert, der ist dran!«

»Spekulieren, Spekulation« – diese Worte sind hier so häufig wie »Lazarett« oder »Bad«. Sie kamen von draußen aus dem Leben und entstellten sich wie alles in Treblinka. Spekulieren heißt, heimlich nehmen, an sich reißen, plündern und schmuggeln, das Essen, die Kleider, Geld, Gold, für die Gruppe, für den eigenen Gebrauch, für den Tausch. Jetzt in der hungrigen Zeit gibt der kleine Lagerist Beniek, der nach oben zum Sortierungsplatz keinen Zutritt hat, für ein Paar Stiefel aus dem Magazin einen Topf voll mit Graupen. Die Truppe aus der Tischlerei kocht sie heimlich und erhält dafür die halbe Portion. Für eine geschickt hinterlegte Handvoll Banknoten liefert »dobry pan Wachmann – der gute Herr Wachmann« ebenso unauffällig ein Stück Weißbrot, etwas Wurst, ein Fläschchen Wodka und einige Machorkowe-Zigaretten, alles eingepackt im bräunlichen Papier. Jeder muss spekulieren, damit er »sich hält – trzymal sie«, damit er durchhält.

Auch wenn kein bisschen Schnee gefallen war, ist der Sortierungsplatz heute Morgen ganz weiß. Rauhreif bedeckt die Dächer der Baracken und bezuckert die grüne Bezäunung, die das Lager umspannt und im Inneren verschiedene Plätze wie große Zwinger in einem Schlachthof gliedert. Bis wir nach oben zur »A-Baracke« im Marschschritt gelangt sind, hat Zelo weiße Tröpfchen an seinem Schnauzbart. Das Thermometer am Eingang in die Baracke zeigt 31 Grad unter Null. Nach gedehntem Pfiff hört man, wie die Wagons hereinkommen, mit noch größerem Quietschen als sonst. Jetzt ist fast sicher, dass kein SS-Mann in die Baracke kommt. Die meisten sind bei der Ankunft der Transporte auf der Zufahrtsrampe und auf dem Entkleidungsplatz, wo sie den Betrieb überwachen. Ich klettere hinauf auf die gestapelten Bündel mit den sortierten Mänteln, ganz hoch bis zu der Bretterwand, die uns von der Zufahrtsrampe trennt. Karl hält inzwischen unten Wache. Durch den Ritz sehe ich einen geschlossenen Viehwagon, mit Eiskrusten bedeckt. Am kleinen vergitterten Fenster drängt sich ein Augenpaar neben dem anderen.

Einer von den »Blauen« beginnt, an dem Eisenriegel der Schiebetür zu rütteln. Er kann ihn aber nicht aufstoßen. Schimpfen, die Peitsche saust einige Male auf seinen Kopf – nur zwei Arme in Uniform sehe ich. Der »Blaue« verschwindet und erscheint wieder mit einem Hammer. Er schlägt von unten den zugefrorenen Schließhaken hoch, während die Peitschen auf ihn einschlagen.

Das sieht aus wie ein seltsamer Mechanismus, bei dem jeder Peitschenschlag in einen Hammerschlag übertragen wird. Endlich ist der Schließhaken aufgestoßen, aber die Tür klemmt, man kann sie nicht aufschieben. Noch ein »Blauer« kommt hergelaufen mit etwas, was wie ein Vorschlaghammer aussieht. Wieder im Takt der Peitschen schlägt er so lange auf den Türrahmen, bis sich die Tür löst, zunächst ein wenig, dann mehr. Aus der schwarzen Öffnung quillt ein fürchterlicher Wust heraus. Im Nu wälzen sich auf der Rampe Leute mit Ranzen, Säcken, gebündelten Decken, Töpfe rollen auf dem glitzernden eisigen Boden herum.

Eine Frau und zwei Männer liegen dicht vor der Tür. Sie sehen nicht so aus, als ob sie ganz tot sind, aber schon stürzen andere über sie und über die stolpern die von weiter hinten. Ranzen fallen drüber, eine Alte stürzt mit dem Gesicht zu Boden, kommt nicht mehr hoch, nur den Kopf hebt sie einige Male. Als einer über sie stolpert, wird ihr Rock aufgeschürzt. Sie ist ganz mit Kot verdreckt, hat vermutlich Ruhr – das kenn' ich schon.

Ein Knabe, vielleicht 12-jährig, bleibt an der Schiebetür stehen, die Augen gucken unter der Schildmütze hervor, die ihm bis über die Ohren reicht. Etwas zieht ihn nach unten zum Boden, und wie er nach vorne einknickt, hält ihn der Zipfel seines langen dicken Mantels zurück, der sich irgendwo zwischen der Schiebetür und der Wagonwand eingeklemmt hat. Der Knabe verschwindet – fällt durch die schmale Spalte zwischen Wagon und Rampe. Nur das Stück des eingeklemmten Mantels ist sichtbar, gespannt durch das Gewicht des Körpers, irgendwo unterhalb der Rampe.

Ein großer jüngerer Mann stolpert heraus und hinter ihm eine Frau. Er ist barhäuptig, die langen Haare sind zerzaust, im Gesicht ein schwarzer Stoppelbart, der lange Mantel hängt schlapp an ihm, alle Knöpfe sind abgerissen. Unter dem Ohr hat er einen dunklen Blutfleck, an den Füßen zerrissene graue Filzstiefel und in jeder Hand ein Bündel. Die Frau hinter ihm tritt unglücklicherweise auf den Kopf eines der Liegenden, rutscht aus, und als sie im Sturz nach Halt sucht, schlägt sie dem Mann das eine Bündel aus der Hand. Das Bündel geht auf und heraus rollt ein elendes Gewirr – Kartoffeln, ein Topf mit einem Stückchen Margarine, zusammengerollte Wäsche, schmuddlige Leinwandsäckchen, halbvoll, geschrumpft, vermutlich mit Lebensmitteln. Der Mann dreht sich um, fasst die Frau am Oberarm und hebt sie. Aber schon bückt er sich wieder unter den Schlägen von Kiewes Peitsche. Sie bewegten sich nicht schnell genug. Auch das zweite Bündel fällt zu Boden. Das Gesicht des Mannes ist mit Blut verschmiert, aber es fließt nicht herunter. Durch den Frost erstarrt es auf dem Gesicht in dunkelrote Streifen und Gerinnsel. Der

Mann versucht, die Frau mit seinem eigenen Körper vor den Schlägen zu schützen, will sie nicht loslassen, jetzt reckt er sich wie zum Widerstand. Da schäumt Kiewe vor Wut über. Von der anderen Seite springt »Sepp« Hirtreiter zur Hilfe und greift zweimal mörderisch ein. Alle verschwinden aus meinem Blickfeld.

Der Mann hatte den gelben Stern am Mantel vorne links und auch hinten auf dem Rücken angenäht. Es ist also ein Transport aus dem besetzten Sowjetgebiet. Dort werden die Juden so gekennzeichnet. Die aus Polen tragen eine weiße Armbinde und darauf einen blauen Davidstern. Die Transporte aus Theresienstadt haben an der linken Brustseite den bekannten gelben Stern mit der Inschrift »Jude« – eine Kennzeichnung für die europäischen Juden.

Das Treiben und das Geschrei auf der Rampe schwächen sich ab. Die letzten Leute taumeln aus den Wagons heraus und ringen nach Atem. Kein einziger Koffer oder echter Rucksack, nur Ranzen, Bündel und Säcke mit angebundenen Stricken zum Tragen auf dem Rücken. Schon daran sehe ich, dass es ein armseliger Transport von irgendwo aus dem Osten ist.

»Jetzt schnell runter«, flüstert mir David Brat zu, der dicht neben mir alles beobachtet, »gleich treiben sie uns hinaus, die Rampe zu räumen, und bei diesem Transport wird es in jedem Wagon noch'n Haufen ...« Warnsignale schießen durch die Baracke von Box zu Box. Zunächst müssen die Toten und die Reglosen aus jedem Wagon auf die Rampe hinausgezogen werden. Ich stülpe mir die Mütze über die Ohren und laufe zum ersten Wagon und greife nach zwei Beinen, ziehe, aber es geht nicht. Der Körper, dem die Beine gehören, ist noch mit anderen Körpern beschwert. Ich fasse zwei dünne Frauenbeine. Die groben Strümpfe knistern mir in den Händen. Sie müssen durchnässt gewesen sein. Wieder rein in den Wagon. Jetzt liegt obenauf ein Toter mit durchschnittener Kehle, der Kopf hängt irgendwo hinten am Nacken. Das ist das Werk jener ukrainischen Jungs in den Ghettos. Ich packe mir lieber eine andere freie Hand, aber lasse sie wieder los. Ich spüre, wenn ich fester anpacken und ziehen würde, bräche der Arm. Ich nehme mir dann doch den mit der durchschnittenen Kehle. Zu der Wagontür stellte sich soeben Boelitz mit Pelzmütze anstatt Schiffchen auf dem Kopf und schaut herein.

Die Wagons sind endlich geleert. Jetzt schnell die Decken, in denen wir die Toten von der Rampe ins »Lazarett« wegtragen. Karl, David Brat, Lublink und ich haben zusammen eine Decke, jeder hält einen Zipfel. Wie sie da brav liegen, schön auf der ganzen Rampe entlang ausgerichtet, mit den Füßen gegen die Wand der Baracke, mit den Köpfen gegen die Wagons. So sehen sie nicht mehr so fürchterlich aus. Sie sind Stücke, fass sie mit den Händen wie

Stücke – sobald du jeden einzeln anguckst, wird es schlimm für dich sein. Nein, das geht nicht, überhaupt nicht hingucken – die erstarrten Augen – immer bleibe ich an ihnen hängen, komme nicht durch zwischen ihnen, immer fangen sie mich ein, überall ist eine Menge von Augen, alle starr auf mich gerichtet, und sie werden immer größer und größer, schon überdecken sie die Stirn, die ganzen Gesichter, gerade unter ihnen ragen die Kinnladen hervor ... Halt, so nicht – also schau hin, schau genau hin, als ob das alles hochinteressant sei, als ob du das alles untersuchst, jeden einzeln. Wie viele Tode gibt es eigentlich? Einen wachsgelben, einen ausgemergelten, einen aufgedunsenen und unvorstellbar schweren, mit kleinen violettschwarzen Einschusslöchern mit seltsam bunten Flecken von Einstichen. Es ist interessant, packend, ungeheuer interessant ... Zum wievielten Male laufe ich nun schon mit einer Ladung ins »Lazarett« und zurück auf die Rampe? Jetzt ist der nächste irgendein Alter, nur mit einem langen Hemd bekleidet, ein bisschen Knochen bezogen mit Haut, auf ihr riesige weiße Flecken. Die Knöchel an den Beinen kann ich gut mit meinen Fingern umklammern. Als wir ihn heben, beginnt sich etwas zu regen. Eine Frau, etwa mittleren Alters, setzt sich mit Mühe aufrecht. Das aufgelöste Haar ist steif, das ganze Gesicht beschmiert, bekleckst. Am schlimmsten ist der Ausdruck ihrer Augen ... »Wahnsinnig«, vernehme ich Lublinks heisere Stimme. Wir heben die Decke mit dem toten Alten. Er ist federleicht. Die Frau kippt wieder mit dem Oberkörper nach hinten um. Über ihren Beinen liegen Bündel und so allerlei. Von unten ist Kapo Rakowskis mächtige Stimme zu hören: »Schneller mit den Toten, immer schnelleeer, immer weiter ...« Da liegt ein Töpfchen mit etwas Schmalz oder so was – einige laufen mit den »Tragdecken« vorbei – und schon ist es in dem Wirrwarr verschwunden. Wir kommen zum »Lazarett« gelaufen. Der Alte im Hemd fliegt in großem Bogen hoch, fällt in die Vertiefung und verschwindet in den Flammen, die sich auf ihren Spitzen in der frostigen Luft grün und violett färben. Oben über ihnen, auf dem kristallglitzernden Wall, stampft ein Wachmann im knöchellangen braunen Pelzmantel mit Fransen auf, um sich warm zu halten. Als wir umkehren, schwingen schon die hinter uns ihre Last in der Decke: »Hooo-hop!«

Der Körper mit langen Haaren fliegt durch die Luft – die Wahnsinnige aus dem Wagon. David Brat macht einen Schritt nach vorne, mit der rechten Hand hält er immer noch den Zipfel der Decke, die linke streckt er vor, und seine vorgeschobenen vorderen Zähne entblößen sich noch mehr: »Nee, sie ist nicht ...« Fürchterliches Aufheulen durchdringt den Tumult. Unten im Feuer richtet sich etwas auf ...

»Was schreit und lungert ihr da herum, raus mit euch!« Miete dreht sich jäh um und zielt auf uns, die Beine gespreizt, die Mütze noch mehr nach hinten geschoben als sonst, das weißliche Gesicht jetzt errötet, wie gekocht, die Augen aber immer gläsern.

»Hast' den Bub mit dem aufgedunsenen Bauch und Gesicht gesehen?«, keucht David Brat, als wir wieder in der Baracke zurück sind. »Weißt du, wovon das ist? Weißt' nicht? Vom Hunger ist das, so 'ne Phase des Hungerns. Der Transport wird bei uns aus dem Ghetto zunächst in die Quarantäne getrieben – so nennen sie es wenigstens – und schon dabei wird geschossen und getötet. Vielleicht ist der Bub so um seine Eltern gekommen. Wer soll sich dann seiner annehmen, wenn du nicht mehr die Kraft hast, dich um deine Nächsten zu kümmern?« David fasst mich mit seinen knorpeligen Fingern an der Schulter und über den kräftigen Zähnen zeigt sich ein duldsam trauriges Lächeln: »Richard – Jüngele, du weißt nicht – ihr wisst nicht ... Bis hierher ist man mit euch aus Theresienstadt wie mit Herrschaften umgegangen. In Personenwagons seid ihr angekommen. Bei uns aber beginnt Treblinka schon in den Ghettos. Und fast alle helfen irgendwie, die Juden zu liquidieren. Oder nicken wenigstens dazu ...« Der kleine Abraham bringt von draußen einen Armvoll Frauenmäntel herein zum Sortieren, irgendwie vorzeitig. Hans richtet sich auf und wittert: »Holla, wieso hast du's so eilig? Was hast du da unter den Mänteln?« Mit dem Fuß scharrt er die Mäntel auf dem Boden auseinander, bis er ganz unten auf das stößt, was er vermutet: »Mensch, Abraham, du Vieh, warte doch wenigstens, bis der, dem der Ranzen gehört, tot ist!«

Abraham kniet bereits gebeugt über dem Sack, verdeckt durch die Mäntel, schon hat er seine Hände drin. Nach außen sieht es so aus, als ob er in den Mänteln stöbert. Dabei luchst er nach allen Seiten ebenso wie Hans, zu dem er zwischendurch aufschaut und ihm bruchstückweise, ein wenig schuldbewusst, ein wenig entschuldigend, entgegnet: »Alles egal, Chans, ob gleich oder nachher. Ich bin auch tojt, und noch schlimmer als der, dem der Sack gewejnt war.«

Hans hält sich mit einer Hand an der Randsprosse und lehnt sich aus seiner Box in die unsere hinaus: »Wenn ich ihm jetzt eine runterhaue, dann weiß ich nicht, ob es wegen des Toten oder wegen des Stücks Speck sein wird, das er gefunden hat.«

Vom anderen Barackenende treibt Zelo einen vor sich her, der einen ähnlich verdächtigen Arm voll Sachen schleppt. Zum ersten Mal sehen wir, dass Zelo mit der Peitsche losschlägt. Kiewe, der in der Tiefe der Baracke am Eingang erscheint, sieht nur, wie die zwei an unserer Box vorbei zum Ausgang abbiegen, und brüllt begeistert: »Jaa, Zelo, so ist's richtig, hau rein, hau nur tüchtig rein!« Zelo kehrt zurück und bleibt bei unseren Boxen stehen, tränenfeucht, vielleicht vom Frost, vielleicht aus Scham und Wut: »Jemandem von den letzten riss er es direkt aus der Hand ...«

»Na ja«, von der Box gegenüber kommt Davids Kumpel Lublink auf uns zu, bräunlich im Gesicht, kantig, durch die viele Schinderei ein wenig gebeugt: »Von dem weiß ich nichts, wird schon ein Schwein sein. Aber der Junge dort bei den Herrenhosen« – er zeigt hin mit der Hand und hebt die Büschel seiner zusammengewachsenen Augenbrauen – »den kenn' ich gut. Der kommt von uns, und von dem weiß ich, dass er zu Hause nie so viel Essen gesehen hat, dass er sich draußen im Leben nie so voll gegessen hat wie hier in Treblinka. Nicht, dass die Familie so arm gewesen wäre, aber sein Tate hat ungemein gespart, geknausert, um auswandern zu können, nach Amerika, nach Palästina, weg aus Polen. Für dies alles hat er Dollars, Brillanten gekauft ...« Wieder Pfiffe und das Quietschen weiterer Wagons auf der Rampe. Die nächsten werden hereinrangiert. Als ich die letzten Bündel und die Reste des aus den Wagons hinaus- und auseinander gerollten Allerleis wegräume, füllen plötzlich Boelitz, Bredow und noch andere erneut die Rampe über ihre ganze Breite: »Kapo vom Kommando Rot, da, nimm dir noch diese Männer zur Aushilfe, sie sollen die Kleider, die Klamotten wegschaffen ...« Da weiß ich auch schon Bescheid, ausgezogene Kleider von draußen auf dem Entkleidungsplatz und aus der Baracke wegtragen, wo sich die Frauen ausziehen. Es liegt da viel herum. Die »Roten« allein schaffen es nicht schnell genug. Sie treiben uns direkt in jene Baracke. Sonst erblickte ich immer von einer Ecke über die Haufen der Kleider nur noch den Rest der nackten Rücken, wie sie in die »Friseurstube« vorrückten. Heute aber ist die Baracke noch voll. Fast der ganzen lang gezogenen Hälfte entlang sind nackte Körper aneinander gepresst – ein riesiges Bild, ein Fresko aus lauter Hintern, Bäuchen, über die Busen geschlagenen Armen, aufgelösten Haaren. Die gegenüberliegende Wand säumen kleinere und größere Kleiderstapel. Der Körpergeruch klebt die Nase, den Mund zu, beißt in den Augen. In dem Lärm dringt am stärksten das Weinen der Kinder an die Ohren.

»He du«, einer von den roten Draufgängern reißt mich aus dem lähmenden Staunen heraus und zeigt mir, wo ich mit dem Wegräumen anfangen soll. Als ich mich langsam zu den Kleidern beuge, die Augen immer nach vorne gerichtet, blinzelt er mich an, bückt sich zu mir und schreit mir Polnisch ins Ohr, langsam und deutlich, damit ich verstehe: »Na, hat sich dir dein Traum von draußen aus dem Leben hier erfüllt, 'ne Menge von nackten Weibern zu sehen? ruszaj sie, jazda – beweg dich, locker, locker!«

Noch sechsmal füllt sich die Rampe, und nach dem Weggang derer, die sich auf den Beinen halten können, bietet sich der gleiche Anblick – Lumpen, Gerippe, bezogen mit Haut, Tote und Sterbende. Am frühen Nachmittag ist der ganze Transport abgefertigt – über fünftausend Leute.

Das Sortieren der Mäntel der Qualität nach ist bei diesen verelendeten Transporten sinnlos. So verarbeiten wir, beide Arbeitsgruppen von den Herrenmänteln I. und II. Sorte, gemeinsam alles, was uns in die Hände kommt. Ich trenne vorsichtig den Judenstern ab und lege einen durchsuchten kurzen Wintermantel, den man hier »Kurtka« nennt, zur Seite. Die weißen Schnürchen in den Rillen der gesteppten Wattierung bewegen sich kaum merkbar. Es sind Reihen von langsam kriechenden Läusen.

Willinger, nur äußerlich unbeholfen, nimmt die »Kurtka« erneut in die Hände, tastet sie durch, trennt sie an der Schulter auf, und unter der gesteppten Wattierung holt er fünf Zwanzig-Dollar-Banknoten hervor. Auch wenn man für die geplante Aktion hauptsächlich mit seiner Kraft rechnet, hat Willinger in seiner Einfalt auch die Eigenschaft, die man »jüdische Nase« nennt. Seine echte Nase über dem kleinen Schnauzbart ist ungewohnt spitz. Hier geht es aber um eine besondere Fähigkeit, um einen feinen Sinn. Willinger heftet seinen Blick auf ein Paar Kinderschuhe, etwas in ihm gibt ihm einen Ruck, schon bricht er auf, reißt den Absatz ab und entdeckt darunter ein goldenes Zwanzig-Dollar-Stück. Anschließend bleiben seine kleinen umherschweifenden Augen an einem Leistengurt haften, schmuddelig und abgeschabt, den niemand von uns mehr interessiert. Mit seinen dicken Fingern beginnt er, den Gurt abzutasten, aufzutrennen, bis auf der Polsterung einige Münzen zum Vorschein kommen – goldene Fünf- und Zehn-Rubel-Stücke. Willinger spürt Bewunderung um sich herum, wähnt sich wichtig, am liebsten würde er alles selber durchsuchen und sortieren. Jetzt zeigt er dazu noch seine körperliche Kraft: »Nie, nie – nein, nein, ich selber«, er nimmt mir das Bündel sortierter Mäntel von der Schulter ab und nur mit einer Hand schleudert er es hoch auf den Stapel in der Box. »Wy chlopacy – ihr Jungs schont eure Kräfte«, er schaut Karl und mich an, »ihr werdet sie noch brauchen, ihr seid es noch wert ...« Zunächst erstarre ich, dann möchte ich vor Scham aufschreien. Dieser riesige Mann von irgendwo aus Czenstochau hält uns für etwas Besseres – wie Kinder, die hinübergerettet werden sollen, sind wir das, was vom Stamm erhalten bleiben soll ...

Inzwischen hat Willinger schon wieder aus dem Futter eines Mantels etwas Glitzerndes herausgefischt. Er zeigt es uns heimlich und erklärt hastig: »Der kann so sechs Karat haben, Karol.« Er neigt sich irgendwie zart zu Karl: »Wozu ein Haus, ein Grundstück – bei uns immer etwas, was du schnell mitnehmen könntest. Eppes kla'nes in die Tasch' 'nei'«.

Typhus contra Aktion »H«

Nach den Transporten aus dem Osten, angeblich auch aus Grodno und Białystok, tritt auf der Zufahrtsrampe wieder lang anhaltende Ruhe ein. Der Frost lässt nach, der Hunger nimmt zu, und die Läuse verseuchen weiter ganz Treblinka.

Zelo kommt, um das Versteck zu besichtigen, das wir aus den sortierten Mänteln in unserer Box gebaut haben. Einige Bündel aus dem mittleren Stapel sind herausgenommen, so dass ein tiefes Loch entstanden ist, von allen Seiten von Bündeln umschanzt. Auch oben sind über die Versenkung Bündel gelegt. »So drei, vier Leute gehen rein«, meint Karl, »und wenn es zum Verladen oder überhaupt zu etwas Besonderem kommt, dann schütten wir es im Nu mit Bündeln zu.«

In der letzten Zeit verbergen wir in unserem Versteck kurzfristig diejenigen, die sich mit einem seltsamen Fieber herumschleppen. Bald aber soll es seine echte Aufgabe in unserem großen Plan in Treblinka erfüllen. Kein Einzelversuch zur Flucht mehr, keine »zehn Erschossene für jeden Geflüchteten« laut Ankündigung von Lalka, sondern wir alle, auf einmal ...

Die Arbeit während des Winters wurde mehrheitlich in die Baracken verlegt. Die Rundgänge der SS-Männer sind zwar nicht regelmäßig, aber wir beobachteten, dass sie in gewissen Zeitabständen, unterschiedlich verteilt, die Baracken oben auf dem Sortierungsplatz und die Werkstätten unten durchstreifen.

Die am besten geeignete Stunde scheint die zwischen drei und vier Uhr nachmittags zu sein, wenn sie sich – vermutlich zum Kaffee – ablösen.

»Und zu dieser Stunde ›H‹ stellen sich in jeder Baracke an den Eingängen einige verlässliche Leute auf«, erläutert Zelo den Plan, den er mit dem Lagerältesten Galewski, Kapo Kurland aus dem »Lazarett«, Ingenieur Sudowicz vom Baukommando und noch anderen aus den Werkstätten besprochen hat. »Herein darf jeder, aber hinaus keine Seele mehr, außer den bestimmten Verbindungsmännern. Sobald einer in Uniform eintritt, zieht ihr ihm einen Mantel über den Kopf und einen Strick um den Hals. Keine Messerstiche, keine Hiebe, kein Blut darf sich hier zeigen, weil sie dicht hintereinander kommen können.« »Und was, wenn mehrere auf einmal reinplatzen?«, ertönt es aus einer Box. »Ihr wisst selber, dass dies eine große Ausnahme wäre, wenn durch einen Eingang zugleich sechs von ihnen reinkämen. Aber auch in diesem Fall muss mit ihnen allen dasselbe geschehen. Wir rechnen, dass nicht mehr als drei von ihnen gleichzeitig eintreten würden. Deswegen werden an jedem Eingang zehn ausgewählte Leute eingesetzt und außerdem werden noch Reserven bestimmt. Immer drei sollen sich um einen kümmern, je nachdem, wie sie eintreten werden. Wenn zwei eintreten und nebeneinander gehen werden, dann wird der mit dem höheren Rang den drei ersten gehören. Ihr da bei diesem Eingang könnt sie euch in das Loch in den Mänteln reichen und dort mit dem Strick zum Bündeln der Mäntel endgültig fertig machen. Das muss in allen Baracken während der einen Stunde ablaufen. Dann – mit den Waffen, die wir ihnen wegnehmen – müssen wir schnell zum Sturm gegen die Kommandantur und das Munitionslager unten ansetzen, sofort alles anzünden ...«

Das Gespräch wird durch die Ankunft der Küchenleute unterbrochen. Jetzt im Winter wird ohne Mittagspause gearbeitet. Das Mittagessen bringt man uns in die Arbeitsbaracke an die Arbeitsplätze, Eimer voll Kaffee-Ersatz und im Betttuch Brot, bereits in Portionen geschnitten. Die Augen suchen die größte Portion, achten auf die Hände beim Verteilen, wenn der ganze Zug an den einzelnen Boxen Halt macht. Von der eigenen Portion gleiten die Augen hinüber zu der Portion des Zweiten, des Dritten, dann in die Box nebenan. Man vergleicht. Die Debatte über die Aktion »H« wird am Abend bei Simche in der Tischlerei fortgesetzt. Simche sitzt auf einem der Tischlerpulte, schwingt die gekreuzten Beine, die Hände unter sich geschoben. Es sind Handwerkerhände mit kurzem, breitem Daumen. Simche hat seinen Beruf in Treblinka nicht verfehlt. Gelernter Tischler ist er. Überhaupt überrascht mich, wie viele von ihnen Handwerker sind. Bei uns waren die meisten Geschäfts-, Versicherungsleute, Menschen mit höherer Bildung, und hier sind viele Schneider, Schuster, Goldschmiede. Aber auch Bankleute, wie zum Beispiel Alexander, Kapo des »Goldjuden«-Kommandos.

»Ach was, sterben – nur, jeder sieht sich vorher noch nackt an den Füßen hängen, mit dem Kopf nach unten«, vernehme ich, als ich mich mehr in Richtung Gespräch wende.

Simche richtet sich sitzend ein wenig auf und streckt die Brust heraus, unverhältnismäßig mächtig, gemessen an seiner kleinen Gestalt. Der kahl geschorene Kopf auf dem breiten Hals ist ganz schwarz durch die dichten Haarstoppeln. Darunter das Gesicht mit dunkelbrauner Haut, eine niedrige Stirn mit zwei Furchen und dicke schwarze Augenbrauen, zusammengewachsen bis zur Wurzel der kleinen Stupsnase. »Hab' mir schon vorgenommen, ich will aus Treblinka nicht flüchten. Ich will hier bleiben mit den Meinen dort drüben, Rache für sie nehmen und der Welt zeigen«, als ob Simche jetzt tatsächlich zu sich selbst reden und sich selbst überzeugen würde, dass ihm nichts anderes übrig bleibt. »Immerfort muss ich daran denken, dass es nicht dasselbe Holz ist, das ich draußen im Leben verarbeitet habe, dass hier jedes Stück davon wie ein Toter dort drüben ist, dass ich immerfort lauter nahe tote Menschen schneide, säge ...«

»In jedem Fall müssen wir genauer wissen, was in der SS-Baracke und in der Kommandantur vorgeht«, überlegt Zelo. »Ob dort wirklich jede Stunde das Telefon aus Malkinia klingelt, und was für eine telegrafische Verbindung da besteht ...«

»Und was soll mit dem zweiten Lager geschehen?« fragt Simche. »Das ist es eben, dass wir uns aufteilen und gleichzeitig die Kommandantur und das zweite Lager angreifen müssen. Diese Aktion müssen wir im Lager Eins durchführen und hinüberstürmen. Unser Zustand ist sicher besser als der von denen da drüben. Die Stimmung unter den Ukrainern ...«

»Bei denen weißt du nie, was sie machen werden«, meint Simche. »Möglich, wenn sie sehen, dass wir auf die SS losgehen, werden sie davonlaufen, ohne einen einzigen Schuss abzugeben. Wahrscheinlicher ist aber, dass sie sich wie toll schlagen werden. Sie wissen zu gut, dass es ihnen nirgends besser als in Treblinka gehen wird. Und mit Bestechung ist es auch so. Die Taschen voll Geld, Gold und Schmuck haben sie. In den Wäldern sollen sie es angeblich vergraben. Versteht sich, dass sie nie davon genug haben werden. Nur, sie nehmen einen Haufen Geld und Gold von dir, machen dir Versprechen, und dann verraten sie dich mit dem ruhigsten Gewissen, eigentlich ohne Gewissen.« An den darauf folgenden Tagen begibt sich Zelo gleich nach dem Abendappell zu Galewski und zu Kurland, und auch bei uns auf der Pritsche lösen sich die Besuche ab. Benzin wird benötigt, und das bedeutet Standa Lichtblau. In der Garage arbeitet er. Von uns allen, den zwanzig tschechoslowakischen Gefangenen, hat er in Treblinka die größte »Karriere« gemacht. Automechaniker war er in Mährisch-Ostrau, und in seinem Fall haben die SS-Leute eine besonders glückliche Hand gehabt. Niemand versteht so viel von Kraftwagen wie er. Deshalb wird er von seinem Chef, Unterscharführer Schmidt, nie schlecht behandelt. Überhaupt hat Standa eine privilegierte Stellung. Jetzt bei uns oben auf der Pritsche gibt er vor, er sei zu Robert gegangen, um irgendeine Salbe von ihm zu bekommen, und dabei bespricht er sich mit Zelo. Nur seine Figur hat Ähnlichkeit mit Simche, sonst ist er anders. Er ist nicht so fest gebaut, und anstatt dunkler Haut hat der untersetzte Standa immer noch rote Wangen und ein Lächeln im Gesicht; man erkennt nicht, ob er freudig oder traurig ist. Er nickt Zelo zu und sagt abschließend: »Die Suppe aus der ukrainischen Küche, die sie mir zusätzlich geben, wird mich davon nicht abhalten.« Robert hat inzwischen sein Desinfektionsmittel zum Verstäuben vorbereitet und wendet sich Zelo zu. Der nickt hastig mit dem Kopf und bedeutet Robert, dass Karl und Hans schon von der Pritsche heruntergeschlüpft sind und er jetzt auch herunter muss, weil wir uns sonst nicht betten können. Aber Robert verliert diesmal seinen ruhigen Ton. Er steht vor der Pritsche, sein Kindergesicht über den Rand gehoben, und fällt über uns her: »Wartet, ihr Idioten, und schüttet mir den Dreck nicht ins Gesicht! Wisst ihr, dass wir eigentlich alles schon automatisch selber machen? Dass die uns nicht einmal prügeln müssen? So haben sie uns schon abgerichtet, dass wir beinahe die Transporte selber erledigen werden, und sie werden nur rum stehen und die Aufsicht führen. Gerade nur Miete und Mentz werden ins ›Lazarett‹ zum Scharfschießen reinspazieren.«

Am nächsten Tag werden beim Appell zwölf krank gemeldet, am übernächsten Tag sechzehn, und dann ist die so genannte jüdische Revierstube voll von fiebernden Leuten. Auch unser Versteck unter den gestapelten Mänteln ist voll – anders als wir es uns vorstellten. In den darauf folgenden Wochen schleppt sich vielleicht jeder Dritte, dann jeder Zweite mit Fieber um vierzig Grad herum – mit Fleckfieber. Robert sagt, es gibt mehrere Sorten von Fleckfieber. In Treblinka hat sich eine etwas leichtere, aber besonders stark fiebrige Krankheit entwickelt. Wir sagen untereinander auch nicht, dass einer Fleckfieber, sondern dass er »Treblinka« hat. Direkt vom anderen kann man sich nicht anstecken. Die Infektion wird durch die Kleiderläuse übertragen. Diese treten überall dort auf, wo es unsauber ist, wo man die Wäsche nicht ordentlich waschen und vor allem nicht auskochen kann. Die Krankheit fängt mit Fieber an, das bald bis über vierzig Grad steigt. Selbstverständlich – jeder schleppt sich herum, duckt sich, lässt sich verstecken, bis er nicht mehr kann. Dann erst taumelt er zu Doktor Rybak in die Revierstube. Der hat für ihn nie sofort einen Platz frei. Normalerweise gehen in die Revierstube an die zwanzig hinein. Jetzt sind dort aber bereits über dreißig zusammengepfercht. »Komm in zwei, drei Tagen«, pflegt Rybak zu sagen. Das bedeutet wieder zurück in den Kampf und zum Versteckspiel, besonders mit dem überall herumspähenden Miete. Wie lange? Bis ein Platz frei wird, bis Rybak einen aus der

Revierstube entlässt oder bis Miete einen ins »Lazarett« wegtragen lässt. Und dann, wenn der »Anwärter« nicht zusammenbricht oder wenn sie ihn nicht direkt auf dem Platz abmurksen, wenn er also Fürsprache hat und als nützlich für die »gemeinsame Sache« angesehen wird, gelangt er endlich in die Revierstube. Da liegt er in unvorstellbarem Dreck und denkt an nichts anderes, an niemanden anderen als an Miete. Der »Todesengel« kommt täglich, manchmal zusammen mit Kiewe. Rybak muss ihnen die schweren Fälle melden. Die Revierstube ist wie ein Gefäß, das nicht überlaufen darf. Diejenigen, die als hoffnungslos bezeichnet werden, bekommen eine Spritze mit irgendeinem Betäubungsmittel und werden ins »Lazarett« weggetragen. Seltsamerweise gibt es hier von den Transporten immer noch Medikamente, die Doktor Rybak behalten durfte oder die noch immer über Spekulationswege zu ihm gelangten. Außer den »Lazarettspritzen« für die »Hoffnungslosen« verpasst Rybak den »Hoffnungsvollen« verschiedene stärkende Spritzen. Niemand glaubt aber, wenn Rybak im fleckigen Kittel zu ihm mit der Spritznadel in der Hand auf die Pritsche klettert, es sei nicht die Lazarettspritze.

Der achte und der neunte Tag sind kritisch. Am leichtesten überwinden schlanke, bewegliche Typen die Krankheit, am schwersten die groben, die vollblütigen. Lungenentzündung, Hirnhautentzündung und einfach Wahnsinn sind nach Robert, der in der Revierstube als Rybaks Aushilfe tätig ist, die Hauptkomplikationen.

Mit länger werdenden Tagen und milderem Wetter am Übergang von Februar zu März wird das Mittagessen wieder unten an der Küche ausgegeben. Wir benutzen die kurze Mittagspause, um nach einigen in der Revierstube zu schauen. Die Revierstube ist etwa fünf Meter breit und befindet sich zwischen der jüdischen Küche und der Schlaf- und Wohnbaracke. Den Eingang hat sie mit dieser Baracke gemeinsam. Den eigentlichen Eingang in die Revierstube bildet nur ein Vorhang aus Decken. Seitlich vom kleinen Fenster steht ein Tisch mit ärztlichen Instrumenten, und hinter ihm ist eine Nische aus zusammengenagelten ungehobelten Brettern. In der Nische steht ein Sofa, aus dem das Rosshaar herausquillt, an den Wänden zwei Gestellbretter. Das ist das Sprechzimmer. Darüber, eine Art von Hühnerstall, ist der eigentliche Wohnraum von Doktor Rybak. Die Nische ist waagrecht mit Brettern verschalt, die die Decke der Ordination und gleichzeitig den Boden von Rybaks Schlaf- und Wohnstätte bilden. Die Tischler mussten dazu eine Leiter zimmern, damit Herr Doktor auf seinen Hühnersitz und seine Liege hinaufklettern kann.

In die Tiefe, vom Fenster weg, führt ein schmaler Gang zwischen zwei Reihen zweistöckiger Pritschen. Ausdünstungen aus fiebernden Körpern, Dunst aus der neben liegenden Küche und muffiger Geruch des Holzes legen sich mir auf Gesicht und Brust. Das kleine Fenster lässt nur so viel Licht herein, dass die Flecken vom Essen, vom Erbrechen, die blutigen Streifen von zerdrückten Flöhen und Läusen auf den Decken, die einst rot, gelb, grün waren, noch zu erkennen sind. Bärtige, vergrämte Gesichter, halbgeöffnete Münder mit aufgesprungenen Lippen, hervortretende Backenknochen, weit aufgerissene Augen mit abwesendem Glanz, verworrene Worte und Aufschreie – das ist die Arbeitsstätte von Doktor Rybak. Hier arbeitet er jeden Tag und – im Unterschied zu uns – auch jede Nacht. Wenn dann einer auf eigenen Beinen die Revierstube verlässt und seine Hand dankend ausstreckt, pflegt Rybak, Arzt aus Warschau und Absolvent auch einiger Semester an der Prager Universität, zu sagen: »Danke mir nicht, verfluche mich. Ich gebe dir nicht das Leben zurück, ich schicke dich zurück zu allen Qualen von Treblinka.«

Als wir nach Treblinka kamen, war Eugen Back, der »Eiffelturm«, bestimmt der größte von der ganzen Belegschaft. Zwei Meter hoch war er. Wie Zwerge kamen wir uns vor, wenn er mit uns in derselben Reihe marschierte, den Kopf immer ein wenig zur Seite geneigt, mit länglichem, sommersprossigem Gesicht.

»Hoffnungslos«, sagte Rybak uns gleich beim Eintreten. Er fuhr mit der Hand über seine glatten schwarzen Haare, die er ungeschoren behalten durfte, und sein breites Gesicht dehnte sich noch mehr in die Breite.

Am Nachmittag bekam Eugen Wutanfälle. Er zerriss die Riemen, mit denen ihn die »Roten«, die man herbeigerufen hatte, fesselten. Dann lag er schon reglos, nachdem er die »Lazarettspritze« verpasst bekommen hatte.

Durch den offenen Eingang am unteren Ende der »A-Baracke«, genau gegenüber unserer Box, sehen wir den Teil des Sortierungsplatzes, der zum »Lazarett« führt, wie ein eingerahmtes Szenenbild. An jenem Nachmittag passieren die »Roten« mit der Trage achtmal »die Bühne«. Hinter ihnen immer Miete mit seinem Schaukelschritt. Franz »die Puppe« und Bredow stehen dort nur so herum, wippen mit den Peitschen leicht gegen ihre Stiefel und schauen dem Gefolge nach. Immer nach dem Schuss kehrt der Zug mit leerer Trage zurück. Ein Körper unter den Decken ragt über die Trage hinaus. Der Kopf ist unbedeckt, das Kinn nach oben gereckt.

Wir warten, bis der Schuss fällt, dann fängt Hans an, sich mit einem Mantel zu befassen. »Also wird er nicht mehr in sein Pyschely bei Prag zurückkehren, wie er es sich immer wünschte, in seinen eigenen Schuhen, in denen er ankam, is'r rumgelaufen, zerrissen hat er sie schon g'habt, keine anderen passenden konnte er für sich auf dem Haufen finden, Schuhgröße sechsundvierzig hatte er, und hierher hat man keinen anderen Juden mit Schuhgröße sechsundvierzig gebracht.« Kiewe fällt wild in die Arbeitsbaracke und so plötzlich ein, dass die Warnsignale ihm nicht schnell genug vorauseilen können. Er erblickt einen, der, von Fieber geschwächt, an einen Stapel von Bündeln angelehnt steht. Er schlägt ihm das Gesicht mit der Peitsche blutig, dann rast er durch die ganze Baracke, haut um sich, und vom anderen Ende der Baracke höre ich, wie er Zelo gegenüber tobt, die ganze »A-Baracke« faulenze, aus den besten Arbeitern seien Drückeberger geworden. Mit der Androhung: »Ich krieg' euch!« rennt er wieder hinaus. Nach dem Abendappell, als Kiewe die Meldung übernimmt und sein Tagebuch zuklappt, kommt der Befehl: »Lager Eins abtreten, ausgenommen die ›A-Baracke‹! Wegen ungeheuerlichen Faulenzens und Arbeitsvernachlässigung wird die ganze ›A-Baracke‹ mit Strafexerzieren bestraft!« Kiewe spuckt die Worte einzeln aus sich heraus. »Die Vorarbeiter und die Kapos sind diesmal ausgenommen. Jetzt übernehme ich ihre Aufgabe – rührt euch – Achtung – zu dritt antreten – im Laufschritt, marsch!«

Karl, der rothaarige Jojne und ich laufen im ersten Dreierzug. Niemand wollte nach vorne. Und jetzt zeigt sich, dass dies von Vorteil ist. Bei den Befehlen »nieder – auf«, mit denen Kiewe den Lauf unterbricht, haben wir freien Raum vor uns. Die hinter uns behindern einander, fallen einander auf die Fersen, können nicht schnell genug sein, und die Peitschen schlagen sie zu Boden.

Die neue Veranstaltung lockt weitere SS-Männer hierher. Schon nach einer Weile geben nur die Peitschen das Tempo an, die uns um den Rand des Appellplatzes herumjagen. Von der Ecke aus verfolgt Lalka »die Puppe« das ganze Treiben und greift nicht ein, vielleicht aus Verdrossenheit darüber, dass er, Oberscharführer Kurt Franz, nicht selber Regisseur dieser Szene ist. Draußen im normalen Leben wäre das Ganze eine gängige Übung für Sportler und Soldaten. Für die Leute in Treblinka mit »Treblinka« wird es zum Todeslauf.

»Wer ein Stück Kleidung wegwirft, der ist dran – Abstand halten – Abstand sollst du halten, du Hund!« und schon hört man den schnalzenden Schlag der Peitsche. Die SS-Männer, die Deutschen, militärisch gedrillt, bringt diese Unfähigkeit zu einer geordneten, disziplinierten Bewegung bis zur Besinnungslosigkeit auf. Das sieht doch aus, als ob dieser Mosche, irgendwo von Rembertow, wie er da hüpft statt einem echten Laufschritt, sich über das alles lustig macht. In der Kurve überblicke ich den ganzen Platz. Nur einige Reihen vor uns laufen lediglich geordnet. Die mit mehr Durchhaltekraft gelangten von den hinteren in die vorderen Reihen an die Stelle derer, die zurück- und abfielen. Sechs stehen beiseite, kraftlos angelehnt an die Barackenwand. Unter ihnen der 16-jährige Hans Burg. Gestern war er nach seinen schlimmsten Tagen aus der Revierstube entlassen worden. Den blutigen Schaum um den halbgeöffneten Mund spült ihm das Blut ab, das ihm aus der Nase rinnt. Die anderen Gesichter sind eins wie das andere – aus dem rotschwarzen Gesudel, aus Blut und Schlacke vom Appellplatz, schauen gehetzte Augen. Inzwischen ist schon eine wilde Jagd im Gange. Die SS-Männer holen sich einzelne heraus, hetzen sie mit der Peitsche über den Platz und stellen sie zu den andern an die Barackenwand. Bei ihnen, bei den Umgehauenen, steht Miete. Er übernimmt sie, jetzt gehören sie schon ihm, dem Todesengel. Auch die »Puppe« Franz erscheint dort und macht ein wenig mit. Er konnte doch nicht so ganz widerstehen.

So werden sie es also mit uns machen. Allmählich, stückweise werden sie uns durchsieben, damit wir nicht in Panik geraten, damit jeder noch die Hoffnung hätte, er werde unter denen sein, die überleben. Auch werden sie die Leute gegen die Vorarbeiter ausspielen. »Halt – aufschließen – ausrichten – von heute an wird dies die neu eingeführte Strafe für Faulenzer und Drückeberger sein – abtreten in die Baracken ohne Abendbrot!«, schließt Küttner die Quälereien ab. Auf der Pritsche, an das kleine vergitterte Fenster gepresst, sehen wir noch, wie man sie wegführt. Hans Burg – der jüngste von unserer tschechischen Gruppe hier ...

Und noch ein anderer, der mehr Knabe als Kerl ist. Seinen Namen, Maier, stellt Kiewe anhand des Zettels fest, den seit einiger Zeit jeder Sortierer in das Bündel mit verarbeiteten Kleidungsstücken hineinlegen muss. Beim Laden zum Wegtransportieren werden dann die Zettel entfernt. Bei einer Stichprobe gelingt Kiewe der Treffer. An einem schäbigen Damenmantel II. Sorte, den Kiewe in die Mitte des Sortierungsplatzes hinaustragen und dort wie ein Banner hochhalten lässt, leuchtet ein gelber Stern, der hätte abgetrennt werden müssen. Er ist wie ein Schicksalszeichen, das eine Frau aus einem Transport mit fünftausend Menschen aus Grodno diesem Jüngling aus Warschau hinterließ. Die Stirnlocke seiner hellen Knabenfrisur hauten sie ihm gleich ab, und jetzt werden sie ihm seine ganzen sechzehn Jahre abhauen. »Zur Warnung wird er vor allen auf der Stelle erschossen«, kündigt Kiewe diese neue Strafe an, nachdem man uns alle in einen Halbkreis mit der Stirn zum Sandwall gegen das zweite Lager zusammengetrieben hatte. »So, ausziehen«, sagt er leiser zu dem Jungen, aber laut genug, dass wir es hören können.

Jetzt guck gut zu, jetzt wirst du genau sehen, ganz aus der Nähe, wie man einen Menschen vor vielen anderen Menschen totschießt. So etwas widerfährt einem nicht alle Tage. – Der Junge zieht sich langsam aus. Das eine etwas zugekniffene Auge verleiht dem Gesicht mit leicht gebogener Nase und schmalen, scharf geränderten Lippen einen schelmischen Ausdruck. Aber nein, der zieht sich bloß aus, um sich den Oberkörper zu waschen, und nicht, damit sie ihn erschießen ... An was dachte er, als er diesen Mantel in die Hand nahm? Halbnackt setzt er sich auf den Boden, schaut links und rechts nach den SS-Männern, die den Halbkreis auf beiden Seiten abschließen, als ob er sie frage: »Soll ich mir auch die Schuhe ausziehen oder soll ich nicht?« Einige Male versucht er, sitzend mit angezogenen Beinen, den einen oder anderen Stiefel auszuziehen.

Halt, warte doch, halt an, du ziehst dir das Leben aus! Wir brechen jetzt alle aus, mit den Stiefeln an den Füßen, zertreten ... Wer wohin? An welche Seite? Miete versetzt einem von uns einen gebieterischen Peitschenschlag. – O nein, warte auf nichts. Wir helfen dir noch aus den Stiefeln. Na, siehst du, die Stiefel sind schon ab. Er jammert nicht, fleht nicht, wie so manche Ältere vor ihm. Nur sorgenvoll schaut er herum und wartet, wartet, bis sie ihm über den Rücken und den Hintern einen leichten Klaps versetzen, lächeln und sagen, so wie er es früher draußen im Leben so oft gehört hatte: »So, dass du es nie wieder machst, pack deine Klamotten und hau ab ...«

Über den Wall schob sich die grimmige Wintersonne, und vor dieser riesigen dunkelroten Zielscheibe läuft – wie ein Unheil bringender schwarz gekleideter Bote mit rutschenden Schritten – ein Wachmann herunter und schwenkt eifrig das Gewehr über dem Kopf: »Herr Unterscharrfirra, mich lassen – schießen – erlauben ...« – »Kannst gut schießen?«, höre ich Miete fragen. Der Wachmann, um wenige Jahre älter als der Verurteilte, macht eine selbstbewusste Bewegung, und als Miete zustimmend nickt, nimmt er Abstand, halbwegs zu uns gedreht, das Gewehr immer stürmisch über dem Kopf. Er lacht, er freut sich. Der bräunliche ukrainische Jüngling tritt noch einige Schritte zurück, dann macht er wieder einen Schritt nach vorne, und jetzt bleibt er still stehen, und gleichzeitig sucht er mit den Füßen festen Halt. Der Junge reibt sich immer weiter die Hände, beim Blick in die Mündung der Büchse kneift er das linke Auge noch mehr zu, die Augenbraue über dem rechten zieht er in die Höhe, den Kopf und den Körper dreht er zur Seite, um vor dem auszuweichen, was im allernächsten Augenblick gegen ihn abgefeuert werden soll, ein wenig tritt er noch einmal zurück ... Der Schuss – an der Brust zeigt sich ein rotes Fleckchen, und gleichzeitig fliegt der Körper hoch mit schlenkernden Armen, fällt rückwärts zu Boden. Die gestreckten Beine des umgestürzten Körpers fliegen auseinander und schließen sich wieder krampfartig. Miete neigt sich über ihn, legt die Pistole direkt auf die Stirn an, und mit zwei Schüssen bringt er das Gegeneinanderschlagen der Beine zum Stillstand. So, jetzt hast du wieder mal bis in die kleinsten Einzelheiten gesehen, wie sich das Leben in den Tod wandelt.

Miete und Küttner fallen gemeinsam in die Revierstube ein. Kiewe fragt Rybak, ob zur Pflege der Kranken drei Leute nötig seien, Rybak entgegnet schwach, die zwei, Robert und noch ein Gehilfe arbeiteten tagsüber und er selber vorwiegend in der Nacht. Küttner wendet sich Miete mit den Worten zu: »Der will wohl so was wie Nachtschicht einführen«, und entscheidet, dass vom nächsten Tag an Robert, »Der Mediker«, wieder zum Sortieren der Medikamente in die »B-Baracke« zurückkehren soll.

Dieser Eingriff von Kiewe scheint gezielt zu sein. Dahinter steckt was. Bisher war es allgemeine Säuberung, Durchsieben und Reduzieren der Belegschaft in flauer Periode ohne Nachschub. Die Winterkälte, der Hunger und die Krankheiten machten die grobe Arbeit. Es genügte, die Exerzierläufe auf dem Appellplatz einzuführen – es liefen schon die »B-Baracke«, die »Roten«, auch die »Blauen« – und noch verschiedene andere Strafen, um das Fallobst auszusondern. Auch dann gelang dies, wenn leere Wagons ankamen und geladen werden mussten. Einen Tag lang, zwei, drei Tage liefen Leute mit Bündeln auf dem Rücken zur Rampe und wieder zurück in die Baracken, wo die sortierte Ware bis zum Dach gestapelt war. Mit Fieber bis vierzig Grad simulierten sie Gesundheit, Kraft und Einsatzfähigkeit. Einige brachen von selbst zusammen, einigen haben die SS- und die Wachmänner nachgeholfen. Gut an dieser Hetze war, dass einer am Abend, wenn er auf die Pritsche hinfiel, kein Hungergefühl mehr hatte. Jeden Tag verließen Treblinka mehrere voll geladene Güterwagons. An ihnen waren mit Kreide die Bestimmungsorte angeschrieben – Bremen, Aachen, Schweinfurt ... »Desinfizieren tun sie sich das am Ort, franko Haus«, pflegte Hans Freund zu sagen.

Die Berge draußen und die Stapel in den Baracken schwanden. Hinter den Holzsprossen der leeren Boxen bewegen wir uns wie Nutztiere, beunruhigt, weil man sich nirgendwo verstecken, sich nicht unauffällig bewegen kann. Nur in den Boxen mit Damen- und Herrenwäsche und mit Herrenanzügen blieben einige Bündel zurück, und auch in der so genannten A-Box ließ man etwas Stoff stückweise gelagert. Offenbar hielten sie das für sich und als Material für die Schneiderei zurück. Der erste aus unserer Gruppe, der sich in die Revierstube legen muss, ist Zelo, und »Treblinka« nimmt bei ihm einen ziemlich schweren Verlauf. Aber Kiewe entscheidet zu seinen Gunsten: »Jaa, den Mann können wir brauchen«, sagt er zu Rybak bei einer »Supervisite«. Roberts

Degradierung und Relegation zurück nach oben zum Medikamentensortieren ist also doch auf eine von Küttners Launen zurückzuführen. Unterscharführer Suchomel, im Frieden der dreißiger Jahre Schneidermeister und Angehöriger einer deutschsprachigen Minderheit in Böhmisch-Krummau, hier jovialer Chef des Kommandos »Goldjuden« mit landsmännischer Zuneigung gegenüber den paar »tüchtigen Burschen aus Böhmen«, die unter das »polnische Pack« hier geraten sind, lässt Zelo aus der deutschen Küche Suppe und eine Orange schicken. Siehe da, eine Orange – eine echte Apfelsine mit rauer Schale, noch hat sie nicht den Gestank angenommen, noch strömt sie die Düfte der wunderbaren weiten Welt aus.

Alle begrüßen Zelo, als er das erste Mal beim Appell wieder erscheint und zur Arbeit geht – unser Zelo.

»Das langsamste Arbeitstempo, das nicht zu den Todesläufen führt, müssen wir finden«, Zelo und sein Kollege, Vorarbeiter Adasch, gehen von einer Box zur andern. Wir verstehen, dadurch gewinnen wir etwa acht Tage. Das ist die Frist für die Aktion »H«. Robert, der jetzt in der Revierstube liegt, wird bis dahin soweit in Ordnung sein. Die kritischen Tage hat er schon hinter sich.

Wie gewaltige Eisenschmelze bricht Kiewe am späten Nachmittag in die »A-Baracke« ein, lässt alle noch übrig gebliebenen sortierten Sachen nachzählen, und es zeigt sich, dass in der Box »Herrenröcke« nur 132 statt 205 angegebener Bündel vorhanden sind. Es fehlen also 73 Bündel Herrenröcke, gepackt à zehn Stück. Ein kleines Häuflein von etwa 20 Stück bleibt noch zum Sortieren. Sonst gibt es in Treblinka keinen einzigen Herrenrock, kein einziges Sakko mehr.

Wir alle in der »A-Baracke« wissen, wie es dazu kommen konnte. Bessere unsortierte Röcke hat es hier schon längere Zeit nicht mehr gegeben. So hat man mit denen spekuliert, die schon sortiert waren. Bereits verarbeitete, gebündelte Posten öffneten sie und tauschten die Ware gegen eine Portion Brot mehr, gegen ein paar Würfel Zucker mit einem von unten aus den Werkstätten, aus der Küche. Wenn die Jacke, der Rock, den du anhast, schmutzig wird oder zerreißt, wirft man sie einfach zu den Lumpen oder ins Feuer. Außerdem gaben die Jungs, die dort arbeiten, Mengen an, die der erwarteten Tagesleistung entsprechen, ohne dass sie wirklich so viel verarbeitet hätten. Sie konnten nicht anders, »Treblinka« mit seinem hohen Fieber schüttelte sie. Idioten – sie warteten auch die ganze Zeit auf neue Transporte, auf Nachschub, damit sie alles nachholen und in Ordnung bringen konnten. Indessen haben sie die Sache hin- und hergedreht, auch gegenüber Zelo und Adasch gemauschelt.

Das letzte Hackenzusammenschlagen, Hauptscharführer Küttner schaut auf von seinem Tagebuch: »So, die beiden Vorarbeiter der »A-Baracke« treten vor!« Achtung, da gibt es etwas Neues, was da noch nicht gewesen ist, alles in mir schlägt Alarm. »Ihr wisst schon ..., denn ich sehe, die Schuld liegt bei den beiden Vorarbeitern ...« Warum auf einmal so feierlich? Wenn das Lalka »die Puppe« wäre, aber Kiewe? »... zur Strafe gehen sie als gewöhnliche Arbeiter ins Lager Zwo!« Ins zweite Lager – in das Totenlager. Aber dort ist er für uns tot, es ist aus mit ihm, mit uns, mit unserer Sache, mit allem. »Die Vorarbeiterbinden runter, Lagerältester, nimm sie ihnen ab!«

Ich stehe unter den größten in der vorletzten Reihe ... So, jetzt muss etwas geschehen, aufbrüllen und sich nach vorn stürzen, alle – na, dann brülle und brich du als erster aus – na – na. In die Mitte schreitet Lalka »die Puppe« und brüllt in die Unruhe hinein, die sich erhebt: »Haltet die Schnauzen! Was ist das für ein Radau?« Und Küttner schließt sich an: »Lager Eins, Stand! Alles, was wie ein Herrenrock aussieht, ausziehen – hier hinlegen, von rechts nach links, der Reihe nach«, er zeigt und droht zugleich mit der Peitsche, die andere Hand hält er auf dem Pistolenhalfter.

»Es sind siebenhundertvierunddreißig Mann Belegschaft da, siebenhundertvierunddreißig Röcke oder Jacken müssen da auf dem Haufen liegen. Das sag ich euch, bei wem ich noch einen Rock finde, der bekommt's mit mir zu tun, und dann ins ›Lazarett‹, das ist klar.«

Ich gehe direkt in die Revierstube, klettere hinauf auf die Pritsche und knie nieder zu Robert. Er liegt auf dem Bauch, im fiebrigen Gestank, das Gesicht verdeckt zwischen den abgemagerten Armen, und das fast kahle Köpfchen durchschütteln unaufhaltsame Schluchzer. Der alte Robert, der große Theoretiker, schrumpft zusammen zu diesem Krümelchen.

In der Wohnbaracke, oben auf der Pritsche, dort wo Zelos Deckenpaket gelegen hat, ist eine gähnende Lücke. Von verschiedenen Seiten spüre ich Blicke, die auf mich gerichtet sind: »Schon geht's im Lager um, Kiewe hat Zelo nicht nur wegen der paar schäbigen Sakkos rübergeschickt. Schiffner, der als Sudetendeutscher meint, die Burschen aus Böhmen besser zu kennen, soll sich geäußert haben, Zelo sei da allen über den Kopf gewachsen – glaube nicht, dass sie etwas Bestimmtes wissen, da würden sie noch anders toben, aber sie argwöhnen statt dessen –, vielleicht weiß Kiewe als erfahrener Aufpasser, dass man Gruppierungen nicht dulden darf und dass man die Leute immer neu mischen muss. Hätten sie etwas Bestimmtes erfahren, ginge es direkt ins ›Lazarett‹, wenn sie aber doch etwas herausgeschnüffelt haben, dann nur mit Hilfe von jemandem hier ...« – »Recht geschieht's uns«, Hans rückt auf seiner Pritsche hin und her. »Ich meine uns hier, nicht die Polnischen. Immerfort haben wir gewartet, herausgeredet haben wir uns mit diesem und jenem. Hosenscheißer sind wir, schlimmer als die Polnischen hier, weil die zeitlebens so waren – Händler von abgestandenem Wasser, Schieber und Betrüger. Aber wir, die wir hierher wie aus Amerika kamen, verstanden es, hätten den andern in die Fresse hauen können, waren doch so gebaut. Nur, zu lang haben wir über alles sinniert, zu lang geplaudert, alles vorbereitet, und dabei haben wir aufgehört Menschen zu sein. Wie Schafböcke standen wir heute dort, sind nichts mehr wert. Alles haben sie schon aus uns herausgeschlagen.«

Hans hat jetzt rote Flecken auf den Wangen, darunter ist das Gesicht blass, und jede Sommersprosse ist sichtbar. Die Augen starren weit über den ganzen Raum. »Meiner Seel', keine Menschen sind wir mehr, ich glaube nicht mehr an mich selbst, sehe nur noch meine Alte und den Bub auf der anderen Seite – den kleinen kraushaarigen Bub. Als er noch ganz winzig war, hat er so feine Wänglein gehabt – besonders nach dem Bad. Wir winkten uns noch, als sie uns auf dem Entkleidungsplatz trennten. Er stand dort neben der Mamme und winkte. Man sah, dass ihm ein wenig kalt war, nachdem wir durchgewärmt aus dem Zug heraus sind. Ich dachte mir, dass er sich nicht erkältet.«

Hans macht eine Pause.

»Den ersten Tag und die Nacht, als man mir sagte, was mit ihnen geschehen ist, hat es mich überhaupt nicht gerührt. Es ist nicht in mich hineingelangt. Ich lief hin und her mit dem Ranzen auf dem Rücken, und es rauschte nur so an mir vorbei, dass sie ›drüben‹ seien – na, die sind ›drüben‹ und ich hier – nichts mehr. Erst den nächsten Tag am Morgen begann es in der Brust und in der Kehle fürchterlich zu brennen und im Gehirn, wie wenn sich etwas Ätzendes ergossen hätte. Und dann war mir so irrsinnig danach, alles plötzlich niederzureißen wie der Langhaarige, der die Hauptsäule zum Einsturz brachte, wie sie uns im Religionsunterricht erzählten. Blödsinn – hab' ich mir gesagt. Zuerst musst du dich zusammennehmen, stärken, alles im Kopf ordnen. – Und dasselbe haben wir uns dann ja alle gesagt, dauernd haben wir zu viel geklügelt, nicht nur hier in Treblinka, schon längst vorher, als das Ganze mit uns angefangen hat. Ins Ghetto wie in den alten Zeiten werden sie uns doch nicht einsperren, den Kopf werden sie uns doch nicht abreißen, und wenn, dann nur einem, zweien, aber nicht allen. – Alle sperrten sie ein, allen werden sie den Kopf abreißen, zuletzt auch den Ukrainern, die ihnen jetzt helfen. Wohin da mit dem Verstand? Da braucht es so einen langhaarigen Verrückten, der die Säule wegriss, und alles stürzte über alle ein.«

Balkanisches Intermezzo

In der Box suchen wir das Letzte vom Letzten zum Verarbeiten zusammen. Stundenlang tasten wir denselben Mantel durch, wenden und schieben ihn hin und her, täuschen Arbeit vor. Die SS-Männer streifen vorbei, unachtsam, gedankenverloren. Es ist nichts da, es gibt keinen Grund zum Antreiben. Die Arbeit geht allmählich in Treblinka aus. Aus der Box mit den Damenmänteln tritt der kleine Abraham an uns heran. In der Hand hält er ein zerknittertes Foto. »In einem der letzten Mäntel da fand ich es. Im Ärmel unter der Manschette eingesteckt war es.« Abraham reicht das Foto David Brat und dreht es mit der Kehrseite ihm zu. David kann fünfunddreißig, aber ebenso gut vierzig sein, seine Hände aber, in denen er jetzt die zerdrückte Aufnahme hält, sehen aus, als ob sie einem Greis gehörten; die blutleeren Finger sind dauernd krampfhaft gekrümmt und die Gelenke angelaufen. »Dla czego ja mam oddacz swoje mlode zyczie w Treblince pod Malkiniou«, höre ich David, wie er die Worte in Polnisch auf der Kehrseite des Fotos enträtselt und vorliest: »Warum soll ich mein junges Leben in Treblinka ob Malkinia abgeben?«

»David, David, das bedeutet, dass dieses Mädchen – dass die da wussten – David, ihr habt gewusst, wohin die Reise geht?«

»Hab euch schon gesagt, gewusst und nicht gewusst. Nach dem, was sie mit uns in den Ghettos trieben, konnten wir es ahnen. Damals, ganz am Anfang, gelang es einigen Jungs aus Treblinka und von anderswo zu flüchten. Sie kamen in ihre Ghettos zurück und erzählten dort alles. Warum kehrten sie dorthin zurück? Da sie doch wussten, sie würden von dort wieder in den Tod gefahren werden?« David nimmt die Frage vorweg, die uns in den Sinn kommt, und beantwortet sie: »Weil sie uns warnen wollten, und weil sie sich ohnehin nirgendwo länger verstecken konnten. Neun von zehn Polen, die alle die Deutschen hassen, sind solche Judenhasser, dass sie ohne weiteres jeden Juden ausliefern, besonders wenn sie dafür noch eine Belohnung bekommen. Ich hörte von Fällen, dass ein Pole im Dorf einen Juden versteckt hat, und als die Deutschen dahinterkamen, holte er die Flinte aus dem Versteck und ließ sich zusammen mit dem Juden samt der ganzen Hütte in die Luft jagen. Solche findet man heute, nach dreieinhalb Jahren Krieg, vermutlich nicht mehr. Und ich weiß von Fällen, wo sie einen Juden versteckten: Vor Mitternacht luchsten sie ihm sein ganzes Geld ab, und nach Mitternacht gingen sie zur deutschen Gendarmerie, um ihn anzuzeigen und die Belohnung dafür auch noch einzustecken. Euch wird so was schwer in den Kopf gehen, auch das nicht, dass wir denen nicht glaubten, die in die Ghettos zurückflohen und dort berichteten. Stellt euch aber vor, dass ihr zwei, eigentlich nicht ihr, sondern zwei andere zurück zu euren Leuten in die Tschechei flüchten und dort alles erzählen würden. Ihr zwei würdet es hören, vielleicht nicht direkt, aber von jemand anderem, der es wieder von diesem und jenem hörte. Ihr würdet es auch nicht glauben ...«

David holt langsam Atem: »Jetzt aber müssen wir auf andere Weise die Welt wissen lassen und beweisen, dass wir nach Treblinka nicht gehören, dass keiner von uns Juden hierher gehört – und das müssen wir alle, die hier sind ... Gestern sprachen wir darüber in der Tischlerei. Lublink war dort, Simche, Leute aus der Schlosserei. Dann kamen auch Galewski und Doktor Choronzycki. Wir fangen von neuem an, nicht mehr die Aktion ›H‹, da wir nicht wissen, was dahinter steckte, als sie Zelo nach ›drüben‹ schickten. Wir alle hier müssen ... Von den drei Zuträgern wissen wir, aber sonst müssen wir alle – jeder etwas ...« Am nächsten Morgen, erhellt durch Sonnenstrahlen, die die alles durchdringende Nachtkälte aus den Arbeitsbaracken noch nicht vertreiben konnten, hören wir von der Zufahrtsrampe ungewohnt leichte rhythmische Schläge, die plötzlich durch das Quietschen der Bremsen unterbrochen werden. Es sind nicht die üblichen gedeckten Wagons. Auf offenen Ladeflächen befinden sich Kippwagen und Schienen für eine Schmalspurbahn, Schaufeln und Spaten – alles nigelnagelneu, wie direkt aus der Fabrik geliefert. Noch bevor die »Blauen« und die »Roten« die Ladung abladen, streifen Miete und Bredow die »A-Baracke« Box für Box durch, suchen Leute heraus, und dasselbe tun andere SS-Männer in der »B-Baracke«. Im Nu stellen sie eine neue Arbeitskolonne von etwa sechzig Mann zusammen. Auf dem Sortierungsplatz treiben sie noch weitere hinzu. Die SS-Männer sind wie elektrisiert, die Peitschen beginnen wieder zu toben.

Bis Mittag sind die Schienen einer Feldbahn über den ganzen Sortierungsplatz gelegt und auf ihnen rollen die Kippwagen. Gleichzeitig verbreitet sich im ganzen Lager die Nachricht, was die SS aus Mangel an echter Arbeit angerichtet hat. Der ganze Sortierungsplatz, der vom »Lazarett« aus längs leicht geneigt ist, wie übrigens das ganze Lager bis zur Kommandantur am anderen Ende, soll planiert werden. Kurz nach Mittag kommen Lalka, Kiewe und noch andere, schon ohne ihre langen Mäntel. Immer wenn die Sonne hinter den Wolken herauskommt, glänzen die Schilder der hohen Mützen und die Stiefel. Vom Eingang der Baracke, in die durch die Spalten Lichtkeile aus wirbelndem Staub eindringen, verfolgen wir das ganze Geschehen mit den Kippwagen. Als erster greift Lalka ein. Er nimmt sich einen vor, der tollpatschig mit der Schaufel ist, und versetzt ihm auf der Stelle fünfundzwanzig auf den Hintern.

Mittlerweile hat sich auch Kiewe ein Opfer ausgesucht, und gemeinsam mit Sepp Hirtreiter schlägt er auf den ausgestreckten Hintern des Knienden nach Schmiedeart, abwechselnd wie auf den Amboss. Dann folgen Schläge über den Kopf, in das Gesicht, das Arbeitstempo der anderen steigert sich, im Nu sind die Loren voll, fahren herunter, dort werden sie umgekippt, im Laufschritt wieder nach oben, hin und her, immer schneller – los, los, immer laufen! »Konzentrationslager, ein gewöhnliches KZ-Lager, ein Arbeitszwangslager, irgendwie so muss es dort ausschauen.« Karl begleitet mit seinen lauten Überlegungen die SS-Männer, die jetzt die Szene verlassen. »Sie haben mittlerweile genug. Jetzt gehen sie nach unten zur Jause, sich stärken.« Einen Moment zum Ausatmen, sich anlehnen. Die Gesichter werden abgewischt. Und dann rast erneut der Schrecken in die Herde, als irgendwo von weitem der Greifvogel sich nähert. Die Schaufeln beginnen hastig zu schwingen. Die Vorarbeiter und die Kapos brüllen auf, Lalka »die Puppe« erscheint mit ganzem Gefolge auf der Szene. Beim Abendappell erkennt man deutlich alle die von den Kippwagen, von den Loren. Gerötete, abgehetzte Gesichter. Kleider und Stiefel grau vom staubigen Sand – ein ungewöhnliches Bild in Treblinka im Vergleich zu früher, als die ganze Belegschaft mit Ausnahme des Kommandos »Tarnung« in heimlich gewichsten Stiefeln und geputzten Kleidern angetreten war. Ein Konzentrationslager, ein stinkgewöhnliches KZ. Gehört die Sache mit dem, den Lalka nach der Kaffeepause mit dem Spaten fertig machte, auch dazu?

Aus der anliegenden Vorsortierungsbaracke tritt Hans ein. Sie ernannten ihn anstelle von Zelo zum Vorarbeiter. Einfach so, wegen seiner Größe, vielleicht auch wegen seines »Prager Dajtsch«. Zornig nachdenklich versetzt er sich selbst mit der Peitsche Klapse über den Hintern. Einer von seinen Jungs huscht vorbei, ein kleiner mit dümmlichem Ausdruck. Hans macht brüsk eine Kehrtwendung und hält ihn an: »Komm, komm – komm her – tutej – sag ich!« Er zieht den Jungen an sich heran und neigt sich herablassend über ihn. Mei – der Bub hat vor Hans wirklich Angst. »Wohin gehst du?«

»Jach hab beim Chaver – beim Kamerad noch ein Stück Brot im Sack«, er lächelt und antwortet auf Jiddisch.

»So, du willst also an die Luft, oder?« Hans nickt ein wenig gutmütig, ein wenig höhnisch. Der Junge wiederholt seine Antwort noch einmal, auf Polnisch. »A soo, du hast noch eine Portion Brot – beim Kamerad, hm, hast sie ihm zum Aufbewahren gegeben, hm«, der Junge nickt jedes Mal, »und gehst sie holen, hm.«

Hans macht eine Pause und fährt dann in gutmütigem, spöttischem Ton fort: »Also erstens, du hast kein Brot mehr, weil du es aufgefressen hast, sobald du es gefasst hast, warte, fall mir nicht ins Wort, lass mich zu Ende reden, verdrückt sofort, nachdem du es gefasst hast, so wie ich.« Hans fügt zum aufgerichteten Daumen den Zeigefinger hinzu: »Zweitens, du würdest es deinem Freundchen nicht zum Aufbewahren geben, auch wenn sie dich deswegen kastrieren wollten, weil du genau weißt, er würde es dir auffressen. Und drittens, aber das kommt eigentlich gar nicht in Erwägung« – Hans führt jetzt schon ein bitteres Gespräch mit sich selbst, und der Kleine blickt empor zu ihm, begriffsstutzig oder vielleicht zu gut begreifend –, »wenn du so blöd warst und hast es ihm anvertraut, dann hat er es dir längst schon weggefressen. So, und jetzt sag ich dir, wohin du eigentlich gehst. Du gehst etwas organisieren, etwas mit deinem Chaver, deinem Freundchen spekulieren – zkrencic papirosu – eine Zigarette drehen oder so was.« Hans deutet das Drehen einer Zigarette an und plötzlich braust er auf: »Und da kannst mir nicht die Wahrheit sagen? Mich musst du auch belügen? Bin ich so einer – na, wie Kapo Fritz von der ›B-Baracke‹ daneben, wo sie ihm von jedem Dreck, den sie rausspekulieren, etwas abgeben müssen, auch wenn es eine ins Maul ist? Und überhaupt, marsch an die Arbeit! Wenn du's schaffst!«

»Honzo, Honzo – Hans, mach keinen Quatsch!«, mahnt Karl. Hans gibt dem Kleinen einen Schubs, damit er wegläuft. David tritt näher, und ich höre ihn nur im Flüsterton: »Wenn du geboren wirst irgendwann bei oder nach einem Pogrom, wenn um deine Mamme herum alles brennt und einstürzt, dann wirst du vielleicht auch so sein. Erkennst nicht einmal, wann du Wahrheit und wann du Unwahrheit sagst. Und fortan wird in dir so eine jüdische Mojre – Angst – stecken.« Davids hellblaue Augen werden groß und die Vorderzähne wieder sichtbar: »Die jüdische Mojre – die müssen wir loswerden.« Für eine Weile ist es völlig still. »Dort drüben machen sie was Ähnliches mit den Loren. Nur laden sie nicht nur Sand auf und ab.« – »Jetzt graben sie die Transporte von früher aus.« – »Die müssen sie aber in die Mützen zusammenklauben, weil sie die nicht mehr zusammenhalten können.« – »Und sie verbrennen sie.« David holt Atem mit der Nase. »Das riecht ihr doch, oder?«

Die Konfektionsboxen sind leer gefegt. Uns, die restlichen Fünfzehn aus der »A-Baracke«, führt man zum großen Haufen Schlacke am unteren Ende der Rampe, gleich neben dem Einfahrtstor. Von dort sollen wir die Schlacke in die »A-Baracke« tragen, den Boden in den Boxen und auch im Gang, einfach überall, bestreuen und glatt stampfen. Dem selben Haufen entnehmen auch die »Blauen« und die »Roten« die Schlacke und legen mit ihr den ganzen »Bahnhofplatz« aus. Die SS-Männer verlieren wieder das Interesse an der Arbeit. Sie nehmen die Leute bei den Kippwagen kaum mehr wahr. Die Schaufeln hören auf, im rasenden Tempo zu schwingen. Die Gestalten sind zusammengesunken, stehen auf die Schaufelstiele gestützt. Ab und zu schieben sie eine Lore nach unten, dann rollt sie wieder gemächlich nach oben und die Leute schieben Schritt für Schritt hinterher. In zwei Boxen in der »A-Baracke«, wo wir mit der Herrichtung des Bodens in anderthalb Stunden fertig sein könnten, trödeln wir mit der Schlacke schon den zweiten Tag herum.

»Achtung« – erklingt es vom Eingang, und durch die Baracke schreitet Lalka einher. Nicht einmal das übliche »Weitermachen« sagt er, sondern lässt die grotesken Figuren mit vor Hunger und Schwäche glotzenden Augen strammstehen. Unweit von uns bleibt er stehen, streicht mit schätzendem Blick über die leeren Boxen, lässt ihn kurz an uns haften, dann wendet er die Augen zur Seite und bringt in der Leere der Baracke amtlich und feierlich hervor: »Also, ab morgen rollen wieder Transporte an, da geht's wieder ran.« Er nickt mit dem Kopf zu sich selber und verschwindet in der Öffnung des Eingangs.

»Hans, Vorarbeiter Hans!«, brüllt eine Stimme aus der benachbarten Vorsortierungsbaracke. Hans fliegt hinaus, nach einer Weile saust er zurück, verliert unterwegs die Peitsche, hebt sie auf und kommt erst zum Stehen, als er beinahe über unseren Arbeitstisch fällt, den wir gerade auf die angefeuchtete und gestampfte Schlacke neu platziert hatten. »Keine Transporte aus Polen – aus der Fremde. Jetzt hat's mir Kiewe gesagt. Ich soll alles tadellos vorbereitet haben. Für morgen sind große Transporte aus dem Ausland angemeldet.«

Den Rest des Tages rührt fast niemand die Arbeit an. Auf dem Sortierungsplatz schlendern die SS-Männer langsam umher, zu zweit oder zu mehreren in leisem Gespräch, als ob sie die debattierenden Leute bei den Loren nicht sähen. Das ganze Lager fiebert in unruhiger Erwartung.

Die Aufregung über die Nachricht von ausländischen Transporten gipfelt am Abend in der Schlafbaracke. »Da bin ich gespannt, von wo ..., Theresienstadt ... mit größter Wahrscheinlichkeit. Wen hast du noch dort von der Verwandtschaft? Warst dort nicht so lange, aber ich, ich kenne dort jeden, den ich angucke. Wenn's geht, lauf ich zu Suchomel und sag ihm, er soll den herausholen, es sei mein Bruder. – Na, da machst ihm ‘ne besondere Meziehe-Wohltat, besonders wenn er mit Frau und Kind kommt. Und was, wenn du von den Bekannten so fünfzehn, zwanzig erblickst? – Könnte man nicht doch was unternehmen, wenn so ein Transport kommt? – Wenn man früher nichts unternommen hat, jetzt würdest du dich an so was ranmachen? Jetzt, wenn alle hungrig sind wie streunende Hunde? Guck dich auf den Pritschen um. Möchte den meisten tief hinein schauen bis da«, Robert weist auf die eigene Brust, »ob sie jetzt an die Leute denken, die morgen ankommen, oder an das Fressen, das sie mitbringen.« – »Guck mal, von woher weißt du das so gut?«, fragt Hans eher kleinlaut. »Von wem, nach wem ...?« Beim Morgenappell bekommen wir streng befohlen, dass niemand seinen Arbeitsplatz in der Baracke verlassen darf. Auch die Leute von draußen vom Sortierungsplatz treiben sie weg und verteilen sie in die Arbeitsbaracken. Etwa eine Stunde danach rollen die ersten Wagons herein.

Diesmal beobachte ich die Zufahrtsrampe durch eine Ritze zwischen den Brettern, in der leeren Box stehend. Güterwagen – Viehwagons, es ist also doch ein polnischer oder russischer Transport. Die Leute steigen ruhig aus, ohne Herumstoßen, ohne Gedränge. Man sieht, dass sie einen langen Weg hinter sich haben. Vermutlich waren sie auch in Quarantäne. Ihre Kleider und Sachen sind zerknittert, beschmutzt, aber es sind gute Kleider, Sachen von Wert. Ihre Gesichter sehen gesund aus und haben eine ungewohnt braune Farbe. Schwarze Haare, lauter schwarze bis pechschwarze Haare sehe ich. An der linken Seite, meistens auf dem Mantelaufschlag haben sie einen kleinen gelben Stern. So einen habe ich noch nie gesehen – muss warten, bis mehrere vorbeigehen. Ganz klein ist der Stern, ohne Inschrift, schwarz gerahmt. Und jetzt sehe ich, dass sie ihn wie eine Brosche angeheftet haben. Ist nicht aus Stoff, sondern aus anderem Material, vielleicht aus Holz. Ich höre, dass sie eine völlig fremde Sprache sprechen.

»Zeig!« – David Brat springt herbei, drückt sein Gesicht ganz dicht an die Bretter und versucht durch Zurufen, das durch das Geschehen auf der Rampe gedämpft wird, einen von den vorbeilaufenden »Blauen« aufzufangen: »Moniek, hörst, Moniek! – Mietek – he, Kuba, von wo?«

»Bulgarien, Balkan« – hören wir als Antwort durch die Bretterwand. In die starre Stille, von der niemand wahrnimmt, wie lange sie dauert, ertönen die ersten Worte wieder von David: »Guckt mal, die laufen schon, ausgezogen.« Er zeigt zum Sortierungsplatz. Von den nackten Körpern hebt sich Kiewes schwarzgrüne Uniform ab. Er läuft als erster, brüllt etwas, was wie »heja-heja« klingt, dreht sich immer wieder um und führt das ganze Gefolge nackter Körper unter der Begleitung anderer SS-Männer und Wachmänner direkt zu der Vorsortierungsbaracke vor uns. Er zeigt ihnen, wo sie die Kleider, wo die Mäntel, die Unterwäsche – alles getrennt – ablegen sollen. Dann führt er sie im Laufschritt zurück, und die Nackten erscheinen erneut, diesmal mit den Schuhen in den Händen, laufend in Richtung »Galanteriebaracke« – die »B-Baracke«.

So etwas habe ich unter der zerknitterten Bekleidung nicht erwartet. Braune muskulöse Körper zittern leicht in der Kühle des wolkig trüben Tages. Dichtes Haar, breite Schultern, wohlgeformte Gestalten. Ein junger stattlicher Mann mit bräunlicher Haut läuft vorbei, die Mähne der schwarzen Haare flattert, das Gesichtsprofil ist wie geschnitzt. Zwei Jünglinge nähern sich, mehr als achtzehn Jahre werden sie nicht haben. Hinter ihnen ein Mann mit angegrautem Vollbart, eine stolze Erscheinung mit gewölbter Brust, die Schenkelmuskeln spannen sich unter der Haut. Diese drei hab ich schon irgendwo gesehen – diese drei, der alte, das sind Laokoon und seine Söhne – aus dem sagenhaften Troja, erobert durch die Griechen – aus den Schulbüchern und von den Bildern in den Schulgängen kenn ich sie. Und weitere folgen.

»Guckt mal«, ruft Karl erstaunt, »nichts bleibt auf dem Platz liegen, alles müssen sie bis an die Baracken selber herantragen und eigentlich vorsortieren. Kein einziger Hieb, alles völlig ohne Peitschen. Die ahnen überhaupt nichts.« Mit Kopfbewegung zeigt er in Richtung, wo einer der SS-Männer steht. »Vorbereitet, angerichtet haben sie's. Deswegen darf keiner von uns aus der Baracke.«

Verlassen, staubig stehen die Loren auf dem Sortierungsplatz. Die letzte blieb gekippt über dem kleinen Sandhaufen. Niemand hat sie noch zurückgekippt, als die Nachricht über die Transporte gestern dorthin gelangte. Eine seltsame Aufgabe ist jetzt zufällig diesen Loren zuteil geworden. Sie beschwichtigen die stattlichen nackten Leute, schweigend sagen sie zu ihnen: Habt keine Angst, guckt euch uns an – seht, hier wird gearbeitet, das ist ein ganz gewöhnliches Arbeitslager hier – hier werdet ihr arbeiten.

Die letzten nackten Gestalten verschwinden an der Ecke unter dem Wall hinter dem Seitentor zum Entkleidungsplatz, von wo sie mit den Kleidungsstücken in den Armen hinausliefen, und gleich schließt sich die grüne Wand hinter ihnen.

»So, und jetzt so schön keuchend durch den Schlauch direkt ins Bad«, begleitet sie Hans mit seiner Bemerkung. »Bulgarien, Griechenland – wenn es so weitergeht, dann bringen sie uns bald auch die aus Palästina her ...«

»Alles raus, auf den Bahnsteig, die Wagons ausladen!« – in der Tür erscheint Kiewe mit Geifer in den Mundwinkeln. Ich laufe mit den andern hinaus. Unterwegs stoßen wir auf einige, die schon das Gepäck schleppen, aber auch schon unauffällig den geschlossenen Mund bewegen, etwas kauen. Ja, den Mund haben sie voll und die Gesichter völlig verändert, aufgehellt.

Als ich durch das Haupttor komme, eröffnet sich vor mir plötzlich eine riesige, mich blendende Szene. Der Traum, der eindringliche, unabweisbare Traum eines ständig Hungernden in Treblinka spielt sich hier auf der Rampe in Wirklichkeit ab. Aber nein, nein – so hatte es sich keiner von ihnen vorstellen können, das konnte sich niemand auch in hungrigsten Fantasien ausmalen: Nur etwa die Hälfte der Wagons war mit Menschen besetzt gewesen. Die andere Hälfte ist voll gepackt mit Kisten, Koffern, Säcken, großen Ballen aus zusammengenähten Decken. Zum Magazin herunter schleppen die »Blauen« Kisten voll mit Marmelade. Jemand stößt mit ihnen zusammen, eine Kiste zerspringt am Boden – dem haben sie ein wenig nachgeholfen – und sie fallen – glücklich und selig – in die dunkelrote klebrige Masse. Langsam erheben sie sich, schlucken dabei mit vollem Mund, und schon sausen wieder die Peitschen über ihnen, bis der dunkelrote Mischmasch zusammen mit hellrotem Blut von den Gesichtern spritzt. Fleisch, riesige Stücke getrocknetes weißliches Fleisch liegen auf dem »Bahnsteig«, fallen aus den Wagons heraus ebenso wie einige pralle Säcke, die beim Aufschlagen zerreißen. Eine riesige Menge von kleinen gelben Keksen ergießt sich auf den schwarzen Schlackeboden, wo sie bei unserm Hin- und Herlaufen zertreten werden. Als gelblich-weiße Streusel bedecken sie das herumliegende Gepäck, die Lederkoffer, die Marmeladekleckse, die hingeworfenen Kissen mit wundersamen Stickereien. Da bin ich schon zum zweiten Mal zurück, hab mir auch gleich den Mund mit einem der dicklichen goldgelben Vierecke voll gestopft – ein wunderbares Gefühl, Wonne nach dem ersten Runterschlucken. Das Gesicht entspannt sich – jetzt, jetzt muss ich auch denselben seltsam glücklichen Ausdruck haben wie die ersten, die von der Rampe zurückkamen.

Beim Blick auf die Flut von Nahrungsmitteln und Sachen, die sich vor der vom Hunger ausgemergelten Herde ausbreiten, wird der erste Teil Treblinkas von fieberhafter Tätigkeit erfasst. Und der zweite Teil, das Totenlager? Dort drüben bekommen sie von allem die nackten Körper, und diese muskulösen Typen sollen von allen am schlechtesten brennen.

Fünfzehn, zwanzig Minuten vielleicht hat das ganze Treiben gedauert, und schon ist es vorbei. Wir sind wieder zurück in unseren Boxen. Die leeren Wagons fahren langsam wieder hinaus. Erneut ein Pfiff, ein weiterer Teil fährt herein. Der kleine Abraham kommt vom Bahnsteig gelaufen, lässt das, was er trägt, fallen, die Arme hält er hoch gespreizt und meldet jammernd, verwundert: »Jetzt wieder Käse, 'ne Unmenge von Käse, wie Mühlräder ...« In der Mittagspause bleiben die Suppenschüsseln, aufgestapelt bei den Bäumen vor der Küche und entlang der Barackenwand, halbvoll. Einige kippten um, Lachen bilden sich, und aus der Küche wird ein Kessel voll dünner Hungersuppe hinausgetragen – zum Ausschütten in die Latrine.

Bis nachmittags weitere Teile eintreffen, haben wir unsere Box zum Teil schon mit Mänteln gefüllt. Wo ist Unterscharführer Schiffner mit seinen Zigaretten als Gegenleistung für einen eleganten Mantel? Die Taschen in jedem Mantel sind voll von Zigarettenschachteln verschiedenster Sorte.

»Nie czloweku – nein, Mensch, jetzt rauch ich nur die erste Sorte.« Der kleine Vorarbeiter aus der Vorsortierungsbaracke mit Entengesicht und einer Stimme wie aus dem Mörser zeigt einem seiner Leute, dass er nur die mit römisch I gekennzeichneten Zigarettenschachteln will – erste Sorte – pierszi Gatuniek. »Ja, ja, so, so – für uns jetzt nur die erste Sorte – pierszi Gatuniek. Überhaupt, wir sind alle pierszi Gatuniek – erste Sorte. Haben sie sich doch von allen Juden uns ausgesucht und herangezüchtet als erste Gattung.« Ob sein kleiner Kollege Vorarbeiter jetzt das Böhmakeln von Hans Freund versteht?

Man schickt uns nach vorne in die Vorsortierungsbaracke, um die Sachen zu ordnen, Platz zu schaffen. Und die Spekulation beginnt auf vollen Touren anzulaufen.

»Wenn du etwas Besonderes zum Trinken findest, auch Zigaretten, leg das für mich irgendwohin zur Seite, ja, und auch irgendwelche Damenwäsche, und macht auch ein Päckchen für Zelo. Essen, Wäsche, Putzzeug für Schuhe – ich nehm das dann mit, er lässt euch grüßen.« Der lässig elegante, sich schlank haltende Oberscharführer Karl Ludwig, ein heller Typ mittleren Alters und mittelmäßig verlebt, macht einen Sprung von drüben aus dem Totenlager hierher auf die »Kirmes«, um für sich etwas zu ergattern, solange die Ware noch nicht vergriffen ist. Als Gegenleistung bringt er die erste, völlig unerwartete Nachricht über Zelo, und dazu bietet er noch eine kleine Gefälligkeit für ihn an. Bredow bemerkt so nebenbei, er hätte gern irgendeinen Koffer aus prima Leder und wenn es so was wie Kölnisch Wasser oder Parfum gäbe. »Sonst könnt ihr da machen, was ihr wollt«, lässt Bredow als Chef dieser Arbeitsstätte fallen, »nur halt aufpassen auf den Hauptscharführer.« Das heißt, auf Küttner-Kiewe. »Und auch auf Oberscharführer Franz«, fügen Gentz und Seidel, wie für sich und nicht für uns, in demselben Refrain hinzu. Sie interessieren sich für Rasierzeug. Jawohl, Herr Scharrfirra, Herr Chef, wie schön wir uns zu verstehen beginnen. Nur Lalka, Kiewe, Miete der Krumme Kopf, zwei, drei Trottel wie Boelitz, die den Dienst so richtig fressen, und selbstverständlich Stangl, der Kommandant des ganzen Lagers, werden uns beim Spekulieren auf die Finger klopfen – uns werden sie an die Gurgel gehen. Dafür werden sie, die es nicht oder nicht mehr so »zacki-zacki« nehmen, uns jetzt ein wenig decken.

Drei hatten sie aus dem Transport geholt. Wir schauen sie uns aus der Entfernung unauffällig an, wie sie in einbrechender Dämmerung, kraftlos angelehnt an die Kiefernbäume vor der Küche, den heißen Kaffee-Ersatz aus den Blechschüsseln schlürfen. Jemand von uns bemerkt so nebenbei: »Die da haben sie doch nicht zur Arbeit herausgeholt. Die sind so fürs Museum gut – ein Museum werden sie jetzt in Treblinka errichten.«

Alle drei sind älter. Zwei sind Lehrer, der dritte ist Rabbiner. Leiter des Transports waren sie. Ein wenig, ganz wenig können sie Deutsch. Durch sie ließ man jene wissen, dass alles desinfiziert wird, dass sie in ein Desinfektionsbad gehen und dann zur Arbeit. Und weil die drei da schon so seitlich standen, hat man sie da mittlerweile so belassen. Von dem Gestank, den sie in dem Trubel unbestimmt spürten, dachten sie, er komme vom Kalk oder von einem anderen Desinfektionsmittel. Eigentlich wissen sie jetzt auch noch nicht mehr. Auch wenn Karl Deutsch spricht, wirkt er durch sein ostmährisches Naturell auf die Leute so, dass er sie wie unter Nachbarn zum Sprechen bringt: »Von wo seid ihr gekommen? Gibt es auch Ghettos bei euch?« Der Gefragte schüttelt den Kopf: »Ghettos gibt es bei uns nicht. Aus einem Sammellager in Saloniki kommen – kamen wir.« – »Habt ihr gewusst, wohin ihr fahrt?« – »Man sagte uns, wir fahren nach Polen, eben in ein neu errichtetes Ghetto, zu den Unseren ... Etwa ein halbes Jahr lebten wir in dem Lager in Saloniki. Man sammelte dort Juden aus Bulgarien, Griechenland, Jugoslawien ... Etwa vierundzwanzigtausend waren wir dort ... Das da – in den schrecklichsten Träumen ...« »Und in dem Lager in Saloniki?« – »Ziemlich gut war es dort. Wir konnten uns kaufen, was wir brauchten. Viele Sachen haben wir gemeinsam besessen, gemeinsam haben wir gewirtschaftet.« Das erkannten wir an dem, was sie mitbrachten und wie sie es brachten. Weiter fragen wir sie nicht mehr. Es scheint mir, sie kehrten die abwesenden Augen völlig nach innen.

Das trunkene Gejohle eines in der Dunkelheit nicht sichtbaren ukrainischen Wachmanns irgendwo nahe dem grünen Stacheldrahtzaun geht in eine schleppende Melodie über: »... w podweczer my hulali, Natascha cilowala mene – in der Abenddämmerung schlenderten wir, da küsste und küsste mich Natascha ...«

Die Baracke lärmt ganz anders als gestern Abend. Ausgelassene Schreie. Gelächter, überall vergnügte Gesichter, voll gegessen, erhitzt, von Schweiß und Fett glänzend. Dort drüben löffelt einer Zwetschgenmus mit einzelnen Keksen. Daneben ist nur eine Hand zu sehen, die ein Stück Maisbrot mit drauf geschichtetem Käse hält. Über zwei Pritschen hinweg im plötzlichen Aufflackern des Kerzenlichts erblicke ich nur, wie aus einer geöffneten Hose eine blitzende ovale Büchse mit einer Fischkonserve herausrollt.

»Herrgott, hört schon auf mit der Fresserei!« Hans richtet sich brüllend auf und neigt sich vor zu der Pritsche gegenüber. Die zwei, auf die er zielt, gehen mir auch schon eine ganze Weile nicht aus den Augen. Unaufhörlich schütten sie sich ›Mamaliga‹ – geröstete Maiskörner zusammen mit Zucker direkt in den Mund. »Co tie to obchodi, Chonsa   was geht dich das an, Hans?«, kommt die Antwort von der Pritsche auf Polnisch. »Es geht mich an, und zwar sehr, kann euch nicht mehr anschauen, wie ihr da schon 'ne ganze Stunde fresst.« – »Noo, bist doch in Treblinka«, der übliche Spruch. – »Jesusmaria, müsst doch nicht wie das Vieh«, Hans bekommt rote Flecken an den Wangen. »Jesusmaria …« ahmt jemand spöttisch das Fluchen von Hans nach, »… was ist das für a Jidd, wie ist der nach Treblinka gelangt?« Andere schließen sich an: »Ja, ja – ist Eppes Besseres – a intelligenter Czech – und macht das auch, auf intelligente Weise.«

Bevor wir es verhindern können, hängt Hans über dem Gang zwischen den Pritschen, mit einer Hand hält er sich am Pfosten fest, mit der Peitsche in der anderen Hand schlägt er ins Leere: »Ihr Bande – dreckige, polnische! Ich hasse euch, wenn ihr es also wissen wollt, so wie ich die dort hasse, für alle eure Drehs, Mogeleien …« Wir reißen Hans zurück auf die Pritsche, so dass er nur noch uns anjohlt: »Hat doch recht g'habt, Franz: Ajgenen Mist aufkérn, nur noch ajgenen Mist aufkérn …« – »Jud Antisemit – hält mit den Dajtschen!« Die Pritsche gegenüber hat das letzte Wort.

Robert reicht dem halb sitzenden, halb liegenden Hans das Thermometer, zieht seine unteren Augenlider herunter und untersucht das Weiß der Augen. »Ja, ja, ›Treblinka‹ hat ihn erwischt! und es geht bei ihm ungeheuer schnell, irgendwie …«

Vier Tage lang schieben sich die Wagons auf die Rampe, voll geladen, und fahren leer hinaus. Die Frauen mit den Kindern gehen und verschwinden in der Baracke auf dem Entkleidungsplatz. Die stattlichen, braunen Männerkörper traben über den leeren Sortierungsplatz an den verlassenen Loren vorbei, und dann traben sie weg in die Ewigkeit – Bulgaren, Griechen, Jugoslawen.

Wir bewegen uns jetzt mit Karl immer nur auf den etwa dreißig Metern zwischen unserer Box und der Vorsortierungsbaracke. Es ist wieder stickig hier von den noch körperwarmen Kleidungsstücken. Unsere eigenen Körper sind überhitzt vom Öl aus Fischkonserven, von scharfen Getränken und so allerlei.

Bredow, Schiffner, Seidel und noch andere haben schon mehr als einen Koffer, alle voll, alle durchgeschleust nach unten in ihre Baracken. Gentz, immer ein wenig lausbübisch verwundert und ausgelassen, suchte sich seine zwei Lederkoffer direkt auf der Rampe bei der Ankunft eines Transportteils selber aus. Als er aber einen lässig, unauffällig in die Hand nehmen will, trat Küttner-Kiewe in Erscheinung. Gentz drückte geistesgegenwärtig die Koffer einem von den »Blauen« in die Hände und trieb ihn mit Peitschenhieben um die Baracke herum. Die Schläge markierte er eher, und der »Blaue« schien es begriffen zu haben. »Oj, ojojoj, oj mir, Herr Chef ...« Auf diese Weise trieb es Gentz mit dem »Blauen« so lange, bis Kiewe wieder verschwand. Daraufhin dirigierte er den Jungen mit den Koffern zur Seite in eine Box, leerte den Inhalt aus, behielt den Cognac, die Zigaretten, und alles andere ließ er zurück. Dann begab er sich zu der Box »Damenwäsche«, wo er sich den einen Koffer wieder füllte. Am fünften Tag war alles aus, wie abgeschaltet, kein Pfiff, keine Transporte. Durch die Türöffnung von der »A-Baracke« aus sehe ich oben auf dem Wall eine einsame Gestalt stehen – Hauptsturmführer Stangl in weißer Uniformjacke. Die Hände hält er hinter dem Rücken und schwingt dabei leicht die Reitpeitsche. Er schaut herab nach drüben. Ein heller Rauch steigt von dort empor und löst sich in der Kühle und Frische des frühen Tages auf. Als später dann die Sonne hoch steht, verdichtet sich die Frühlingsluft im späten März durch Ausdünstungen und süßlichen Gestank.

Alle Baracken und Vorsortierungsräume sind voll bis zur Decke. Kiewe beginnt wieder zu toben und anzutreiben. Sein wütiges Hetzen überträgt sich auf die andern. In nicht ganz zwei Wochen ist alles sortiert, gebündelt, verpackt. Leere Wagons kommen und noch größere Hetze setzt ein. Die lange Kette der Gestalten mit den Bündeln bewegt sich unaufhörlich im Laufschritt die ganzen Tage zwischen der Rampe und den Arbeitsstätten. Immer neue Wagons fahren leer herein und voll geladen hinaus. Eines Tages stehen wir wieder in der still gewordenen Baracke mit den leer geräumten Boxen, stöbern in ein paar zurückgebliebenen Lumpen herum und gucken zuweilen hinaus, wo sich die Kipploren wieder in Gang setzen. Willy und Salo, beide vom Kommando »Goldjuden«, machen soeben den üblichen Rundgang mit ihren Köfferchen. Aus den Kästchen, die an den Pfosten angebracht sind, nehmen sie die letzten Reste der bulgarischen Lewa, serbischen Dinare, griechischen Drachmen heraus, die hier überhaupt keinen Wert haben. Die goldenen Louisdore, die mit diesen Transporten hereinkamen, verschwanden und verschwinden auf denselben Wegen wie früher die goldenen Dollars und die Rubel.

Der kleine Willy Fürst, Herr Hotelier aus Mährisch Ostrau, ist von uns allen »Theresienstädtern« am besten informiert. Die meiste Zeit sitzt er unten in der »Großen Kasse« und hat das Gehen und Kommen der SS-Leute ständig vor Augen. Durch das Fenster hinaus kann er den Verkehr vor der SS-Baracke und in Richtung Kommandantur beobachten. Drinnen hört er viel, weil dort immer jemand von ihnen herumtrödelt, vor allem die Höheren. Unter den zwölf Mitgliedern des Kommandos »Goldjuden« scheint Willy dauernd eine kleine Nebenrolle zu spielen: leicht ironisch und dienstfertig, dümmlich ernst und zynisch, mit Abstand, wie ein Bankbeamter, der hierher von anderswo nur zur Aushilfe zugewiesen wurde. Auch wir erkennen manchmal schwer, in wie vielen Tonarten auf einmal Willy gerade spielt. Schwarze Augen, buschige Augenbrauen, das Schnauzbürstchen unter der Nase, und die rundliche Gestalt spielen dabei mit. Das gefällt Franz sehr; hingegen Küttner hat für solche Feinheiten keinen Sinn. Der jüngere und stattlichere Salo Sauer ist manchmal geradezu mürrisch und wortkarg. Anders könnte er zusammen mit Willy nicht ein derart eingespieltes Paar bilden. Zwillinge sind sie auf eine andere Art als Karl und ich, aber ähnlich darin, dass sie gemeinsam ihre Schlafdecken, Esslöffel und auch Gedanken haben. Wir erfahren von Willy, dass die Herren mit den Balkan-Transporten überaus zufrieden sind. So viel an Material hat keiner der vorangegangenen Transporte gebracht. Mit dem Geld und mit den Wertsachen sei es dagegen schwächer. Da nehmen wieder die polnischen Transporte den ersten Rang ein, wenn sie auch verlaust sind. »Wahrhaftig, schön haben sie uns da eingearbeitet. Früher bei den Transporten waren die Berge von Sachen nicht zu bewältigen. Jetzt, nach nicht ganz drei Wochen, sieht es schon wieder so aus, als ob die vierundzwanzigtausend überhaupt nicht hierher gekommen wären. Jetzt also packen wir noch etwas in die »Große Kasse«. Nächste Woche wahrscheinlich holen sie sich etwas von dem Geld und Gold weg nach Lublin. »Keine Bange«, Willy schlägt einen anderen Ton an, »alles nehmen sie nicht mit. Etwas lassen sie da, so zum jeweiligen Bedarf. Wir verstehen uns doch.«

»Könnt ihr unten überhaupt so was wie Überblick haben, wie viel Geld schon durch eure Hände gegangen ist?«

»Wo denn? Völlig unmöglich. Glaubst du, wir geben richtige Summen an? Nehmen wir an, dass bei all der Spekulation und Versteckerei ein Drittel von dem ganzen Geld bei uns in der Kasse landet. Mit dem spekulieren dann wir und unsere Herren. Auch wir vergraben und verstecken Geld, Gold und Schmuck, so wie ihr da oben. Zwölf sind wir in dem Kommando und jeder spekuliert, jeder hat jemanden in der Wohnbaracke, der ihm Essen bringt. Und die SS-Jungs, so wie sie hier bei euch wie im Einkaufsladen verkehren, so kommen sie zu uns wie in eine Bank. Niemand von ihnen, weder unser Chef Suchomel noch die Höheren, hat da Interesse an allzu großer Ordnung und Genauigkeit. Wenn das alles einmal auffliegen würde beim Kommando in Lublin oder besser noch in Berlin. Unlängst sind Küttner und Franz beinah aufeinander losgegangen. Durch das Fenster habe ich sie gesehen, wie sie sich draußen gegenüberstanden. Küttner, ganz außer sich, brüllte, das alles sei eine Riesenschweinerei, er werde nach Berlin fahren und dort alles melden. Franz soll nämlich auch spekulieren, aber keiner weiß so genau, wie er das macht. Eigentlich jetzt, wenn wir wieder was in Gang setzen, würde ich mir nicht wünschen, dass die ganz oben über die Geldschieberei hier etwas erführen. Uns würden sie verrühren, die SS-Jungs auswechseln. Es würden neue kommen, gierige, noch nicht voll gefressene ...«

Noch einmal ändert Willy die Tonlage und sagt beim Weggehen: »Es soll auf ihrer eigenen Organisation aufgebaut werden. Sowie die Kommandos mit den Kapos und den Vorarbeitern da sind. Auf die paar undichten Stellen müssen wir gut aufpassen.« Gefolgt von Salo, macht sich Willy auf den Weg durch den Gang zwischen den Boxen, schwingt das Köfferchen und ruft marktschreierisch aus: »Geld, Gold, Edelsteine, allerlei Schmuck ...«

Die geschmückten Reiter des Antichrist ...

Abends gehen wir wieder öfters in die Werkstätten zu Begegnungen, die dort unauffällig stattfinden. Zunächst geht es darum, dass bei jedem Kommando einige verlässliche Leute wirken, jeden einzelnen bearbeiten und das ganze Kommando wie eine Kampfgruppe organisieren. Mit einer speziellen Rolle rechnet man für Kapo Rakowski, besonders jetzt, da der Lagerälteste Galewski in der Revierstube mit »Treblinka« liegt und das Fleckfieber bei ihm ziemlich schwer verläuft. Von Rakowski weiß man, dass er ein Einzelgänger in Treblinka ist, aber ein mächtiger, der niemanden braucht. Mit niemandem ist er vertraut, niemand ist sicher, ob Rakowski auch ernst meint, was er soeben sagt und macht. Der gewagteste Spekulant von allen ist er, Fresser, Säufer, Schreihals. Und alles nur für sich, auf eigene Rechnung. Wenn sie ihn einmal schnappen, wird er keine Freunde mehr haben. Aber nein, sie wollen ihn nicht schnappen. Wenn sie es wollten, hätten sie es schon längst tun können. Bisher passt es ihnen so. Die Wachmänner bewundern ihn, weil er so ein Riese ist und so brüllen kann. Alles besorgen sie ihm angeblich, immerfort machen sie Geschäfte mit ihm. Immerfort soll er ein Stück Speck, ein Fläschchen Wodka und eine Handvoll Banknoten nur lose in seiner übergroßen, wie aufgeblasenen Reithose haben. Das muss ein Stück Suche für seine Hampelmänner gewesen sein, bis sie eine Hose fanden, in die sein gewaltiger Hintern mit zwei fleischigen Schenkeln passte. Ein weiteres eigenständiges Merkmal – diese fleischigen Schenkel gehen nach unten in zwei x-förmige Untersätze über. Wenn aber Rakowski auf so gutem Fuß mit den Wachmännern steht, könnte er nicht herausbekommen, wie sie sich in gewissen Fällen verhalten würden? Könnte er ihnen nicht andeuten, dass die »Germancy« – die Deutschen – am Verlieren sind und verlieren werden? Einige Kommandos, die draußen waren, um Baumaterial zu holen, haben auch Zeitungen mit Hilfe der Wachmänner reinspekuliert. Darin kann man zwischen den Zeilen so manches lesen, was ermunternd ist. Und einige SS-Männer streifen so nachdenklich herum und murmeln oft vor sich hin: »Scheiße, alles Scheiße.«

Wenn Rakowski es versteht, von den Wachmännern alles mögliche herauszuspekulieren, wie wäre es mit einer Pistole, mit irgendeiner Waffe, versteht sich, für 'n Haufen Geld, Gold, Schmuck. Das alles lässt sich irgendwo vergraben, und wenn man dann Geld hat, viel Geld, kann man durch alles mögliche durchschlüpfen, mag die Sache dann so oder so ausgehen. Eigentlich ist jetzt für Rakowski der richtige Zeitpunkt gekommen, um zu zeigen, zu was er imstande ist, nachdem sie ihn zum Stellvertreter des erkrankten Lagerältesten Galewski ernannt haben.

Wie aber kann man an Rakowski heran, wer kann ihm so nahe treten? Doch, da ist einer, eigentlich eine, auf die Rakowski hört – Cescha, dieses gesunde Bauernweib, wie sich unser Hans ausdrückte. Sie arbeitet in der deutschen Küche und ist unter den wenigen Mädchen hier so was, wie Zelo unter uns war.

In den Vordergrund der Vorbereitungen zu der gemeinsamen Sache tritt auch jetzt, da man nicht weiß, was mit Galewski sein wird, Doktor Choronzycki. Richtig polnisch soll er sich Chorazycki schreiben. Sie holten ihn aus den polnischen Transporten heraus, damit er in der deutschen Revierstube, in der zahnärztlichen Ordination aushilft. Von Choronzycki sieht man wenig. Er bewegt sich nur unten zwischen dem »Ghetto« und seiner Arbeitsstätte, die gegenüber der »Großen Kasse« liegt. Sein Gesicht ist welk, seine ganze Körperhaltung wirkt bejahrt, ausdruckslos, bedeutungslos. Es ist besser und weniger riskant, das Geld durch ihn aus der »Großen Kasse« weiterzubefördern, als es den »Goldjuden« selbst zu überlassen.

Die Sonne wärmt schon ganz schön über Mittag. Als wir uns in der Mittagspause der Küche nähern, beobachten wir, wie vier Wachmänner irgendeinen blutigen Ranzen von der SS-Baracke wegschleppen. Nur den Händen und Füßen nach, an denen sie ihn fassen, ist zu erkennen, dass es etwas Menschliches ist.

»Doktor Choronzycki«, läuft es durch die Menge. Bevor wir in der Schlange bis zu den Blechschüsseln gelangt sind und sie stehend in gedämpft aufgeregten Gruppen leeren, erfahren wir, was geschah. Heute Vormittag fiel Lalka in die deutsche Revierstube ein und wollte von Choronzycki, der dort allein war, irgendeine Arznei haben. Einer Eingebung folgend, wollte Lalka plötzlich wissen, was Choronzycki in seinen großen Taschen hat. Er fand dort hundertfünfzigtausend Zloty und noch etliche Dollars, alles nur lose, wahrscheinlich in größter Eile hineingestopft. Choronzycki stürzte sich auf Franz. Dieser, jünger und um einen Kopf größer, gewann in kurzem Kampf die Oberhand. Choronzycki gelang es noch, sich zu befreien und hinauszurennen, aber dort fingen ihn die herbeigeeilten SS-Männer und schlugen ihn nieder. Außerordentlicher Appell vor der Nachmittagsarbeit, die SS-Männer in größerer Zahl und Bereitschaft als sonst, und das Wort hat Lalka, jetzt schon wieder aufgeputzt und zurechtgemacht für dieses Theater: »Da, da«, mit der Peitsche zeigt er auf das blutige Bündel auf dem Boden. Mit Schlacke übersät, verliert sich der Körper völlig in den zerfetzten Kleidern. »Da seht ihr, wie das ausfällt, wenn jemand so verrückt ist und einen von uns angreift.« Lalka macht einige Schritte nach vorne und umfasst mit aufgerissenen Augen die Reihen und Glieder. »Ich will wissen, von woher er das Geld gehabt hat, so viel Geld! Die ganze Zeit hat er unten gearbeitet, von sich allein konnte er keins finden. Ich will wissen, wie er zu dem Geld gekommen ist ...«

Zwei Wachmänner schütten zwei Eimer Wasser auf das Bündel und als sich der Körper ein wenig regt, holen andere zwei einen Holzbock herbei. Das ist Lalkas neueste Requisite, die er in der Tischlerei eigens anfertigen ließ, um damit die Strafen bei den Appellen in Großregie zu vollziehen – fünfundzwanzig, fünfzig auf den bekleideten, auf den nackten Hintern ... Sie legen das Häuflein über den Bock. Vorne müssen sie es an den Händen festhalten, weil es bei Lalkas Hieben immer Übergewicht nach hinten bekommt. Nach etwa dem fünfzehnten Schlag tut plötzlich der Körper einen Ruck, fällt zusammen und bleibt reglos. Wie auf einen halbgefüllten Sack fallen die Schläge dumpf nieder – dreißig – einunddreißig ... Franz schlägt nicht mehr so überlegt und kunstvoll, die Peitsche schnellt nicht jedes Mal im Rhythmus so hoch über den Kopf. Der über den Bock hängende Sack absorbiert die Schläge, anstatt dass er auf sie reagiert, achtundvierzig – neunundvierzig – fünfzig – Lalka verliert bei den letzten Schlägen einige Male das Gleichgewicht und stolpert nach vorne. »So, wegtragen ins ›Lazarett‹ und erschießen!« Also dieses Regiestück ist dir nicht gelungen. Der ist dir vorzeitig entglitten, und du musst jetzt das Theater allein ohne Gegenpart zu Ende spielen. Da sind wir schon lange genug in Treblinka, um von weitem zu erkennen, wenn einer »fertig gemacht« ist. Lalka zieht sich den Uniformrock zurecht, der sich über den Gürtel hochgeschoben hat: »Der Saujud musste das Geld ... ja, die Goldjuden – die Goldjuden will ich haben – hierher – antreten – einer nach dem andern!«

Gegen Abend erschallt es durch die »A-Baracke«: »Geld, Gold, allerlei Schmuck – alles abgeben – den vertrauenswürdigen Goldjuden!« Willy bewegt sich spreizbeinig nach dem Verhör auf dem Holzbock: »Das war unten, und hier oben gab es die höchste Stufe des Verhörs. Alle nackt ausgezogen, einer neben dem andern musste sich über die Grube im ›Lazarett‹ aufstellen. Jeden hat er ausgefragt und dabei mit der Pistole den Nacken gekitzelt – wer von uns hat

Choronzycki Geld gegeben, wofür, wer habe noch Geld versteckt ...«

»Plötzlich sah es so aus«, schließt sich Salo an, »dass wir mit nichts anderem mehr rechneten, nichts anderes erwarten konnten als mit dem ›Lazarett‹. Auch machte es den Eindruck, als ob sich die andern SS-Jungs ein wenig zurückhielten, der ›Puppe‹ die Solo-Rolle und auch die Verantwortung gegenüber Stangl, dem Lagerkommandanten, für das Fertigmachen vom ganzen Spezialistenkommando überließen. Wie kann man sich sonst erklären, dass er uns alle wieder entlassen hat?« »Gut hat er das gemacht – Choronzycki. Ob sie ihn wirklich totgeschlagen haben oder ob er es geschafft hat, etwas zu schlucken, wie man so herumerzählt? Jedenfalls sieht es so aus, dass sie da noch Arbeit haben, auch wenn keine Transporte kommen. Das Lager wollen sie halten. Ein Lager wie Treblinka so weit hinter der Front würdest du sonst nirgends finden.«

Fast ein Wunder ist geschehen. Hans kam aus der Revierstube auf eigenen Beinen heraus. Zwar sind sie jetzt spindeldürr und schlottern in den zu groß gewordenen Stiefeln, aber das kriegen wir schon hin – ihn beim Appell und beim Marschieren von hinten und von der Seite zu stützen, in der Arbeitsbaracke über ihn zu wachen und von dem Haufen Lumpen, auf dem er halb sitzt, halb liegt, ihn schnell aufheben, wenn irgendwelche Gefahr naht.

Auch Galewski ist wieder auf den Beinen, aber auf so wackeligen, dass die Funktion des Lagerältesten weiterhin Rakowski ausüben soll, bis sich Galewski wieder eingelaufen hat. Wenn es im Lager viel andere Arbeit als die mit den Transporten gibt, wenn überall um- und ausgebaut und ausgebessert wird, dann drücken die SS-Männer über so manchem »Aufräumer des eigenen Mists« beide Augen zu – vor allem, wenn es sich um den Lagerältesten handelt. Sonst aber wühlen sie das ganze Lager durch. Auch aus den Werkstätten haben sie Leute herausgeholt und den Loren zugeteilt. Neue Kommandos haben sie gebildet, die unter Bewachung aus dem Lager hinausfahren und auf den Lastwagen Schotter, Schlacke und anderes Baumaterial bringen. Wenn die nächsten Transporte kommen, soll Treblinka wie ein schöner Park aussehen; so soll sich Lalka unlängst geäußert haben.

Der Sortierungsplatz, früher ein einziges riesiges Gewimmel, ist zum ruhigsten Teil des Lagers geworden. Ein Kommando von dort hat man in »Holzhacker« umbenannt und »umgeschult«. Diese Leute lichten das Unterholz und fällen Bäume um das Lager herum, dort, wo der Wald zu dicht geworden ist.

Mehrere Kommandos waren schon außerhalb des Lagers zur Arbeit. Es genügt, nur ein Stück weg vom Lager, tiefer in den Wald zu gehen. Und schon erscheinen vereinzelt »Spekulanten«, aber die kleinsten in der ganzen Spekulationskette. Barfüßige Buben und Mädchen, zerlumpte Wesen tauchen auf und verschwinden gleich wieder in der Ferne zwischen den Bäumen. Es sieht so aus, als ob sie dürres Holz sammeln würden. Ein Stück weiter haben sie in Wirklichkeit ein Paket versteckt.

Die Wachmänner haben zwar immer noch die Taschen voll Geld, aber sie locken weitere Werte aus den hungrigen Leuten des Kommandos heraus – hauptsächlich Gold und Dollars. Geschickt unterscheiden sie dabei, wer unter den SS-Männern »dobry chef – guter Chef« ist, unter wem man spekulieren kann und bei wem nicht.

Plötzlich fangen die Wachmänner an, mehr zu krakeelen, der eine bleibt ein wenig weiter zurück im Wald und kurz darauf kommt er nach. Hinter dem Rücken hat er was Größeres im bräunlichen Papier. Ein Stück weiter, in einer Mulde macht er das Paket auf und lädt die SS-Männer und die Wachmänner ein, sie sollen sich bedienen. Würste, Schinken, Laibe Weißbrot, Fläschchen mit Wodka – es sieht so aus, als ob der Wachmann zufällig hier in der Gegend für sein Geld etwas wie ein Zubrot gekauft hat. Zunächst treiben sie das ganze Kommando zusammen und lassen es abseits sitzen. Dann sucht sich jeder nach Lust etwas heraus. Zuletzt lässt der Wachmann, wieder in so einem günstigen Augenblick, beim Kommando etwas fallen – dafür, dass dort hinten bei dem Baumstumpf zwanzig Dollar lagen. Für diese hat aber der Wachmann in Wirklichkeit nicht eingekauft. Die hat er zu den anderen Wertsachen genommen, die er schon irgendwo außerhalb Treblinkas versteckt hat. Für polnische Zloty hat er eingekauft, mit denen er die großen Taschen der Reithose ausgebeult, aber mit dem Uniformrock verdeckt hat. Die SS-Männer tun, als ob sie nichts sehen. Niemand sieht etwas, weiß etwas. Nach einer Weile nirgends die geringste Spur. Alles läuft in stillem Einverständnis.

Das Theater setzt sich fort, als sich die Kolonne dem Lager nähert. »Dass mir ja niemand was ins Lager mitnimmt«, lässt der SS-Mann zwar laut und drohend genug, aber doch so nebenbei in Richtung Wachmänner fallen. Dabei lässt er einen Wachmann für sich selbst ein nicht zu großes Paket ins Lager tragen und schaut nur, dass er damit unbeobachtet sein Zimmer erreicht. Alle tragen und schmuggeln Essen und Trinken ins Lager. Die Ukrainer nur so hinter dem Rücken, weil ihnen höchstens Schläge drohen – fünfundzwanzig oder fünfzig beim Rapport hinter ihren Baracken. Mutige Spekulanten in der Kolonne haben ein Stück Wurst, Schinken und Weißbrot irgendwo am nackten Körper, im Schritt ihrer Hose, unter dem Hemd, in der Achselhöhle – solange, bis sie damit am Abend die Wohnbaracke erreichen. Dort verkaufen sie das Stückchen für zwanzig, dreißig Dollar oder für tausend, tausendfünfhundert

Zloty, damit sie für das nächste Mal, wenn sie aus dem Lager hinausgehen werden, echte Währung haben. Und dieses Stück Weißbrot und die Orange zum Teilen kommen in der Revierstube den Nächsten zugute, ohne die das Weiterleben in Treblinka vielleicht überhaupt nicht möglich gewesen wäre. Mein Gott, woher kommt im vierten Kriegsjahr in diesem verelendeten, verwüsteten Land so viel Essen? Wo barfüßige, zerlumpte Leute Pakete mit Feinkost für zwanzigtausend Zloty, für goldene Uhren verkaufen ...? Das, was wir von David Brat und den anderen hören, die aus der Umgebung von Warschau stammen, endet immer gleich: »Da müsstest du hier in Polen, besonders in den östlichen Teilen, eine Zeitlang leben, um zu begreifen. Im so genannten Generalgouvernement, wie die Deutschen nach dem Polenfeldzug diese Gegenden offiziell nennen, bekommst du auf die Lebensmittelkarten kein Scheibchen Brot. Aber schwarz, unter der Hand, bekommst du für irrsinnige Summen Geld alles, was du dir denken kannst.

Alles spekuliert, die Preistreiberei beginnt bei den Bauern, die andern schieben, und die größten Spekulanten und Erpresser sind die Deutschen und ihre Helfer in verschiedenen Funktionen. Irgendwo von der Weichsel oder noch weiter vom Westen her in Richtung Osten und der Front, durch Wälder und über unübersehbare Ebenen mit ihren ausgebrannten Dörfern und Weilern zieht sich eine Spur der Verwüstung, die die Deutschen hinter sich gelassen haben. An wirklicher Ordnung sind sie ebenso wenig interessiert wie die SS in Treblinka – was Geld, Gold und Schmuck anbelangt. Versteht sich, nicht die ganz oben – die unter ihnen, die Kleineren und Kleinen, durch deren Hände muss das gesammelte Gut einzeln nach und nach gehen. Wenn du dich durch diese Gegenden in Marsch setztest, würdest du erkennen, dass ein gleich großes Stück Brot, für das du irgendwo im mittleren Polen zwanzig Zloty bezahlt hast, östlich von Warschau doppelt so viel kostet, und je mehr du dich Treblinka nähern würdest, um so teurer wäre es; in Treblinka selbst müsstest du für eine Portion von dreihundert Gramm fünfhundert Zloty oder zehn Dollar oder fünf goldene Rubel bezahlen. Du würdest auf diesem Marsch das Toben der deutschen SS, der Feldgendarmerie, der polnischen Deutschen, die man Volksdeutsche nennt, sehen. Einige Kilometer weiter im Wald würdest du auf die Partisanen stoßen, dann wieder auf eine Bande, die mit den Partisanen nur den Namen gemeinsam hat – sie rauben und morden, gleichgültig, welche Behausung sie nachts überfallen. Die ganze Gegend ist durcheinander gebracht, und mitten darin, im Sandversteck zwischen den Wäldern an der Biegung des Flusses Bug herrscht Treblinka. Hierher ziehen Spekulanten bis aus hundert Kilometern Entfernung. Aber die Landstreicher, die sich, von einem eifrigen Wachmann entdeckt, angstvoll irgendwo zwischen den Bäumen zeigen, sind nur die letzten in der ganzen Kette. Die großen Spekulanten sitzen daheim, in Warschau, in Lublin, wo es sogar spezielle Organisationen geben soll, die ihre Leute mit voll geladenen Fahrzeugen zu den Hütten um Treblinka herum schicken. Die ganze Gegend, weit und breit, schmarotzt auf diesem mit Mammon verseuchten Schlachthof. Alle haben Interesse daran, dass Treblinka weiter bestehe, dass es das wertvolle Nebenprodukt abwerfe – Geld, Gold, Diamanten.«

»Sollte es euch durch irgendein Wunder gelingen, herauszukommen, dann dürft ihr nirgends merken lassen, ihr seid auf der Flucht aus Treblinka«, sagt uns Lublink. »Die Kleider würden sie euch stückweise bis auf den nackten Körper herunterreißen, totschlagen würden sie euch und dann vielleicht noch prüfen, ob ihr nicht Gold bei euch versteckt habt ...«

»Heute fahren wir hinaus«, kündigt Bredow an, nachdem er uns direkt vom Morgenappell herausgeholt hat. Er führt uns vor die Kommandantur zum Lastwagen, wo schon zehn ›Blaue‹ mit Unterscharführer Schiffner und einigen Wachmännern warten. Hinter dem geöffneten Tor schwingt die Wache den Schlagbaum hoch. Die rohe Kälte des Waldes und die Wolken über den ganz schwarzen Gipfeln der reglosen Kiefern wirken so mächtig, dass ich in den ersten Augenblicken den Weg nicht verfolge. Im breiten Bogen nähern wir uns wieder dem Gleis. Der Wald lichtet sich. Vom Waldrand wendet sich der Wagen in scharfer Kurve auf die Straße. Ich schaue nach hinten. Den Wald entlang, irgendwohin in Richtung Osten, laufen Straße und Eisenbahnstrecke parallel. Bei der großen Tafel mit der Aufschrift »Arbeitslager Treblinka« sind die eingleisige Abbiegung und der Übergang der Straße in den Waldweg kaum sichtbar. Auf der einen Seite zeigt sich ein Eisenbahnhäuschen mit bescheideneren Lettern »Treblinka«, und entlang der anderen Straßenseite breiten sich in die Ferne sumpfige Matten, durchflochten mit Streifen wilden Gestrüpps. In den tiefen Fußspuren des Viehs spiegelt sich Wasser, und stellenweise zeigt sich ein schwarzer Kegel gestochenen Torfs.

Weit vorne, wo über der Straße der Staub wirbelt, erkennen wir die erste Behausung, eine mit Strohbündeln wie mit zottigem Pelz gedeckte und zur Erde gedrückte Hütte.

»Die Eisenbahn da führt gegen Osten nach Białystok und in der Gegenrichtung nach Malkinia«, erklärt mir einer der »Blauen«. »Es sieht so aus, dass wir zur Sägerei fahren, um Bretter zu holen. Vor kurzem brachte dort ein Trupp Stämme von gefällten Bäumen. Pass auf, jetzt werden wir eine kleine Siedlung durchfahren, die heißt Kotaski. Die Leute schauen dort zum Sterben aus, wohnen in elenden Hütten, aber ich wette, dass sie dort irgendwo ein Säckchen mit Geld und Gold aus Treblinka haben.«

»Die da?« mischt sich ein anderer »Blauer« ein – »wo denn, denen bleiben nur Brosamen. Das meiste müssen sie denen abgeben, die ihnen die Spekulantenware hierher liefern, und auch die müssen es wieder weitergeben ...« – »A jak nie – und wenn nicht, wenn sie es nicht abgeben?« – »Dann organisieren sie und hetzen ihre Partisanen auf sie. Oder sie zeigen diese bei den Deutschen als echte Partisanen an.« Jetzt fahren wir schon an einigen Strohbündelhütten vorbei. Vor ihnen laufen Kinder, Halbwüchsige, Frauen zusammen, alle barfüßig und zerlumpt, alle bleiben mit geöffnetem Munde stehen, manche halten die Hand davor, alle gaffen dem vorbeisausenden Wagen nach, starren angstvoll der schauderhaften Erscheinung hinterher – den geschmückten Reitern des Antichrist aus dem Reiche des Todes, des Goldes und der märchenhaften Reichtümer, dort hinter den Wäldern. Für ein Fläschchen Wodka, ein Fläschchen Rahm, bekommst du von dort Stiefel aus Leder so fein, dass du sie wie Handschuhe anziehst. Für ein größeres Paket mit Essen kann es auch einen goldenen Ring geben – von den ukrainischen Mordbuben in den schwarzen Uniformen, die schon so viele gute Polen niedermachten.

Die kleine Brücke, über die wir fahren, führt über den Fluss Bug, der um das Städtchen Malkinia eine Windung macht. Danach ist die Straße gepflastert. An zwei, drei Leuten fahren wir vorüber. Einer in Eisenbahneruniform ist gebückt über der Lenkstange eines Fahrrads. Guck mal – es gibt eine Welt draußen, und in ihr fahren Leute Fahrrad. Gleich bei dem ersten Gebäude biegen wir in das offene Tor ab. Wir werden warten müssen, die Bretter sind noch nicht alle geschnitten. Schiffner, jetzt ohne Peitsche, wendet sich den Wachmännern zu: »Also Wachmänner, aufpassen, ihr bleibt jetzt hier, wir gehen jetzt für eine Weile fort, und ihr, das sag ich euch, dass euch ja nicht einfällt, Dummheiten zu machen, ihr wisst, wie das ausgeht.« Beide, Schiffner und Bredow, gehen in ein zweistöckiges gemauertes Gebäude auf der anderen Seite der Straße. Es steht dort ebenso vereinsamt wie das kleine Sägewerk diesseits. Auf einer ovalförmigen Blechtafel steht, dass sich dort ein »Postamt« befindet.

»Wohin gehen die zwei?« Der alte Hase von den »Blauen« schiebt die Unterlippe vor: »Zu den Weibern – es ist ein Postamt dort, aber die Fräulein sind nicht nur zum Stempeln da, und Herr Vorsteher verkauft nebst Briefmarken auch Wodka und Feinkost.«

Durchfroren von schneller Fahrt kehren wir ins Lager zurück. Nicht einmal essen kann ich, und gleich nach dem Appell lege ich mich auf die Pritsche. Eine Erkältung wird es sein. Karl geht es ähnlich. Bald packt mich Fieber und in der Nacht werde ich vom Schüttelfrost wach. Beim Morgenappell, als uns der Regen auf die kahl geschorenen Köpfe trommelt und ich mir den fiebrigen Mund ablecke, erfahren wir, dass heute Sonntag nur am Vormittag gearbeitet wird und am Nachmittag frei ist. Es wird das erste Mal seit Weihnachten sein, dass wir wenigstens einen halben Tag nicht arbeiten müssen ...

Als ob ein böser Geist Miete einflüsterte, dass wir, Karl und ich, miserabel dran sind – holt er uns aus der »A-Baracke« auf den Sortierungsplatz heraus, bei den Planierungsarbeiten zu helfen. Mit teilnahmslosem, wässrigem' Blick wartet er ab, bis wir uns anschließen, dann wendet er sich anderswohin. Immer nach außen so teilnahmslos, und innen wartet er vermutlich mit Spannung ab.

Hin und her schleppen wir uns mit der Trage, voll geladen mit schwerem, nassem Sand. Oben wird sie gefüllt, unten kippen wir sie um, und wiederum nach oben, nach unten. Der Wind treibt den anhaltenden dichten Regen fast waagerecht über den Platz und bläst gleichzeitig feinen Sand mit, der auf dem durchnässten Gesicht haften bleibt; er dringt in die Nase, in den Mund, in die Augen, reibt sich in die Haut, im Nacken, unter dem Tragriemen und zischt um die Ohren herum. Neuer Schub, ich beuge mich zu dem Halter der Trage, und als ich mich mit der Last ruckartig aufrichte, hämmert mir das steigende Fieber im Kopf. Ich tappe in dem nassen, fließenden Sand und spüre kaum den Hieb, der mich weitertreibt. Ich lecke mir die Lippen ab und hab den Mund voll Sand. Sand, lauter Sand, dieser ist vielleicht von drüben, so fein, durchmischt mit Asche.

Wie lange noch – hin und zurück – und wie lange noch überhaupt? Auch du wartest, wartest nur noch. Tot bist du ohnehin, nur zu sterben vermagst du nicht. Choronzycki, der hat es noch geschafft, auf würdige Weise zu sterben, oder der, welcher den SS-Mann Max Biala erstach. Vor was hast du eigentlich Angst? Vor dem Augenblick, wenn ich nackt sein werde. Na, siehste, du bist auch schon zu lange da, hast zu lange gewartet, zuviel gesehen ...

Der Schlüssel vom Munitionslager

Endlich kommt in der durchwärmten Luft des fortschreitenden Frühlings das Karussell in meinem Kopf zum Stillstand, das »Treblinka« dort aufgedreht hat. Ohrensausen habe ich immer noch ein wenig, aber ich muss mich nicht mehr so stark zusammennehmen, um das Gleichgewicht zu halten. Das Wichtigste aber – meine Gedanken beginnen ineinanderzugreifen. Auf die Stunde genau wurden Karl und ich vom Fleckfieber befallen. Auch in dieser Hinsicht sind wir Zwillinge. Und jetzt sagen sie von uns, wir seien die zwei, die eine und dieselbe Laus gebissen hat. Ich weiß nicht, wie lange es her ist, seit ich die Tage in der Revierstube überstanden habe, vielleicht drei, vielleicht vier Wochen. Wohin mein Gedächtnis nicht reicht, das erfahre ich jetzt von den anderen.

Damals am Abend, als uns Robert untersuchte, hörte ich ihn noch sagen: »Selbstverständlich werdet ihr so lange herumlaufen, solange ihr es aushaltet. Aber ich schau jetzt noch bei Rybak vorbei, wann für euch ein Platz freiwerden könnte.«

Die ersten zwei Tage haben wir das Fieber gemessen – neununddreißig, vierzig. Am dritten Tag, als bei Karl das Quecksilber über vierzig Grad kletterte, schleuderte er es gegen die Barackenwand: »So, jetzt werden wir wenigstens von dem da Ruhe haben.« Das Thermometer hatte er vorher in der »B-Baracke« ergattert. Es war dicker und imponierender als das, das man mir zu Hause bei Angina unter die Achsel zu schieben pflegte.

»Du musst, du musst – noch einen Tag ...«, David versetzt mir Tritte, damit ich aufrecht stehe, wenn sich die Mütze mit dem Totenkopf nähert. Dann wieder gießt er Tee in mich hinein und lässt mich Tabletten schlucken. Weiß Gott, von woher er sie im Lager erstanden und wofür er sie überhaupt hat.

Am achten Tag des rasenden Fiebers war es aus mit dem Kampf, aus mit dem Schwören, dass ich aushalte. Gegen Abend schnellte mir aus dem geöffneten Mund die Zunge heraus und ich konnte sie nicht mehr zurückholen. Dann ging es darum, sich durch den Abendappell zu schleusen. Beim »Antreten« hielt jemand hinter mir den Arm und die Handfläche so gestreckt, dass ich mich mit dem Rücken anlehnen konnte. Von vorne konnte man es nicht sehen. »Wie viel?«, winkte mir Rybak in der Revierstube zu. Er saß da mit gespreizten Knien im Mantel, der einst weiß gewesen war. Ich bedeutete ihm mit den Fingern: acht Tage. »Da wirst du morgen den ersten kritischen Tag haben. Es fängt schon bei dir an. Ich hab da von heute an gerade unter Karl einen Platz frei. Komm also – morgen früh.«

Ich schleppte mich zurück in die Baracke auf die Pritsche und besann mich, dass ich für Mietes Supervisiten in der Revierstube zu bärtig bin. Die Jungs sahen es ein, und wir alle machten uns an meinen Stoppelbart heran. Hans hielt mich, Robert seifte mich ein, Rudi rasierte mich, und ich fluchte und nannte sie alle Hundesöhne.

In jenen Tagen gelang so weit alles, wie es im Revolutionsausschuss und die Leute um Galewski herum ausgeklügelt hatten. Nach Zelo nahm unser Rudi, der den Militärdienst als Leutnant abgeschlossen hatte, an den Besprechungen teil. Uns, Karl und mir, sagte Rudi Masarek nichts, weil wir damals »Treblinka« hatten. Und den andern auch nichts.

Eines Tages huschte der kleine Edek an der Tür des Munitionslagers vorbei und schob einen Metallsplitter in das Schloss. Das Munitionslager war direkt von der SS-Baracke aus zugänglich. Eigentlich war es ein Betonwürfel, an den sich beidseitig eine Holzbaracke anschloss. Die SS-Wohnräume, die Waffenkammer, der Essraum, die Küche – alles war unter einem Dach. Dorthin hatten nur einige der »Hofjuden« Zugang – der Sänger Salve, der kleine Edek, der jüngere, etwa 15-jährige Putzbursche Heniek, der ältere Putzbursche und Zinker Chaskel und dann der, der die Abfälle hinausfuhr und für Pferd, Wagen und den Stall zu sorgen hatte.

Da man die Tür nicht aufsperren konnte, rief man die Schlosser aus der Werkstatt herbei. Die probierten den Schlüssel, prüften das Schloss, rüttelten an der Tür und erklärten zuletzt, dass sie das Schloss an Ort und Stelle nicht reparieren könnten, dass sie die beschlagene Tür ausheben und in die Schlosserei mitnehmen müssten.

Inszeniert war es so ähnlich wie damals, als es gelang, beim Beladen der Wagons die zwei im »verkehrten Transport« aus Treblinka hinauszuschmuggeln. Als die Schlosser in der Werkstatt erneut prüften, warum der Schlüssel im Schloss nicht einrastete, schlug sich einer die Hand an, schrie auf, der Schlüssel fiel vom Pult auf den Boden, ein, zwei Mann bückten sich, um ihn aufzuheben, stießen aufeinander, tasteten nach ihm, die andern stellten sich um sie herum, guckten zu. Sie schnatterten und kreischten in Jiddisch alle durcheinander, und als einer sich, den Schlüssel in der Hand, mit dem Ausruf »schojn« aufrichtete, war der Abdruck des Schlüssels vor den Augen der SS-Männer »schon-schojn« gemacht.

Nach etwa drei Tagen, als ich auf der unteren Pritsche mit dem Kopf direkt an der Küchenwand lag, wurde ein Platz oben frei. Rybak verlegte mich dorthin, gleich neben Karl. Nur ab und zu öffneten sich meine Augen und ich erkannte Rybaks alten Kittel. Den Einstich der Injektionsnadel spürte ich nicht einmal. Es kam mir überhaupt nicht in den Sinn, es könnte die »Lazarettspritze« sein. Ein andermal wieder ging über der oberen Pritsche Ceschas volles Gesicht mit Grübchen in den Wangen auf, und die Hände hielten mir eine Schüssel unters Kinn. »Reissuppe – Bredow hat es mir selber aufgetragen, als er hörte, ihr seid krank – und da ist eine Flasche mit Tee.«

Langsam fing ich an, mich mit mir selbst wieder zurechtzufinden. Ich brachte immer ein wenig Suppe in mich hinein. Sie war anders als aus unserer Küche – viel besser. Ich verdächtigte Rybak, dass er mir aus seiner Schüssel von der Suppe abgoss, die er immer aus der ukrainischen Küche bekam.

Mehr wie im Traum als in Wirklichkeit erblickte ich zeitweilig Rudi, wie er mir auf der Pritsche etwas zurechtmachte. Am einprägsamsten sehe ich vor mir Davids blasses, knochiges Gesicht – damals, als er mir zwei verhutzelte Äpfelchen in die Hand legte –, wie er sich, auf der Pritsche kniend, zu mir beugte, mich auf die Stirn küsste, und weg war er. Zwei runzlige greise Äpfelchen, so klein, dass sie beide auf einer Handfläche Platz hatten, und ein Kuss auf die Stirn anstatt ein Schlag ins Genick. Fast habe ich den Kuss als einen Schlag empfunden – so ungewohnt, so sonderbar. Ich konnte nicht ahnen, dass es damals in der Mittagspause ein Abschied für immer sein sollte. Am Nachmittag sollte es losgehen, und die Kranken in der Revierstube, die ganz schwachen Naturen und natürlich die Zuträger durften von alledem nichts wissen.

Im Munitionslager befanden sich unter verschiedenen kleinen Kisten zwei, die nach den Schilderungen der in der SS-Baracke dienenden Jungs zweifellos Handgranaten enthielten. Als sie die zwei Kisten, verdeckt unter den Abfällen, hinaustrugen und im Karren unter allerlei Unrat in die Werkstätten brachten, stellten dort die, die sich vom Militärdienst her auskannten, fest, dass bei den Handgranaten die Zünder fehlten. Entweder waren die Zünder im Munitionslager an einer anderen Stelle gelagert, oder sie werden überhaupt ganz woanders aufbewahrt. Es war unmöglich, dass jemand Älteres, der sich auf diese Dinge verstand, in die SS-Baracke gelangte. Den Revolutionsausschuss leiteten damals Kapo Kurland und der noch nicht voll genesene Galewski, während

Rakowski, immer noch in der Funktion des Lagerältesten, an allem eher durch passive Zustimmung teilnahm, getrieben mehr durch den Gang der Dinge als durch eigenen Willen. Man beschloss die Handgranaten sofort zurückzubringen, die Jungs gründlich zu belehren und die ganze Sache aufzuschieben, bis sie wieder Mut gefasst hätten, und dann einen Montag abzuwarten, an dem Abfälle und größerer Unrat aus der SS-Baracke mit dem Karren abgeholt werden. Dies ist gelungen. Die, die damals in der Revierstube lagen, Karl und ich eingeschlossen, vernahmen den Pfiff zum Appell an jenem Abend als nichts Besonderes. Am sechsten Tag regten sich allmählich meine Körperkräfte wieder. Rybak half mir beim Waschen und beim Rasieren. Er hatte für Treblinka unbegreiflich kräftige und saubere Hände. Den nächsten Tag, gleich nach dem Weckruf, legte ich meine Decken zusammen, zog mich an und trat an Rybak heran, der an dem kleinen Tisch mit der Stirn gegen das Fenster und dem Rücken zum Gang zwischen den Pritschen saß. Er merkte, dass ich ihm zum Abschied etwas sagen wollte, etwas Bedeutenderes:

Doktor, ich weiß, dass ich Sie nicht siezen soll, aber ich sieze hier Galewski, Kurland und Sie. Ich kann einfach nicht anders. Sie drei im Lager sieze ich. Kapo »Blau« sieze ich aus einem völlig anderen, entgegengesetzten Grund. Ich weiß, ich soll Ihnen nicht danken, Doktor. Sagen Sie mir aber, als mir Bredow durch Cescha immer etwas aus der deutschen Küche bringen ließ, warum haben Sie mir noch von ihrer ukrainischen Suppe etwas dazugetan? Und warum mögen mich einige von euch nicht, weil ich was Besseres sei? Und andere wieder, die Älteren, machen mit mir – na, als ob ich aus ihrer Familie der Erstgeborene wäre, der es besser haben soll – oder was, Herrgott ...

Kein Wort davon sage ich. Nur in dem Takt, in dem das alles durch meinen Kopf läuft, zupfe ich an Rybaks besudeltem Kittel, irgendwie lächle ich dabei, weil Rybak auch ein wenig lächelt. Nach dem Morgenappell schwankte mir dann die Box in der »A-Baracke« vor den Augen. Am nächsten Tag, als Karl aus der Revierstube herauskam, wurde Kapo Rakowski erschossen – der Kraftmensch Rakowski, für den Lalka und mit ihm noch andere eine gewisse Anerkennung hegten, die ukrainischen Wachmänner wegen seiner gewagten Spekulationen fast Bewunderung, und an den wir im altneuen Spiel gewisse Hoffnungen knüpften.

An folgende Szene kann ich mich schon selber wieder ziemlich gut erinnern: Gerade als wir um die Mittagspause nach unten zur Küche marschierten, führte Miete den um einen Kopf größeren Rakowski an uns vorbei nach oben – ins »Lazarett«. Eine kleine Eskorte von Wachmännern hatte er diesmal mit dabei. Sie hatten Rakowskis Decken und Sachen auf der Pritsche in der Wohnbaracke durchsucht und angeblich eine Menge Geld und Gold gefunden. Es sah aber eher so aus, als ob sie es erst jetzt entdecken wollten.

Beim außerordentlichen Appell zeigte der kleine fassförmige Stabsscharführer Stadie, was er fertig bringt, wenn er an Stelle von den im Urlaub weilenden Küttner und Franz fungiert. Er schnaubte wütend, die Wangen waren noch mehr aufgedunsen, wodurch der Blick aus seinen kleinen Augen noch böser wirkte: »Bei wem ein einziger Pfennig gefunden wird, der wird fürchterlich bestraft!«

»Der ist trotz alledem nur stellvertretend da, der rechnet in der miesesten Währung«, bemerkt Hans beim Abmarsch und gibt dem Rekonvaleszenten Karl einen Tritt, damit dieser aufrecht marschiere und nicht auffalle.

»Galewski und Kurland meinen, dass die nichts Genaues wissen, nur argwöhnen sie so unbestimmt, und ab und zu sichern sie sich ab.« Seitdem Rudi an den Treffen des Ausschusses teilnimmt, lässt er häufig solche Andeutungen fallen, als ob sie nur herausgerutscht wären. Völlig schweigen kann er nicht vor uns. Wir wiederum wissen, dass wir ihn nicht viel fragen dürfen.

»Möglich, der Stabsscharführer hat es als Absicherungsaktion durchgeführt, wenn Lalka wie auch Kiewe, beide Stützen von Treblinka, abwesend sind.« – »Oder vielleicht hat es das ›Fässchen‹ Stabsscharführer der ›Puppe‹ Franz nur zum Beweis seines Fleißes gemacht. Während seines Urlaubs hat er ihm seinen Favoriten abknallen lassen.« – »Moniek von den ›Hofjuden‹ sagt wieder, es müsse etwas daran sein, er habe am meisten Mojre – Angst – vor den drei Zinkern hier.« – »Und was ist mit den Wachmännern, die nach Rakowski aus dem Lager verschwunden sind und an deren Stelle neue gekommen sind?«

In dieser Phase des Zögerns und Bangens kommen wieder einige große Transporte an. Sie sind elender als alle Transporte, die je nach Treblinka gekommen waren. Überhaupt kein Gepäck. Lumpen und Fetzen anstatt Kleider. In den Viehwagons mehr Tote und Halbtote als je zuvor. Nur wenige, die sich noch regen. Und doch holen sie einige von ihnen heraus, um den Stand der dezimierten Belegschaft zu erhöhen – damit es mehr Sklaven für den großzügigen Umbau und Ausbau in Treblinka gäbe, damit das SS-Sonderkommando Treblinka umfangreiche Tätigkeit ausweisen könne, damit der Weg der nächsten Transporte vom »Bahnhof« zum »Bad« an Zierbeeten vorbei durch parkähnliche Anlagen führe.

Den »Herren und Meisterhenkern« entgeht dabei, welches Vermächtnis diese Transporte mit Überlebenden des Aufstandes im Warschauer Ghetto bringen, und wie es die Ausgesonderten den »Totengräbern« in Treblinka weitergeben.

Während David Brat den Neuen zuhört, wird das Blau seiner Augen heller als der Himmel des angehenden Sommers. Das Warschauer Ghetto existiert nicht mehr. An seiner Stelle sind nur Trümmer und Schutt übrig geblieben. Die Untergrundbewegung schmuggelte Waffen in das Ghetto. Die Juden dort erhoben sich. Sie wussten schon genau, dass ihnen nichts anderes als Treblinka bevorstand. Den paar Geflüchteten aus Treblinka war es also gelungen, wenigstens jene »Welt wissen zu lassen«. Die Deutschen mussten zuletzt Panzerwagen und schwere Waffen einsetzen, um die Aufständischen, darunter Frauen, Alte und Jugendliche, niederzukämpfen.

Die Toten und die sterbenden Verwundeten warf man in die Wagons hinein. Dazu pferchte man alle, die sich noch fangen ließen. So brachte man sie uns nach Treblinka – in schwüler Hitze, erschossen, erstochen, erstickt, aufgedunsen, verwest. Die Verbrennungsgrube des »Lazaretts« lief in jenen Tagen von aufgeblähten Leichen über, und die brennende Sonne zerschmierte alles in einen riesigen glitschigen Fladen. Nichts zum Spekulieren brachten die Transporte aus dem liquidierten Warschauer Ghetto mit, nichts ging von Hand zu Hand, keine Portion Brot, keine Hose, kein Stück Seife. Aber von Mund zu Mund, von Gedanken zu Gedanken verbreitet sich das Vermächtnis: »Ihr Frommen aus Überzeugung wie auch aus Gewohnheit, ihr Talmudisten wie auch ihr Ungläubigen, Geschäftsleute und Gewerbeleute, Handwerker und Krämer, Mittler, Schieber, Ganoven und Diebe – ihr alle, werft den letzten Trödel des Lebens weg, gebt die Hoffnung auf, dass vielleicht ihr die Letzten sein werdet, die dem nackten Tod entkommen. Zeigt der Welt und euch selbst ...«

Nach einigen Tagen gibt es von den Resten aus dem Warschauer Ghetto keine Spur mehr in Treblinka. Dafür ist spürbar, dass in allen Teilen des Lagers und in seiner Umgebung Bauarbeiten und Umgestaltungen im Gange sind. Die Baracken werden hergerichtet, die Wege gepflastert, die Plätze planiert und mit Schlacke verfestigt, kleinere Flächen und Böschungen begrast. Das beackerte Vorfeld außen vor dem Zaun ist erweitert worden. An seinem Rand, zwischen den Wachtürmen, wurden »Spanische Reiter« – eiserne Panzersperren – aufgestellt und auf beiden Seiten, nach innen wie nach außen, ein Dickicht von Stacheldrähten installiert.

»Die Wälder um das Lager herum säubern« – das ist jetzt unsere Hauptarbeit. Die gefällten Bäume werden ins Lager geschleppt und dort zu Brennholz zerhackt. Der größte Teil des Geschehens im ersten Lager übertrug sich, im inzwischen eingetretenen Sommer ohne Transporte, nach unten auf den Platz hinter den ukrainischen Baracken, auf den Holzplatz. Dort arbeiten wir aus der »A-Baracke« und noch andere ehemalige Sortierungskommandos. Zwischen den nicht gefällten hohen Kiefern wachsen idyllische Kuppen frisch gesägter und gespaltener Holzscheite und scheinen von dort durch. Am Holzplatz entlang verläuft ein Weg, der in das Haupttor zum zweiten Lager mündet, das von unserem Arbeitsplatz auf eine Entfernung von etwa siebzig Metern gut sichtbar ist. Dorthin transportieren wir, was für diesen Teil des Lagers benötigt wird. Von dort lassen die SS-Männer keinen zur Arbeit hinaus. Die Hauptarbeit dort besteht immer noch im Ausgraben und Verbrennen der alten Transporte.

Maskerade

In der Zeit, als ich Fleckfieber hatte, ließ Lalka zwei Füchse, Eichhörnchen, Tauben und verschiedenes Kleinvieh nach Treblinka liefern. Die Zimmerleute und Tischler mussten hinter dem Zaun, nahe unserer Küche, dort wo der Weg zu den ukrainischen Baracken führt, einen Lagerzoo bauen und auf dem Dach der SS-Baracke und der Kommandantur Taubenschläge errichten. Zum Bewacher über alles Getier in Treblinka ernannte Lalka unseren Rudi. In dieser Eigenschaft empfahl Rudi einiges Futter, zum Beispiel für die Tauben, im kleinen trockenen Keller gleich neben dem Munitionslager zu lagern.

Der Tiergarten, auch »Zoo-Ecke« genannt, ist nicht die einzige Neuerung in Treblinka: Außerdem wurden ein Pferdestall, Schweinekoben und ein kleiner Hühnerhof gebaut.

Vielleicht gelangweilt durch den Mangel an »echter« Arbeit in Treblinka, vielleicht bedrückt durch ungute Nachrichten von draußen, suchen die SS-Männer Zerstreuung, und am einfallsreichsten ist natürlich Lalka. Man wusste, dass er an Musik viel Gefallen hat, und jemand machte ihn auf den bekannten Warschauer Musiker namens Arthur Gold aufmerksam, der sich in einem der letzten Transporte befand. Lalka »die Puppe« holte ihn heraus und trug ihm auf, in Treblinka ein kleines Orchester zusammenzustellen. Musiker gab es hier zur Genüge – die beiden rothaarigen Schermanns, das einzige Geschwisterpaar hier, Salve, der Tenor, der kleine Edek mit seiner Ziehharmonika und noch andere.

Als unsere Herrschaften und Chefs aus dem Urlaub zurückkamen, brachten sie verschiedene Musikinstrumente mit, darunter Trompeten und Klarinetten. Geigen gab es schon aus den Transporten. Selbst Küttner brachte Notenhefte mit deutschen Liedern und Märschen mit. Aber Franz übertrumpfte ihn; von irgendwoher schaffte er ein Schlagzeug heran. Doch damit nicht genug, als Oberscharführer fuhr er in den Urlaub und als Untersturmführer kam er zurück. Und Küttner-Kiewe ist immer noch Hauptscharführer. Dementsprechend tobt er auch.

Bei der nächsten Gelegenheit präsentiert sich Untersturmführer Kurt Hubert Franz seinen Kameraden, ganz besonders dem »Feldwebel« Küttner und natürlich auch uns als Lagerführerstellvertreter: »Ich will Gesang hören, einen mächtigen Chor aller gerupften Schädel. Gold, die Zimmerleute da machen dir ein kleines Podium, und du wirst immer beim Auf- und Abmarsch dirigieren und abends nach dem Appell noch ein paar hübsche Stücke darbieten. Wer von euch versteht sich ein wenig aufs Reimen und Texte schreiben?« Es findet sich jemand – in Treblinka ist alles zu finden ... »Also, du schreibst zur Melodie, die Gold komponieren wird, den Text, und das Lied wird das Leben und die Arbeit hier in Treblinka beschreiben. Es wird eure Hymne, ihr Affen, ihr Träumer, es wird Treblinkas Hymne sein. Du hast zwei Tage Zeit dafür und wenn du bis dahin nichts fertig bringst, werden wir nicht mehr Kost und Unterkunft an dir verschwenden. Und der Vollständigkeit halber nähen die Schneider den Musikern spezielle Kostüme.«

Schwerlich würde man in der großen Kolonne, die mit den Schaufeln über den Schultern aus dem Lager hinausmarschiert, die ehemals eleganten Herren aus der »Konfektion« wieder erkennen. Die Stiefel sind staubgrau und verschlissen, die Hemden hängen wie Leibchen lose über die Hosen, die Gesichter sind gebräunt und verschwitzt, die Hände voller Schwielen. Oben auf der Böschung gehen SS- und Wachmänner. Unten auf den Gleisen stolpert die Kolonne über die Schwellen.

»Treblinka!«, brüllt jemand von oben herunter. »Ja, los, Treblinka!« »Dawaj, Treblinka!«, johlen die Ukrainer, und die Herde unten mit den Schaufeln stimmt erneut das Lied von Treblinka an. Beim Morgenappell sangen sie es, nach dem Appell, als sie zur Arbeit abmarschierten; bei ihrer Rückkehr werden sie es zwei-, dreimal wiederholen und dann beim Abendappell erneut:

»Festen Schritts und Tritts und den Blick geradeaus,
immer mutig und froh in die Welt geschaut,
marschiert die Kolonne zur Arbeit.
Für uns gilt heute nur Treblinka,
das unser Schicksal ist.
Drum haben wir uns auf Treblinka
umgestellt in kurzer Frist.
Wir hören auf den Ton der Kommandanten
und folgen ihnen auf den Wink
und geh'n in Schritt und Tritt zusammen
für alles, was die Pflicht von uns verlangt.

Die Arbeit soll uns alles hier bedeuten
und auch Gehorsamkeit und Pflicht,
wir wollen weiter, weiter leisten,
bis uns das kleine Glück auch einmal winkt.«

Es häufen sich sonnige Tage, in denen der Teer von den Dächern der Baracken tropft und staubiger Sand von »drüben«, vom »Totenlager« herüberweht. Würgende Hitze liegt über Treblinka. Die kleinste Verletzung, schon ein Kratzer, eitert sofort, weil sich an allem, was du anfasst, schon der Tod festgesetzt hat. Du hast Wasser in den Beinen und Treblinka im Blut. Weißt du, woran du das erkennst? Irgendwo am Körper, meistens an den Beinen, bildet sich ein kleines weißes Bläschen mit einem schwarzen Punkt in der Mitte. Nach ein paar Tagen ist ein nässendes Geschwür daraus geworden, ein zweites, drittes, viertes folgt. Wenn du mit dem Finger dir in das Bein drückst, dann bleiben dort Vertiefungen wie im Schlamm stehen.

Die Sommerzeit ohne Transportbetrieb bringt Lalka auf neue Ideen. Mit geneigtem Kopf und lässiger Herrscherhaltung horcht er, wie nach dem Abendappell bei untergehender Sonne aus fünfhundert Kehlen das wehmütige polnische Lied *Goralu* erklingt – und da fällt ihm ein neuer Zeitvertreib ein. »Ihr Affen, ihr haltet doch da bei eurer Scheißerei auf den beiden Latrinen ganze Sitzungen ab.«

Er sucht sich Tölpel aus, ein kleines Kerlchen, in dessen Glatzkopf vielleicht nicht mehr alles in Ordnung ist. Lalka mustert ihn, wie er vor ihm geduckt in Habt-Acht-Stellung steht, die Hosen an seinen verkrümmten Beinen ausgebeult. »Ja, du bist der Richtige.«

Der ukrainische Wachmann stöbert irgendwo aus den Transporten noch einen alten Kaftan auf. Die SS-Männer, einer nach dem anderen, ergänzen die Verkleidung. Zu dem langen, bis auf die Knöchel reichenden schwarzen Gewand kommt eine hohe Rabbinermütze, auf diese stecken sie einen glitzernden Halbmond und in die kleine Hand, die sich wahrscheinlich nie zur Faust geballt hat, erhält er eine schwere Peitsche.

»Auf beide Latrinen kommt 'ne Inschrift: Zwei Minuten wird geschissen, wer länger scheißt, wird rausgeschmissen!« Kaum hat es Lalka fertig gedichtet, hängt Bredow dem »Scheißkapo« einen großen Küchenwecker um den Hals. Das Kaftanmännchen hört mit halbgeöffnetem Mund ehrfurchtsvoll zu, als sie ihn anweisen: »Also, sobald einer in die Latrine reinkommt, schaust du auf den Wecker, und nach genau zwei Minuten muss er fertig sein. Du bist jetzt der größte Herr über alle mit ihrer Scheiße.«

»So, den einen hätten wir, jetzt noch einen für die untere Latrine.« Die SS-Männer gehen durch die Reihen und holen einen großen klobigen Kerl heraus. Der Kopf mit dem verbeulten Gesicht droht jeden Augenblick von den Schultern zu rollen, die Arme und Beine schlenkern sinnlos umher und scheinen nicht zum übrigen Körper zu gehören. Nachdem auch dieser »Scheißkapo« auf ähnliche Weise ausgerüstet ist, legen sie ihm noch einen breiten ledernen Gürtel wie ein Korsett an, damit der übergroße Hanswurst im Kaftan nicht entzweibricht. Seit diesem Tag sind von der oberen Latrine, die sich an der grünen Umzäunung vom »Lazarett« befindet, absonderliche Schreie zu hören: «No jazda, wychodzic – los, raus! Panie, pan juz tu siedzi wiecej jak dve minuty – mein Herr, du hockst hier schon länger als zwei Minuten – Mosche, wenn der Lalka kimmt ...« Das Kaftanmännchen mit dem schmucken Halbmond nimmt sein Amt ernst. Für mehr reicht sein Gehirn nicht. Aber der Teufel soll sich da auskennen – vielleicht reicht es ihm doch für mehr, als alle denken.

Wie sieht es aus in der unteren Latrine, gedeckt mit Strohbündeln wie eine idyllische Hütte? Eine heisere, eintönige Stimme waltet hier: »So scheißt, scheißt, Chaverim – Freunde, aber ihr seid hier schon zu viele. Kuba, gaj rojs – geh raus oder lass mich 'ne Papirosa drehen! Hast kein Tabak? Dann musst du raus. A' besserer Gast«, grüßt er den ankommenden Willy von den »Goldjuden«.

Acht, zehn nackte Hintern hängen über der länglichen Stinkgrube im Halbdunkel der Hütte. Die heiße Stille wird durch das Gesumme der Fliegen eher betont. »Mietek hat heute früh von Saschka ein Paket gekauft. Der soll dir was zum Rauchen geben.« – »Na prawde – wahrhaftig, Mietek? No nech mie krew zaleje – Blut über mich, und ich hab' ihn da ohne zu bezahlen sitzen lassen.« Eine andere Stimme meldet sich: »Sie haben irgendwelche Waffen und Munition in dem kleinen Bunker neben der Verwaltung, dort, wo sie auch 'n Suff haben.« – »Wie kommst du da aber rein? Dort überwachen sie alles zu gut.« »Nur mit der Ruhe meine Herren, das kommt schon. Ich persönlich habe es nicht so eilig. Wenn die mir versprechen, dass sie mir nichts Schlimmeres antun, dann werd' ich für sie den Kackmeister bis zum Kriegsende machen, bis sie sich selber total bescheißen. Scheißkapo, das wird noch bei denen gute Branche sein. Kapo über die menschliche Scheiße, das ist und bleibt ein Dauergeschäft. Mein Tate und meine Mamme – der Sand von Treblinka möge ihnen leicht sein –, die wussten, warum sie mir diese Fratze und diese Figur machten. Der Allmächtige hat ihnen gesagt, dass sehr schlimme Zeiten kommen, und dass sie mich nicht schön und geschickt zeugen sollen, damit ich nie heirate und nicht Frau und Kindern in Treblinka nachweinen muss.«

Jemand spuckt auf den gestampften Boden. »Schlimmer ist es mit den Telefonmeldungen. Jede Stunde soll das Telefon klingeln und die müssen Meldung machen. Simche war bei der Verwaltung, um neue Stühle abzugeben, und hat so was gehört.« – »Warum machen wir es so kompliziert? In zehn Minuten muss alles brennen, und dann ist es scheißegal, was weiter sein wird.« – »Grischka, der kleine Wachmann, soll sich heimlich eine Pistole besorgt haben. Moniek hat mit ihm gesprochen.« »Wie viel könnte er so verlangen?« – »Bist du verrückt? So weit ist er noch nicht.« – »Na, ich schätz' das so auf tausend ›Weiche‹ ...« – »... und der wird ›Harte‹ haben wollen – ›Augen‹.« – »Zweihundertfünfzig Dollar in Goldmünzen, das ist auch für die hiesigen Gewohnheiten 'ne Menge ...« – »Mach dir darüber keine Sorgen.« Der finstere Kackmeister fasst sich mit beiden Händen an den breiten Gürtel, den ihm die SS-Männer bei der Amtseinführung angelegt hatten. Er wird jetzt gefüllt mit Gold-Dollars, Rubeln, Louisdors, eine Münze nach der anderen. Der baumelnde Kopf schaut vom Latrineneingang hinaus über den erhitzten, mit schwarzer Schlacke ausgelegten Appellplatz: »Na, na, ihr Hurensöhne, raus mit euch, die Zeit ist um – los, los!« Man hört lautes Schreien und fürchterliche Hiebe. Der Herr über die untere Latrine brüllt sicherheitshalber noch einmal auf, hört aber allmählich auf, mit der Peitsche auf den Verschlag zu dreschen. Er richtet seinen Kaftan, schiebt die Rabbinermütze in den Nacken und sieht noch einmal vorsichtig hinaus: »Bleibt ruhig sitzen, der ist schon vorbei, ist nach oben abgebogen.«

Beim Abendappell wartet Lalka mit einer neuen Zerstreuung auf: »Jetzt, da wir an den Sonntagnachmittagen nicht arbeiten, machen wir zur Unterhaltung etwas Lustiges, so was wie 'n Kabarett – mit Musik, Gesang, Sketchen, Boxen. Die Werkstattleute zimmern einen echten Boxring. In zwei Tagen muss er fertig sein. Abtreten!« An einem schönen Sonntagnachmittag treibt man alle auf den Appellplatz vor den Boxring. Die grünschwarzen Herren nehmen Platz auf den im Halbkreis aufgestellten Stühlen. Die kahl geschorenen Köpfe, die Träger und die Auflader, die Schneider und die Schuster, die Zimmerleute und die Tischler, die Köche und die Waschfrauen, die Schreiber und die Geldleute, Antreiber, Sanitäter, Totengräber – wir alle drängen uns hinter den Herren, umstellt von den schwarzen Söldnern und Schützen. Treblinka ist eine Welt für sich, von der anderen Welt ausgestoßen.

Arthur Gold mit seinen Jungs, alle in weißen Jacketts mit großen blauen Aufschlägen, eröffnet die Veranstaltung mit einem Marsch. Hauptsturmführer Stangl sitzt im Armsessel in der Mitte, stampft leicht mit dem Fuß und schlägt mit der Reitpeitsche den Takt. Tusch –. Zuerst tritt Salve, der Sänger, mit einer italienischen Tarantella auf und nach ihm die neueste Akquisition Treblinkas aus den letzten Transporten, ein Kantor, angeblich einer der besten aus Warschau. Er ist im rituellen Gesang geschult, kennt sich aber auch in »weltlicher« Musik aus. Über den Baracken, dem hohen grünen Zaun, über den gekrümmten Kiefern erhebt sich seine Tenorstimme in einer Arie aus Verdis *Tosca*. Aber sie ist nicht mit der vollen weltlichen Stimme von Salve zu vergleichen. Diese Stimme kommt aus einem Tempel und steigt mühelos so schwindelnd hoch, weil es einen Bund zwischen ihr und dem Herrn gibt. Wir erkennen in dem nächsten Lied die Arie aus Halévys *Jüdin* und verständigen uns durch Blicke. »... Recha, dem Tode weih' ich dich ein ...« Nachdem das Lied zu Ende ist, sieht sich Stangl um. Als einziger von ihnen vernahm er vielleicht etwas mehr als die Melodie.

In die kurze Pause ohne Applaus fällt Lalka ein: »Jetzt wieder was Lustigeres, Witziges – Willy, ja Willy!« Der laute Einfall und zugleich Befehl bringt Lalkas beliebten, erhabenen Komiker auf das Podium. Er ersucht die Herrschaften um eine alte Zeitung und setzt sich bequem wie nach einem guten Mittagessen auf einen Stuhl. Dann breitet er die Zeitung aus und beginnt laut für sich vorzulesen: »Mutti, Kaffee!«, ruft er, über die ausgeliehene Brille hinweg sehend in Richtung Küche. Bis zur letzten Seite, zu den Anzeigen und Bekanntmachungen liest Willy vor, wer sich vermählt, wer verschieden ist. Er erinnert sich, dass er sie kannte, als sie noch ledig waren. Plötzlich, mit erhöhter Aufmerksamkeit, rückt er auf dem Stuhl leicht nach vorne: »Kurort Treblinka – Besucht neu errichtetes Kurzentrum Treblinka – gelegen in wunderschöner Gegend, tiefe Wälder, frische Luft, heilsames Klima – spezielle ärztliche Behandlung, Diät, moderne Krankenhauseinrichtung für ernstere Fälle – Zoologischer Garten, Kurkapelle, Konzerte, traditionelle Rennläufe und andere sportliche Veranstaltungen – direkte Zugverbindung, komfortable Unterbringung bei mäßigen Preisen ohne Kurtaxe.« Ich stehe am Rand des Halbkreises, so dass ich die Gesichter der SS-Männer sehen kann. Manche lachen so wie Franz über das ganze Gesicht und doch krampfhaft. Küttner rutscht unruhig auf dem Stuhl herum und Stangl zieht die Augenbrauen mit einem unverständlichen Lächeln hoch. Davids Flüstern neben mir klingt wie eine Beschwörung: »Noch mehr Schande und Erniedrigung, bis schließlich keiner hier das weiter ertragen kann.«

»Scheißkapos in den Ring!« Sepp Hirtreiter springt von seinem Stuhl hoch. Franz dreht sich überrascht um. Vermutlich verdrießt es ihn, dass die glänzende Idee nicht von ihm ausgegangen ist. Aber diese Miene verflüchtigt sich schnell: »Jaa, die Scheißkapos!« Schon ziehen sie ihnen die Kaftans aus. Der

Große hat keine Unterhose, so krempeln sie ihm die Hosenbeine über die Knie hoch. Der Kleine hat zwei Unterhosen übereinander an und wölbt den schmächtigen, von Ungeziefer zerstochenen Körper, als sie ihm den Arm zum sportlichen Gruße heben. Sepp holt inzwischen aus der SS-Baracke zwei Flaschen Sodawasser.

»Die untere Latrine hat Übergewicht!« – »Die Runden gehen über je zwei Scheißminuten!«

Gong! Die erste Runde. Der Große schiebt sich auf seinen zwei Stämmen in die Mitte des Rings, und die Hände in den Boxhandschuhen machen eine herausfordernde Bewegung: Na, komm, Bürschchen. Der Kleine zuckt zusammen und hebt ebenfalls die Hände: Du, wenn du mich haust! Und der Große antwortet wieder mit den Armen und den riesigen Handschuhen: Nu, warum sollte ich dich hauen? Die SS-Männer erheben sich von ihren Stühlen und rufen: »Los, ran!« Der von der unteren Latrine öffnet den Mund, die Ohren stehen ihm noch mehr ab, und beugt sich herab: »Nu, hau du rein«. Der von der oberen Latrine hüpft hoch, damit er den Gegner trifft, aber es geht nicht. Mit beiden Händchen pocht er ihm auf den Bauch. Der Große drückt dem Kleinen seinen Handschuh auf das Gesicht und stößt ihn von sich weg. Dieser taumelt in die Stricke. Gong! Als sie dem Kleinen zu trinken geben, fließt ihm das Sodawasser schäumend durch die Nase heraus. Die Kapelle spielt einen Tusch – und Treblinka jubelt.

Der nächste Einfall von Lalka übertrumpft alles, was schon da gewesen war. »Ihr seid doch noch Mannsbilder, oder? Und ein paar Weiber ham' wir da auch noch. Eine Hochzeit, eine echte Hochzeit veranstalten wir. Schnell, es tun sich zwei zusammen, sonst tu' ich euch selber zusammen. Dann werden wir es einrichten, dass ihr zusammen sein könnt. Im hinteren Teil der Baracke neben der Spenglerei und der Schmiede behalten wir für alle Neuvermählten in Treblinka einen besonderen Raum vor. Wie werden wir ihn benennen? Na, klar –, die Ehebaracke!« Am nächsten Sonntag schreitet ein kleiner Hochzeitszug den Weg von den Wohnbaracken zum Appellplatz ab. Selbstverständlich ist es der Putzbursche und Zuträger Chaskel und die kleine, nicht eben hässliche, aber düstere Perele. Mit Leichen haben sie nie zu tun gehabt. Beide haben immer genug zu essen, und Chaskel hat genug zu trinken. Vielleicht bekommt er das für seine guten Dienste. Dafür darf er ihre Reste austrinken.

Es ist aber kein Pomp, keine rituelle Zeremonie, ohne Kapelle, ohne Pflichtantreten des ganzen Lagers. Stangl fand vermutlich, dass es Franz seit seiner Beförderung, die ihn gleichzeitig zum stellvertretenden Lagerkommandanten, also zum Stellvertreter von Stangl selbst machte, mit seinen Einfällen übertreibt. Er ließ ihn zwar die Idee durchführen, aber ohne Pracht und Aufmachung und ohne Beteiligung der anderen SS-Männer.

An den heißen Abenden, wenn es in der Wohnbaracke nicht zum Aushalten ist, entsteht vor der Dämmerung und vor dem Pfiff zum Schlafengehen auf dem Appellplatz eine Art von Korso hinter den Stacheldrähten. Es kommen Frauen her, manche bleiben stehen, promenieren mit den Männern um den Appellplatz herum, manche sitzen an der hinteren Barackenwand. In der Ecke bei der Latrine, unter der mächtigen Buche, die in Treblinka stehen blieb und jetzt zur Behaglichkeit des Sommerabends beiträgt, wird in einer kleinen Gruppe etwas getuschelt. Vielleicht fragt dort jemand, wer Militärdienst geleistet und mit Handgranaten umzugehen gelernt hat. Aus Treblinka – sollten die Deutschen den Krieg gewinnen – werden sie ein Museum machen und Exkursionen veranstalten. Lalka soll neulich schon solch eine Idee gehabt haben. Da werden sie uns erst recht schonen und pflegen. Eigentlich haben wir, die sie ausgesondert haben, das Schlimmste schon hinter uns. So werden wir leben und zu Ende leben. Uns belassen sie das Leben – dieses Leben.

Tarnung

Das halbe Lager schleppt sich mit Infektionen herum und siecht dahin. Robert auf der Pritsche neben mir kann vor Schwäche kaum mehr sitzen. Rudi lässt das Fieber überhaupt nicht mehr los. Nur wir zwei, Karl und ich, sind von Sonne und Wind gebräunt, so dass es uns peinlich ist, wenn uns die anderen auf der Pritsche sehen. Wir haben es gerade noch geschafft, uns Sommerkleidung zu organisieren. Über der Leinenhose flattert eine leichte Jacke. Um die Taschen, auf dem Hintern, auf der Brust, am Unterarm und auf den Knien haben wir glänzende Flecken von Speck, Wodka, Harz und jungem Nadelreisig. Von den zwei herausgeputzten, aufpolierten Stutzern aus der Konfektion I. Sorte blieb beim Kommando »Tarnung« nichts übrig.

Das Ganze spielte sich so zufällig und natürlich ab wie die meisten Arbeitsüberstellungen und Umstellungen bei den Kommandos in der letzten Zeit. Demjenigen, dem wir nicht so recht trauen, erzählen wir, dass wir uns zu dieser Schufterei versetzen ließen, damit wir nicht direkt den Tod und seine Reste in die Hände nehmen und seinen Geruch fortdauernd einatmen müssen. Einem, dem wir vertrauen, genügt es anzudeuten, dass Kleinmann, der Vorarbeiter des Kommandos »Tarnung«, und noch andere uns dort haben wollten. Als wir einige Tage mit der »Tarnung« gemeinsam innerhalb des Lagers auf dem Holzplatz arbeiteten, führte und stellte uns Kleinmann geschickt seinem Chef vor. Er hat den geeigneten Zeitpunkt abgewartet, bis Unterscharführer Sydow, ein erwachsener Knirps mit fürchterlicher Kraft und ungeheurem Alkoholverbrauch, Hafenarbeiter aus Hamburg, so viel getrunken hatte, dass er sich dreimal so groß fühlte, wenn er nickend zustimmte. »Tarnung« ist das einzige von den herkömmlichen Arbeitskommandos, das immer noch genug eigene echte Arbeit hat. Der Umfang der äußeren wie auch der inneren Zäune ist so groß, dass es immer etwas auszubessern gibt. Und wenn nicht, dann ist »Tarnung« das geeignete Kommando für Waldarbeiten in der Umgebung des Lagers – für das Lichten, Fällen. Mehrmals am Tag muss ein Teil des fünfundzwanzig Mann zählenden Kommandos unter Aufsicht der Wachmänner und des kleinen Sydow hinaus in den Wald, um dort auf die Bäume zu klettern, Zweige abzubrechen und diese gebündelt ins Lager zu der Stelle bringen, wo der Zaun jeweils ausgebessert wird. Der andere Teil befestigt die Pfosten, spannt die gelockerten Stacheldrähte und flicht das Nadelreisig so dazwischen, dass jene Wand aus dichtem Grün wieder ohne Lücke ist. Wir verstehen es, die zwei, drei Riemen so zu tragen, dass jeder sofort sieht: Wir sind vom Kommando »Tarnung«. Im Wald bündeln wir mit ihnen das abgebrochene Nadelreisig und schnallen die Last an die Schultern.

Der Kontakt mit der Natur außerhalb des Lagers und die Arbeit entlang der Umzäunung machen aus uns schon etwas Besonderes. Wenn wir in das Lager zurückkehren, riechen wir nach Wald, an der verschwitzten Kleidung haben wir frisches Grün, und zum Abend schütten wir aus den Schuhen Nadelstreu auf die Pritsche.

Karl und ich haben an den Händen und in den Gesichtern Kratzer vom Klettern auf den Bäumen und vom Abbrechen der Zweige. Nach der bisherigen Praxis im Lager machen wir nun bei der Tarnung die höhere Schule des Spekulanten- und Schmugglertums durch. Wir lernen es, das Geld überall an uns zu verstecken – in der Achselhöhle mit Pflaster angeklebt, im Schuhabsatz, im hohlen Gürtel. Das Glück hält uns die Stange: Gestern riskierten wir es, und taten das Geld einfach in die Hose, heute stecken wir uns jeder eine goldene Zehnrubelmünze in den Mund, und just an diesem Tag macht man beim Kommando »Tarnung« vor dem Verlassen des Lagers eine Stichprobe. Nun, Küttner-Kiewe müsste Karl und mir schon die Mägen anbohren. Das Tor öffnet sich und die Kolonne mit den Riemen auf den Schultern marschiert aus dem Lager hinaus. Jetzt kommt es noch darauf an, ob unser »Chef« nicht zufällig einen Anfall von Nüchternheit bekommt. Alle wissen, dass in einem solchen Fall niemand etwas anderes in die Hände nehmen darf als das abgebrochene Reisig, niemand darf an Spekulationen denken. Heute aber scheint Sydow einen seiner großen Tage zu haben. Er treibt uns durch den Wald, parallel zur Straße in Richtung Białystok, die zwischen den Bäumen zu sehen ist. »Treblinka – singeeen!«

Was, der Kleine will, dass wir singen? Damit wird er die Spekulanten auf uns aufmerksam machen. Der plattfüßige Adrian wechselt, trotz des strengen Verbots und bitterer Erfahrung, einige Worte mit einem unweit auftauchenden zerlumpten Spekulanten. Die Wachmänner merken es und prügeln Adrian so, dass von einem anderen nur wenig zum Wegschaufeln übrig bleiben würde. Nur, dies ist Adrian, genannt auch Doktor Adrian, und ohne ihn ist das Gaunerkommando »Tarnung« unvorstellbar. Gestern Nachmittag hat er von dem

Kleinen fünfundzwanzig Schläge auf den Hintern und mit dem dicken Ende der Peitsche noch einige ins Gesicht bekommen. Adrian aber hat die Prügel einfach eingesteckt und anschließend vom Wachmann im Wald ein Paket mit Essen herausspekuliert. Dabei hat er alle die, die sich zu dieser Spekulation mit ihm zusammentaten, großartig betrogen. Die Betroffenen haben ihm heimlich ihrerseits Prügel verpasst, der Verlust aber dürfte ihnen mehr wehgetan haben als Adrian die Schläge. Er watet durch den Sand auf seinen Plattfüßen wie auf Flossen, immun gegen alle Schläge, auf die er wie ein Magnet wirkt. Aber die Peitsche bleibt an ihm auf seltsame Weise wirkungslos. Kein Tröpfchen Blut zeigt sich. Nur einmal sah ich, dass er einen Zahn ausspuckte.

Der kleine Adrian mit der eher großen Stupsnase sieht nicht sehr robust aus, aber sein Körper scheint nur aus verknoteten Sehnen und Schwielen zu bestehen. Und die größten muss er auf seinem breiten Hintern haben. Mit einer Geschicklichkeit, die man seiner Statur nicht zutrauen würde, klettert er zum Baumgipfel und ist als erster von uns mit dem Abbrechen der Zweige fertig. Wenn sich ihm aber die Gelegenheit bietet, klaut er denjenigen die Zweige, die noch oben sind. Dass es eine Schlechtigkeit ist! Oj, Karol, Richard, bei uns, wo ich zu Hause war, da war Schlechtigkeit, sich das letzte Zwiebelchen mit einem Stück trockenem Brot zu stibitzen, sich die Zweige vor der Nase mausen lassen ...! Adrian, Doktor der Spekulationswissenschaften, latscht mit seinem Bündel auf dem Rücken zurück zum Lager und sinnt nach. Für das Stück Weißbrot, Wurst, Speck und das Fläschchen Wodka, das er unter dem Hemd und im Schritt der Hose hat, kann er heute Abend in der Wohnbaracke höchstens dreißig »Weiche« also Dollars in Noten, bekommen. Es war nämlich heute auch das Kommando »Straßenbau« draußen, um Bausteine zu holen. Sie wurden von dem milden Seidel und einer ziemlich guten Gruppe Wachmänner begleitet, so dass sie bestimmt etwas zu verkaufen haben.

Na, wenn er aus dem Ganzen vier Portionen machen würde, davon eine kleinere und zu der den Wodka legen würde, dann könnte er dafür je zehn »Weiche« verlangen. Das gäbe zusammen vierzig »Weiche«. Die vierzig »Weichen« könnte er vielleicht gegen zehn »Harte« wechseln. Die zehn »Harten«, die sind eigentlich ein goldenes Zehndollarstück, genannt »Kleines Auge«, und das wieder ist die Hälfte vom »Großen Auge«, der goldenen Zwanzigdollar-Münze, und das ist überhaupt das höchste und wertvollste Währungsstück an der Börse von Treblinka. Auch könnte er wenigstens die zehn »Weichen« gegen »Fünf Schweinchen«, einfacher ausgedrückt »Fünfer«, ein goldenes Fünfrubelstück, wechseln.

Nein, Adrian entscheidet sich anders. Er verteilt zwar alles auf vier kleine

Portionen, wo die Wurst nicht viel größer wird als fingerlang, aber verkaufen wird er heute Abend nur zwei Portionen. Die eine für zehn »Weiche«, für die andere wird er fünftausend polnische Zloty verlangen, damit er für das nächste Mal was für die Wachmänner zum Spekulieren hat. Fünftausend Zloty sind zwar eine ziemlich große und gefährliche Ausbeulung unter dem Hemd, aber die Wachmänner brauchen eben ab und zu die Zloty für den direkten Einkauf. Für Dollars kaufen sie nicht ein, die horten sie. Es ist auch schon so gewesen, dass die Wachmänner plötzlich mehr nach Zloty als nach Dollars fragten und – oj oj oj – wie dann der Zloty in einem halben Tag, von Mittag bis Abend, gegenüber dem Dollar stieg. Die weiteren zwei Portionen wird Adrian heute nicht verkaufen, nein, er versteckt sie bis morgen auf der Pritsche. Morgen vielleicht wird »Tarnung« nicht aus dem Lager hinausgehen, oder der »Kleine Chef« wird seinen Quartalsanfall von Nüchternheit haben, und es wird überhaupt nicht möglich sein zu spekulieren. Die Preise in der Baracke werden hochklettern, sie werden vom Ende des Abendappells bis zum Befehl zum Schlafengehen steigen. Die besten Geschäfte gedeihen kurz vor dem Schlafengehen. – Und was, wenn Adrian morgen im »Lazarett« oder auf ähnliche Weise endet? Na, das ist eben das Unternehmerrisiko.

»Oj oj oj oj Madagaskar ...«, Adrian stimmt mit seiner heiseren und spärlichen Stimme eine wehleidige Melodie an. Im Gesicht zeigt sich ein bitteres Lächeln mit einer Grimasse, die zum Jiddisch wie eine Maske zum Theater gehört. Sie versprachen uns anstatt Erez, dem Gelobten Land, eine ferne große Insel. Statt der Feuersbrünste der Pogrome gibt es dort nur die Glut der Sonne. Dorthin würden sie uns alle bringen, dort ließen sie uns leben, dort würden wir uns unser Heim errichten dürfen ...

Es geht alles schief – mit Madagaskar wie auch mit Adrians Geschäften. Über Nacht stiehlt ihm jemand die Ware. Adrian verflucht alles, was in Treblinka noch atmet, und verdächtigt den Mann, den alten Jitzrock, der neben ihm schläft und auch bei der »Tarnung« arbeitet. Weder Adrian noch der alte Jitzrock, dessen Gesicht rot und rau wie ein Stück rohes Fleisch ist, glauben so recht, dass in den nächsten Tagen beim Kommando »Tarnung« ein strenges Regime eingeführt wird, von dem man jetzt so viel munkelt.

Dann geht es doch richtig los. »Tarnung« wird in vier Gruppen zu je sechs Leuten eingeteilt. Jede Gruppe wählt ihren Vormann. Dieser, sobald das Kommando aus dem Lager hinaus ist, sammelt von seinen Leuten ungefähr denselben Einsatz ein. Die vier Vormänner geben dann das gesamte Geld dem langen Kuba, der als einziger berechtigt ist, mit den Wachmännern zu verhandeln, ihnen Geld bereitzustellen und von ihnen die Ware entgegenzunehmen.

Niemand anderer ist für diese Funktion besser geeignet als Kuba, der es versteht, mit seiner feinen wie unbeteiligt wirkenden Stimme, mit seinem rötlichen Gesicht und den hellen Augenbrauen so zu schauspielern, dass er stets die richtige Stimmlage trifft. Sobald er unauffällig die Spekulantenware übernimmt, ist seine Aufgabe beendet, und die vier Vormänner treten wieder auf den Plan. Die anderen arbeiten weiter und geben ihnen Deckung. Zuerst wird etwas für Kleinmann, den Vorarbeiter, abgetrennt. Alles andere wird auf vier gleiche Teile verteilt. Jeder Vormann begibt sich dann zu seiner Gruppe, wo er aus dem Viertel ebenso unauffällig sechs Portionen macht.

In den ersten Tagen, als das eherne Regime eingeführt wird, geht es beim Kommando »Tarnung« grausam zu. Die Wachmänner schlagen aus Wut um sich, weil plötzlich niemand die Ware überbietet. Nur der lange Kuba mit seiner dünnen süßlichen Stimme bietet zehn Dollar, mehr habe ja niemand. Adrian und der alte Jitzrock kassieren Schläge doppelt. Von den Wachmännern mit dem Gewehrkolben, mit der Peitsche, mit einem Stück Holz, von ihren Kumpeln mit den Arbeitsriemen.

In den nächsten paar Tagen versuchen die Wachmänner, »Tarnung« auszuhungern und stopfen sich im Wald vor allen voll mit Speck, Schinken, Wurst. Dann kommen noch zwei, drei leere hungrige Tage, bis endlich der dicke, immer verschwitzte Wachmann, sobald wir aus dem Lager draußen sind, fragt, als ob nichts geschehen wäre: »Also, wer hat Groschen?« Da antwortet Adrian, wie wenn er vor sich selbst ein bedeutungsvolles Gelübde ablegte: »Wer denn sonst, panie – Herr Wachmann, als der lange Kuba dort, wie immer, Herr Wachmann, der lange Kuba – wie gehabt ...«

Wie ist es mit Vorarbeiter Kleinmann? Auch da offenbarte Treblinka seine Fähigkeit zu widersinnigen Gegensätzen. Zum Vorarbeiter von abgehärteten, ausgekochten Typen, von Schmugglern, die die Konterbande mal für gaunerische, mal für wohltätige Zwecke schmuggeln, wurde ein Mensch, der zuvor kein einziges ordinäres Wort über seine Lippen hätte kommen lassen. Die Peitsche gerät ihm zwischen die Beine, verstellt ihm den Weg, verlegen schiebt er sie in die andere Hand. In der Schule war er ein anständiger, wohlerzogener Junge, der immer gute Noten hatte, ohne für einen Büffler und Kriecher gehalten zu werden. Im zivilen Leben mag er ein verlässlicher, verantwortlicher Beamter und Vater einer gut bürgerlichen Familie gewesen sein. Er lebte mit Frau und Kind irgendwo im östlichen Teil Deutschlands, von wo ihn die Nazideutschen noch vor dem Krieg als Juden polnischer Nationalität ausgewiesen hatten. Hier in Treblinka erweisen ihm die SS-Männer auf ihre Art Anerkennung, die Malocher und Schlaumeier vom Kommando »Tarnung« holen sich

Rat bei ihm und trennen von der Spekulantenware immer ein Stück für ihn ab. Seine Autorität entspringt jener natürlich-höflichen Weise, mit der er zwischen den verschiedenen Typen bei »Tarnung« untereinander und auch gegenüber dem kleinen SS-Grobian vermittelt. Und dieser rabiate Kleine hat an dem leicht beleibten höflichen Herrn mit rundem Kopf und runden Brillengläsern seinen eigenwilligen Gefallen gefunden. In der letzten Zeit kommt es vor, dass unser kleiner Chef den Morgenappell versäumt. Es scheint, dass sich seine Alkoholexzesse bis tief in die Nacht hineinziehen. Als wieder einmal nach dem Antreten am Morgen das Kommando »Tarnung« in Reih und Glied dasteht und auf seinen Chef wartet, vermag Küttner, der mit Tagebuch und Bleistift in der Hand den Abmarsch aller Kommandos zur Arbeit kontrolliert, nur kläffend zu bemerken: »Unterscharführer Sydow wieder nicht da ...«

Anscheinend sind die SS-Leute ratlos. Sydow weiß zuviel über die unsauberen Geschäfte. Wahrscheinlich warten sie darauf, dass er sich selber erledigt, oder dass sich die Gelegenheit bietet, zum Beispiel wenn er in den Urlaub geht, ihn abzukommandieren, wie sie es schon vorher mit einigen anderen getan hatten.

Küttner schickt die »Tarnung« ohne Chef, nur mit den Wachmännern zur Ersatzarbeit an die innere Seite des Zauns, zu der Böschung bei dem Gleis gegenüber der Bahnhofsrampe. Wir sollen dort nachsehen, wo überall die Stacheldrähte locker und im Zaun schüttere Stellen sind. Nach etwa einer Stunde erblicken wir Sydow, wie er sich uns in Begleitung von Boelitz nähert. »Ihr Saubande, du meine goldige ›Tarnung‹ ...« Schon nach den ersten Worten erkennen wir, dass der Kleine heute in schönster Katerstimmung ist – eine über alles erhabene, auf alles pfeifende. Er fällt von der Rampe herunter auf das Gleis, steht aber sofort wieder auf. Das scheint fast natürlich, er kann nicht umfallen, so klein und untersetzt, wie er ist – ein Stehaufmännchen. Boelitz, der ihm hinterher gesprungen ist, erklärt er, er brauche ihn nicht mehr, und er solle sich zum Teufel scheren. Und überhaupt, er brauche keinen Hauptscharführer oder irgendeinen Aufpasser hinter sich herlaufen. Zum Beweis zieht er Boelitz, dem er etwas über die Gürtellinie reicht, freundlich an sich heran und führt ihm seine Kraft vor. Er fasst ihn am Gürtel, hebt ihn mit einer Hand hoch – und stellt ihn wieder bedächtig auf die Füße.

Dann erblickt er unsere Gruppe oben auf der Böschung und wehleidig sprudelt es aus ihm hervor: »Ihr Hunde, ihr Oberspekulantenbande, ihr habt noch nichts gemacht, und es ist schon ...« Er holt seine Taschenuhr heraus und glotzt sie eine Weile an ... »Heinriiich, komm mal her«, ruft er Kleinmann zu sich nach unten. »Komm näher, ganz nah – so ...« Es vergeht wieder eine Weile. Der Kleine lehnt seinen Kopf an Kleinmanns Brust und erstarrt stehend. Die Wachmänner oben auf der Böschung lachen und rufen, um auszuprobieren, wie fest der Chef eingeschlafen ist.

Am unteren Ende des Bahnhofplatzes huscht Kiewes hohe Mütze vorbei, was Kleinmann sofort bemerkt. »Herr Unterscharführer – Herr Chef –«, Kleinmann macht einen Schritt rückwärts. Sydow taumelt vorwärts, fällt aber wieder nicht um.

»Heinriich – wegen dem hast du mich geweckt? Karl, Richard! Hierher – ihr seid zwei rechte Jungs – sagt mir jetzt, wer ist schuld an diesem Krieg?« Er fährt fort, ohne die Antwort abzuwarten: »Also, ich sag's euch. Ihr nicht, aber die englischen Juden, und die kriegen wir noch alle hierher. Jaa, die kommen alle noch nach Treblinka.« Er dreht uns den Rücken zu und breitet die Arme aus: »Da wird alles hergerichtet – ein echter Bahnhof wird es sein – Inschriften kommen her – dort oben an die Baracke kommt 'ne große Uhr – die Leute vom Kommando ›Blau‹ bekommen Eisenbahneruniformen – ihr Kapo eine rote Bahnhofsvorstandsmütze. Und übrigens, ihr Hunde, an die Arbeit!« Er heult auf, fällt aber sogleich in einen freundlichen Ton zurück! »Heinriich, heute wird nur am Vormittag gearbeitet – heute ist Sonntag, und wir arbeiten bis halb zwölf – aber wie die Deibel! Adrian, die Säge muss glüüühend sein – und um halb zwölf Sense – alle setzen wir uns zusammen und werden fromme Lieder singen.« Vor einigen Tagen brachten sie nach und nach, in kleineren Schüben, etwa dreitausend Leute. Vielleicht liquidierten oder reduzierten sie eines der kleineren Straflager. Vielleicht machten die Truppen der Feldgendarmerie in den Wäldern eine Säuberungsaktion und verfrachteten alles, was ihnen in die Hände fiel, nach Treblinka zum Verbrennen – ausgemergelte Wesen in Sträflingsjacken, zu waghalsige Spekulanten und zuletzt, in einigen Wagons, Zigeuner*. An den lumpigen Resten, die man in das neu entfachte Feuer im »Lazarett« warf, erkannten wir, dass sie verschiedener Herkunft und Nationalität waren. Deutet das vielleicht auf eine neue Etappe in Treblinkas historischer Funktion? Ist denn nicht alles vorbereitet und hergerichtet für neue Anlieferungen? Was, wenn sie den Krieg wirklich gewinnen oder wenn er einfach nie aufhört? Wird Treblinka als Verbrennungsanstalt für jeglichen Abfall am Rande einer Zivilisation fungieren? Wieso aber streifen sie so teilnahmslos herum und murmeln zwischendurch immer »Alles Scheiße, alles Scheiße«?

Noch einige Tage, und dann machen wir das, was die Welt von uns erwartet. In der Dunkelheit der Wohnbaracke sehe ich das helle Blau von Davids Augen und die verkrampften Finger an seinen gehobenen Händen. Bei der

* In Treblinka wurden nach heutigem Kentnisstand 2.000 Roma und Sinti ermordet

Rückkehr zu unserer Pritsche vernehme ich ein Flüstern: »Es wär' da ein Stück Wurst, zwei Semmeln und 'ne Flasche Wodka zu haben – die wollen zehn Weiche – Mosche, komm, halb und halb, aber schnell, sonst ist es weg.«

Bei uns auf der Pritsche hat Rudi Masarek das Wort: »Insgesamt sind wir jetzt etwa siebenhundert. Drüben über zweihundert und hier, im ersten Lager, nicht ganz fünfhundert. Und wisst ihr, wie viele von den fünfhundert vom Militär her mit einer Waffe umgehen können? Wir haben es zusammengerechnet und sind auf etwas mehr als vierzig gekommen.«

»Sagtest du, zwei kleine Kisten mit Handgranaten, etwa sechs Gewehre und eine Pistole für Kurland? Ich denke, das reicht kaum für fünf Minuten.«

»Halt, halt.« Standa Lichtblau, der bei uns auf der Pritsche zu Besuch ist, stoppt Hans. »Und was ist mit dem Benzin, der ganze Tank und die Pumpe? Ein Lumpen, mit Öl getränkt und angezündet, einige auslaufende Benzinbehälter, das sollte bei diesem Wetter für halb Treblinka langen. Schade, dass ich es nicht mehr brennen sehen werde. An die fünfzig Meter sind es nur von der Garage bis zur Pumpe. Für die soll ich sorgen, hat mein guter Chef gesagt. Dann werde ich also für sie sorgen. Das wird mein Solo-Auftritt sein – eine riesige Fackel zum Gedenken an meine Frau und meine Tochter ...« Standa hackt in mährisch-ostrauer Art ein Wort nach dem andern ab. Er zeigt dabei seine großen kräftigen Zähne. Es ist nicht zu unterscheiden, ob er gerade lächelt oder sich in etwas verbeißen will.

In jenen Tagen arbeitet das Kommando, das sich um die Sauberkeit im ganzen Lager und besonders um den einwandfreien Zustand aller Neueinrichtungen kümmert, wieder durch einen Zufall ganz dicht unter dem Wall.

»Na, na – wszystko tu sprzatac – alles da sauber machen, ihr Hurensöhne – seid bereit – przyjaciele, Chaverim, Freunde – nächsten Montag – komm doch mit dem Rechen her – los, um vier Uhr Nachmittag – da, harkt und ebnet es ab – Signal Handgranate – predzej, schneller mit der Trage – alles in Brand stecken ...« Der Vorarbeiter vom Säuberungskommando ruft in Jiddisch und in Polnisch. Wenn aus dem Lager Zwei »Klaubt die Knochen zusammen« zu hören ist, müssen die auch uns über den Wall hören können. Schließlich kommt von dort die Antwort: »Verstanden!«

Mit den Bündeln auf dem Rücken kehrt das Kommando »Tarnung« ins Lager zurück. Je näher wir kommen, umso mehr wird der harzige Duft des Nadelreisigs vom stickigen Atem des Lagers verdrängt. Als die Kolonne den Geländeeinschnitt zum Gleis hinuntertrottet, hören wir Gebrüll und Schüsse aus dem Lager. Unauffällig vergraben wir das, was für unsere Leute bestimmt war, im Sand. Danach, beim Passieren des Tors zum Lager Zwei, ist alles wieder still. Unterwegs erfahren wir, was geschehen ist. Sie haben das ganze Holzfällerkommando wegen Spekulation mit den Ukrainern umgebracht. Hat Küttner erst jetzt entdeckt, dass die Ukrainer in den Kannen kein Wasser herumtragen, oder riecht er den anderen Braten?

Das Tor zum Lager Zwei öffnet sich halb. Die SS-Männer befehlen uns, die Bündel hineinzutragen. Ich überschreite nun die Grenze der grauenvollen Werkstatt des Todes. Wenn ich jetzt hier bleiben muss, dann wird es ohnehin nur bis übermorgen sein. Eine Gruppe von Leuten erscheint vor uns, und ich erblicke Zelo. Er ist braun gebrannt, abgemagert, aber immer noch stattlich. Alle hier sind in Lumpen gekleidet. Zelo lächelt mich wortlos an. Hinter ihm ist ein gemauertes Gebäude mit steilem Dach sichtbar. Hier muss der Eingang zu den Gaskammern sein. Der Schlauch mündet also nicht direkt in den Eingang, sondern er endet ein Stück vor ihm. Seitlich hinter dem Gebäude glaube ich Schienen zu erkennen. Ist das der Verbrennungsrost? Der Weg zum Eingang in das Gebäude steigt leicht. Der Sandboden ist festgestampft. An beiden Seiten stehen Bäume, wie in einer Allee. Überall sind grüne Rasenflächen, Beete aus bunten Steinen und Sandpfade, aschgrau und gelb. Da erscheint noch ein bekanntes Gesicht: Adasch, der ehemalige Vorarbeiter aus der »A-Baracke« ruft Zelo und den anderen ein paar Worte in Jiddisch zu, so dass wir ihn alle verstehen können: »Auf was wartet ihr noch, alles ist doch fertig, oder?«

Der 2. August 1943

Am Sonntag, dem freien Nachmittag, tragen wir unsere Decken auf den Appellplatz hinaus, um in der Sonne zu liegen. So etwas gab es bisher nicht. Einer hat damit angefangen, und inzwischen ist der ganze Appellplatz belegt. »Was meinst, schütteln wir die Decken aus?« »Spinnst du, Mensch? Für die letzte Nacht? Da, leg dich nieder und ruh dich aus.« – »Na, für das Liegen und Ruhen wird uns nach dem morgigen Tag Zeit genug bleiben.« – »Eigentlich sollten wir heute Bilanz ziehen. Wie viel Menschen hat man hier wohl umgebracht?« »Moment mal, als wir ankamen, da hatten sie bereits zwei-, vielleicht sogar dreihunderttausend umgebracht. In den ersten Monaten herrschte Hochkonjunktur: Am einen Tag haben sie zehntausend, am nächsten fünftausend, dann wieder fünfzehntausend Menschen fertig gemacht« – »Wie lange hat die Hochkonjunktur gedauert?« – »Am zehnten Oktober kamen wir an. In der zweiten Hälfte des Dezembers brach der Strom der Transporte ab. Dann im Januar kamen das verlauste Grodno, Białystok – und im März der üppige Balkan. Darauf folgten die Transporte nach dem Aufstand im Warschauer Ghetto und zuletzt die Reste aus irgendwelchen anderen Lagern, hauptsächlich Landstreicher und Zigeuner.«

»Das sind etwa sechshunderttausend ...« – »Jetzt die zwei- bis dreihunderttausend von früher, das macht dann zusammen über achthunderttausend.« – »Ich würde es noch aufrunden. Vergiss nicht, dass sie mit einem Schub manchmal auch tausend und mehr Menschen reinbrachten.«

Karl, der bis jetzt auf dem Bauch lag, dreht sich um und überschaut den ganzen Appellplatz, das bunte Durcheinander der schmuddeligen Decken, der halbnackten Körper mit den kahl geschorenen Köpfen. »Das sind also die Reste von einer Million Menschen.« Nach dem Morgenappell schickt Küttner das Kommando »Tarnung« auf den Holzplatz. Wir sollen dort die Arbeit für die Holzfällerkolonne übernehmen. Sie treiben noch weitere Leute dazu. Robert ist unter ihnen. Den Zaun entlang patrouillieren wie üblich die Wachmänner mit den Gewehren über der Schulter. Zuweilen verständigen sie sich johlend mit denen vom Wachturm an diesem Ende des Lagers. Ab und zu geht ein SS-Mann Streife auf dem Holzplatz, vermutlich nur, um Kiewes Befehl zu erfüllen, den er im Rückblick auf den Vorfall mit den Holzfällern erteilt hat. Viele von den SS-Leuten sind jetzt im Urlaub. Zudem ist es sehr heiß. Der Boden, der Rasen und die Bäume sind ausgedörrt, selbst der Morgen bringt keine Erfrischung. Mit dem fortschreitenden Vormittag und steigender Hitze legt sich Mattigkeit auf das Lager. Darunter verbirgt sich erregte Spannung. Von vorne, vom Weg entlang der SS-Baracke ist ein entferntes Rattern zu hören. Die Fuhre mit dem Pferd kommt, um die Abfälle nach dem Aufräumen und Reinigen zu holen. Das Rattern hat aufgehört, und die Säge bleibt uns plötzlich stecken. Jetzt steht der Karren vor dem Eingang, dicht am Munitionslager. Sie laden »den Müll«, diesmal mit den Zündern. »Leute, ich bitt' euch, macht was, packt was an, zieht an der Säge, ihr könnt doch nicht so dastehen!«, Kleinmann läuft aufgeregt zwischen uns hin und her und zwingt uns zur Arbeit, so dass wir nicht mitbekommen, wann sich die Fuhre in Bewegung setzt. Nach einer Weile erreicht uns die Nachricht, dass das Nest schon ausgenommen sei. Unser Verbindungsmann ist Lublink, der irgendwo auf der Kreuzung zwischen dem »Ghetto«, der SS-Baracke und den ukrainischen Baracken arbeitet. Mitteilungen und Weisungen übernimmt derjenige von uns, den Kleinmann ausschickt und der dann angeblich auf die Latrine geht.

Das Gedränge bei der Küche am Mittag ist nicht so groß wie üblich. Während ich in der Schlange stehe, sehe ich, wie einige sich die Hände drücken. Vor mir taucht die Szene auf, wie die Juden am Jom Kippur in dem Städtchen, in dem meine Großeltern lebten, sich gegenseitig die Hände schüttelten und Gutes wünschten ... Sie kamen von überall aus den umliegenden Dörfern, von weit her und versammelten sich zu dem größten Feiertag – zum Versöhnungstag.

Trotz der Hitze gehen wir mit den Essschüsseln in die Baracke zu den Pritschen. Wir wollen Rudi sehen und mit ihm sprechen. »Zwei Kisten sind schon verteilt, dreißig Stück sind es – in den Werkstätten – da unten auf der Latrine – ich hab sie im Taubenschlag, was würde ›die Puppe‹ Franz dazu sagen – noch fünf Gewehre – ja, nur fünf Gewehre – Kurland oben hat 'ne Pistole – auch Flaschen mit Benzin.« Rudi ist nicht mehr fähig, einen zusammenhängenden Satz herauszubringen. Von uns auch niemand. »Jungs – wenn jemand von euch – sagt denen zu Hause, denen draußen ...«, Rudi nimmt uns, einen nach dem anderen, bei der Hand, aber Hans winkt ab: »Warte bis heute Abend, bis es wieder abgeblasen wird ...« Unten erscheint Davids schmales Gesicht. Er kommt, um Abschied zu nehmen. Von der Pritsche gegenüber ist eine singende, rhythmische monotone und den ganzen Lärm übertönende Stimme zu hören. David fasst mich am Arm: »Hörst du? Das ist König Davids Psalm: ›... und ob schon ich wanderte im finstern Tal, fürchte ich kein Unglück, denn du bist bei mir ...‹«

Robert sitzt müde auf seinen zusammengelegten Decken; die Ellbogen auf die Knie gestützt, dreht er den Kopf hin und her, um das ganze Geschehen zu überblicken.

»Für uns gilt heute nur Treblinka ...« Die Kolonnen marschieren nach dem Mittagsantreten wieder zu ihrer Arbeit und singen das Treblinka-Lied. Kleinmann benützt die Arbeitsaufnahme zu Mitteilungen, die nach außen wie Arbeitsanweisungen erscheinen: »Punkt vier Uhr soll es losgehen. Wir sollen uns um den Wachmann hier bei uns, den am Zaun und den am Tor kümmern, und selbstverständlich um jeden SS-Mann, der sich in dem Augenblick da aufhalten wird. Gewehre und alles, was schießt, gehen sofort an Josek und Herschek, die wissen damit umzugehen, sie haben Militärdienst geleistet. Andere Waffen als die, die wir ihnen entreißen, haben wir nicht. Vielleicht bekommen wir noch 'ne Flasche mit Benzin hierher auf 'n Holzplatz. Wir müssen sofort alles anzünden. Diese Seite der ukrainischen Baracken sollen wir an uns binden.« Kleinmann schaut in Richtung Wachturm hinter dem grünen Zaun: »Na, von dort bis hierher ist es doch 'ne größere Entfernung, aber völlig dürfen wir den nicht aus den Augen lassen.«

Das Kommando »Tarnung« nimmt hinten auf dem Holzplatz die Arbeit auf, zerkleinert die Äste, hackt und schichtet das Holz. Karl und ich ergreifen wieder die Säge. Als einziger Chef bleibt Suchomel auf dem Platz. Ganz in weißer Sommeruniform, fährt er auf einem Fahrrad herum. Kein einziges Wölkchen ist am Himmel, weit und breit nur strahlendes Blau, und die Sonne brennt unerbittlich, so dass alles auf Erden verstummt und schwer atmet.

»Kleinmann, wie spät ist es?« – »Bald zwei.« – »Geht sie richtig?« Weit vorn, von der Weggabelung in Richtung Kommandantur gibt Lublink mit gehobener Hand ein Zeichen, dabei tut er so, als wische er sich mit dem Ärmel über das verschwitzte Gesicht. Kleinmann lenkt seinen Schritt unauffällig in Lublinks Richtung und kehrt dann ein wenig schneller, aber immer noch wie im Kontrollgang, zurück: »Hört gut zu, von jetzt an geht es in dem Augenblick los, wenn sie noch jemand ins ›Lazarett‹ abführen oder sonst fertig machen wollen. Keiner von uns darf noch einmal so enden.«

Das bedeutet, dass auch die Flaschen mit Benzin verteilt sind. Wie viel mag David Brat oben in der »A-Baracke« versteckt haben? Er blieb dort zum Aufräumen mit etwa fünf, sechs Leuten. Bei uns hier tauchte bis jetzt keine einzige Flasche auf. Auf der anderen Seite der ukrainischen Baracken, über den ganzen Platz verteilt, vergrub das Kartoffelkommando ein paar Flaschen anstatt Kartoffeln. Flaschen gab es hier immer sehr viele. Schlechter steht es um Papier und Streichhölzer, die waren immer eine Seltenheit in Treblinka.

»Du«, Kleinmann wendet sich nach einer Weile an mich, »geh jetzt nach oben zu der Baracke mit Brettern und dem anderen Material. Tu, als ob du dort noch eine Säge suchtest und sag unterwegs Lublink und den anderen, dass hier weiterhin alles in Ordnung sei.« Ich gehe den Weg an den ukrainischen Baracken entlang, dann passiere ich die »Zoo-Ecke«. Beda winkt mir von drüben zu. Er war es, der den Tiergarten so hergerichtet hat. Ringsherum legte er einen kleinen Garten an. Die Pfade hat er mit durchsiebtem gelben Sand bestreut, nicht mit dem aschfahlen von drüben. Das Dach und die Pfeiler verkleidete er mit halbiertem weißen Birkenholz. Auf diese Weise machte er um den ganzen Ziergarten einen niedrigen weißen Zaun und den Rasen umsäumte er mit bunten Steinchen. Beda ist erst achtzehn. Er kommt vom Land irgendwo aus der Umgebung von Prag und hat Gärtner gelernt. Seine Mutter führte einen Laden, wie es im Dorf so üblich war. Einen Vater hatte er nicht. Wir stiegen zusammen aus, als wir ankamen, und halfen uns gegenseitig, das Gepäck zum Entkleidungsplatz zu tragen – er, ich und seine Maminka, seine Mutter.

Ein Kopfnicken reicht Lublink, damit er weiß, dass bei uns alles in Ordnung ist. Die Taubenschläge auf der Verzweigung des Weges von der Zoo-Ecke zum »Ghetto« und in der anderen Richtung zu den SS-Baracken muss Rudi schon geleert haben. Die Handgranaten hat er wahrscheinlich bei sich.

»O, o, wohin gehst du, was willst du?« fragt mich Mietek, als ich am Eingang zum Appellplatz vorbei weiter nach oben will. »Sagen, dass hinten bei uns alles in Ordnung ist – und zum Entkleidungsplatz soll ich auch noch.« – »A soj«, er zeigt hinter sich: »Auf die Latrine darf ich jetzt niemand lassen. Dort werden noch 'n paar Geschenke für das Simches Tojre – das Thorafest – vorbereitet.«

Ich betrete den menschenleeren Bahnhofplatz. Plötzlich, in der blendenden Sonne, überwältigt mich wieder jenes seltsame Gefühl. Von oben herab überblicke ich das Geschehen und scheine selbst nicht dazuzugehören, ich bin ein staunender, faszinierter Zuschauer.

Es ist nicht mehr derselbe Ort wie vor zehn Monaten. Eine große, weiße Tafel kündigt den Ankommenden in schwarzer Inschrift an, dass dieser Ort »Treblinka – Obermajdan« heißt. Darunter sind kleinere Tafeln als Wegweiser montiert. »Zu den Zügen in Richtung Bialystok und Wolkowisk«, »Zum Bad«.

Weitere Tafeln mit Inschriften befinden sich über den blinden Fenstern der »A-Baracke«, diesseits der Rampe: »Fahrkartenausgabe«, »Auskünfte« Oben im Giebel leuchtet weiß ein übergroßes Zifferblatt. Seine Zeiger stehen immer auf sechs Uhr. Vor dem Eingang zum Entkleidungsplatz an der Hinterwand der Garage ist eine fingierte Tür mit der Inschrift »Bahnmeisterei«. Der farblose Anstrich lässt die Bretterwand der »B-Baracke« in der Sonne glänzen. Auf ihr hebt sich die Inschrift »Güterabfertigung« ab. Der schmale Rasenstreifen entlang der Baracke soll friedlich und beruhigend wirken. Das satte dunkle Grün der Zaunwand hebt sich vom hellen Pastellgrün der begrasten Böschungen ab. Über den beiden viel befahrenen glänzenden Schienen leuchtet, weiß angestrichen, eine breite Traverse. Die Fläche des Bahnsteigs, des ganzen »Bahnhofs«, ist schlackeschwarz. Die Bausteine, aus denen ganz Treblinka zusammengesetzt ist, sind einem wilden Gemisch von Formen und Farben entnommen. Über dem Haupttor hängt eine aus Holz geschnitzte Erdkugel mit einer Windrose. Zwei SS-Runen durchschneiden sie. Das Wachhäuschen ist mit Schnitzkunstarbeiten geschmückt. Man holte die Schnitzer aus den Transporten und nahm ihnen alles, ließ ihnen nur ihr Handwerk, ihre Kunst. Und wie sieht es erst um die Hauptresidenz herum aus! Das Grau der gepflasterten Wege um die Kommandantur ist vom matten Weiß der gekalkten Bordsteine begrenzt. Das leuchtende Gelb der mit Sand bestreuten Nebenwege und Pfade ist von Beeten aus bunten Steinen umgeben – ein Kaleidoskop. An jeder Ecke befinden sich Wegweiser und darunter Schnitzereien. Unter der Inschrift »Zum Ghetto« sieht man eine gekrümmte Judengestalt mit einem Bündel auf dem Rücken. Beim Hauptweg sind es die Gestalten zweier SS-Männer, und die Inschrift gibt bekannt, dass der Boulevard von Treblinka nach dem ältesten Mitglied des hiesigen SS-Sonderkommandos benannt wurde: »Karl-Seidel-Straße«. Der nächste Wegweiser führt zu den Baracken der ukrainischen Wachmänner, der »Max-Biala-Kaserne«.

Ich sehe im Vorbeigehen vorsichtig in Richtung Garage. »Standa?« Er tritt aus der Tiefe der Halle ins Licht und wischt sich die ölig verschmierten Hände mit einem Lappen ab. »Alles in Ordnung.« Hinausgerollt neben der Garagentür und mit einem Stein festgekeilt sind ein Blechfass und daneben noch einige Behälter. Man muss sie nur öffnen und umkippen und die etwa vierzig, fünfzig Meter über den Schlackebelag mit leichtem Gefälle zum Benzintank ausfließen lassen. Und von dort sind es kaum zwanzig Meter bis zur nächsten SS-Baracke. Als ich zurückkomme und Kleinmann berichte, machen wir uns mit Karl wieder ans Holzsägen. »Kleinmann, wie viel ...?« – »Bald drei: zwei Uhr siebenundfünfzig. Passt auf, Kiewe tobt heute wieder. Einen hat er verprügelt, von dem anderen hat er sich die Nummer notiert. Das heißt fünfundzwanzig Schläge beim Abendappell.« – »Jach, hab' große Mojre – ich fürchte, er bekommt die fünfundzwanzig nicht.« Dem Holzplatz schließt sich eine Rasenfläche an, die nur mit Maschendraht umzäunt ist. Die Wäsche aus der SS-Baracke und auch von den Wachmännern wird dort gebleicht und getrocknet. Drei Mädchen kommen gerade mit Körben und sammeln die trockenen Stücke ein. Sie strecken sich zu der Schnur hoch. Von zu Hause erinnere ich mich an solche Szenen, wie sich die Frauen in ärmellosen leichten Blusen nach den Wäscheklammern streckten und ihnen die Röcke hoch rutschten. Ich blicke hinüber zum Wachturm. »Du, Kleinmann, wie ist das mit dem Wachturm? Wer übernimmt den?« – »Wir nicht, und es sieht so aus, als ob sich niemand darum kümmert. Das wär 'n völliger Unsinn. Er steht so, dass man auf die, die flüchten würden, schießen kann. Es muss einfach alles ungemein schnell gehen ...« – »Wie lange noch?« – »Zwölf Minuten.« – »Hm, bald Feierabend.«

Suchomel dreht auf dem Fahrrad ein paar Runden um unsere Gruppe. Dann setzt er seine Fahrt am Zaun entlang fort, irgendwohin zum Hauptweg. »Der geht zur Jause, Kaffee trinken.« Josek guckt ihm nach. »Hätte hier auch noch 'n bisschen bleiben können.« – »Fünf Minuten. So, jetzt geh' ich noch Mal nach vorne.« Kleinmann verschwindet hinter uns.

Jemand rennt quer zwischen den Bäumen durch, und gleichzeitig läuft Kleinmann auf uns zu: »Kiewe hat jemanden erwischt – man führt ihn vielleicht ins ›Lazarett‹ – vorhin hat ihm Kuba, der Barackenälteste, etwas gemeldet.« Alles bleibt stehen und verstummt. Vorarbeiter Kleinmann greift mit den Fingern beider Hände unter seine Brille, um sich den Schweiß wegzuwischen, dann schaut er auf die Uhr: »Zwei Minuten vor vier.«

Zweiter August Neunzehnhundertdreiundvierzig.

Vorne, irgendwo bei unseren Wohnbaracken, fällt ein Schuss. Danach Stille. Dann explodiert die erste Handgranate, gleich darauf die zweite – die dritte sehe ich auf dem gepflasterten Weg detonieren. Der Wachmann hinter uns ist nicht mehr zu sehen, auch der am Tor ist verschwunden. Josek und Herschek haben ihre Gewehre: »Revolution! Ende des Krieges!« Der zweite Teil der Losung soll die Wachmänner verwirren.

»Hurra!« Es erklingt erst vereinzelt und zaghaft, mir bleibt es in der Brust stecken und würgt im Hals, bevor ich es hervorbringe: »Hurra!« Das Rufen wird lauter und erhebt sich über ganz Treblinka. Etwas fliegt über meinem Kopf durch die Luft und explodiert vor den ukrainischen Baracken. Die dürren Zweige und das Reisig fangen sofort Feuer. Flammen lodern überall auf. Das Tor zu Lager Zwei steht weit offen, und hinter ihm kniet eine Gestalt mit Gewehr – dem runden kahlgeschorenen Kopf nach könnte es Zelo sein. »Kiewe hat's gekriegt«, höre ich.

Zwischen den Bäumen erscheint von der SS-Baracke her eine Gestalt ohne Jacke, nur im weißen Hemd, und verschwindet gleich wieder hinter der explodierenden Granate. Weitere Flammen schlagen hoch und auch die ukrainischen Baracken beginnen zu brennen. Robert fällt plötzlich mit gestreckten Armen auf einen Haufen abgehackter Äste, so wie Buben sich ins Heu fallen lassen, und bleibt reglos liegen. Am weitesten vorne ist Saul. Links ein Stück vor mir läuft Karl mit erhobenem Spaten los, bleibt stehen, denn irgendwie geht es nicht weiter. Hinter dem Baum, nahe der Baracke, sehe ich Rogoza, den Oberwachmann, wie er in Richtung Holzplatz feuert. Was soll ich eigentlich mit der Axt, die ich in der Hand habe?

Von vorne, irgendwo von der Kreuzung vor der SS-Baracke, erschallt eine längere knatternde Salve. »Wer ist früher drangekommen, Rudi oder sie?« Ein kurzes Zischen, und die anschließende Explosion blendet mich, alles bebt unter mir, die Kiefer vor der Küche brennt bis hoch hinauf, die Flamme ist schwarz umrandet; ich höre schwächeres, aber beständiges Zischen und sehe Feuer weit und breit, also doch: Standa Lichtblau ...

Wir ducken uns und erreichen irgendwie den Platz vor den ukrainischen Baracken – wir sind nur wenige: Josek hält das Gewehr ohne Munition ratlos in den Händen, Herschek sehe ich nicht mehr. An den Baracken entlang läuft Lublink, in der Hand hat er etwas wie eine Rute und treibt Leute vor sich her wie eine Gänseherde, zeigt auf das hintere Tor zum Vorfeld: »Weg jetzt, alle weg – in die Wälder!« Das Tor ist aufgebrochen, wir rennen hinaus und weiter über den Gemüseacker.

»Karl, juhu!« Wir lachen beide wie verrückt, während wir nebeneinander herlaufen. Ich schreie, ich höre mich weiter schreien, wie beim Herumtollen. Ich klettere auf den länglich angelegten Misthaufen und springe auf die andere Seite. Unter mir zischt es ein paar Mal. Du Trottel, du musst doch in Deckung gehen – auf beiden Seiten pfeift es, von den Wachtürmen, auf die niemand gelangt ist. Der ausgedörrte Gemüseacker wird aufgewirbelt.

Da ist plötzlich Stacheldraht vor uns, schräg gespannt vor den spanischen Reitern, den Panzersperren. Dort liegen schon viele, rollen herunter, zurück, und stöhnen. Ganz langsam, die Füße wie auf ein Seil setzend, nur nicht zu schnell und jetzt, hoppla. Karl sprang schon vor mir. Wir beginnen erneut zu laufen. »Jetzt, wohin?« – »Die rechts laufen in den Wald hinein!« – »Nein, besser nach links, in die Sümpfe, dort, wo Torf ist!«

Wir sind nur drei. Vor uns läuft der schwarze Schlojme, auch von der »Tarnung«. Ein kleiner See taucht auf- wir springen durch das Gestrüpp am Ufer direkt ins Wasser und sind bald in der Mitte, Schlojme ist vor uns und nähert sich bereits dem anderen Ufer, als dort eine schwarze Wachmannsuniform erscheint. Schuss, Aufschrei. Ich tauche unter, teils schwimme ich, teils krieche ich auf dem schlammigen Boden zurück zum Ufer, von wo wir ins Wasser sprangen. Dort ist ein Dickicht mit Ästen, die weit ins Wasser ragen. Das Wasser wird über und um mich herum von Schüssen gepeitscht. Als ich ans Ufer stoße, hole ich kurz Atem und tauche sofort wieder unter. Jemand greift heftig nach mir: Karl will sich überzeugen, was mit mir los ist. Nach Augenblicken der Stille und einigem schnellen Atemholen wage ich, den Kopf aus dem Wasser zu halten. Karl, neben mir, blickt auch schon um sich. Wir befinden uns völlig verdeckt im Halbdunkel, hinter dem dichten Vorhang von Weidenästen. Schlammiges Ufer haben wir im Rücken, hoch und weich, so dass wir uns sitzend festhalten können. »Dachte, dass er uns auch getroffen hat.« Eher mit den Augen als mit dem Mund verständigen wir uns. »Jetzt müssen wir hier aushalten, bis es ganz dunkel wird.« Den Mund dicht über dem Wasser, graben wir mit den Fingern vorsichtig das Ufer hinter uns aus. Nicht die kleinste Welle darf sich unter die überhängenden Äste ausbreiten. Aus der Ferne, von Treblinka her, hören wir ein Rattern, wahrscheinlich von einem Terrainfahrzeug, und ab und zu einen Schuss. Das Wasser ist warm, »wie Kaffee« würde man zu Hause sagen. Wir haben uns die richtige Zeit zum Baden ausgesucht. Zwischen den Ästen glüht die Sonne und eine Libelle gleitet anmutig über das Wasser. Ein Dröhnen von der Straße, von Malkinia her, dann von oben, wie wenn der Motor direkt über uns hängen bliebe. Ein Aufklärungsflugzeug? Die Umgebung füllt sich mit Stimmen, Rufen, Aufschreien, dazwischen Schüsse. Hundegebell dringt durch die Menschenstimmen. Die Stimmen und das Gebell nähern sich – mehr und mehr – jetzt, jetzt sind sie da, genau über uns – jetzt – nein, sie gehen weiter, sie entfernen sich. Stille. Wieder Geräusche – am Ufer gegenüber – irgendein Fahrzeug – hört sich an, wie wenn sie den Erschossenen aufladen. Als die Sonne den Horizont erreicht, hören wir nur noch die leisen Geräusche von Insekten, und als allmählich die letzten Sonnenstrahlen verschwinden, verstärkt sich das Summen. Mücken setzen sich auf unsere Gesichter. Je öfter wir den Kopf ins Wasser tauchen, in um so größeren Scharen saugen sie sich an. Die Haut auf der Stirn spannt sich zum Platzen, um die Augen, an den Wangen spüre ich das Anschwellen ... Das Wasser wird mit fortschreitender Zeit kälter, nein, es ist gleich warm, nur wir sind ja schon sechs Stunden eingeweicht. Das Zittern geht in Schüttelfrost über. Unsere Knie stoßen im Wasser aneinander.

Als wir in völliger Dunkelheit zum anderen Ufer schwimmen und herauswaten, beginnt sich hinter uns der Himmel etwas aufzuhellen, und als wir das Ufer hinauf kriechen und uns umdrehen, sehen wir einen riesigen Feuerschein über Treblinka – größer und anders gefärbt als in all den Nächten zuvor, als er von dem großen Verbrennungsrost gespeist wurde.

Durch Polen. Ein bisschen nach links, ein bisschen nach rechts

Die niedrig stehende Sonne weckt mich. Ich habe den ganzen Tag geschlafen. Und er muss ebenso sengend, mit blau geglättetem Himmel wie der gestrige gewesen sein. In einem Gebüsch liege ich, schön gebettet in gemähtem Getreide, das wir heute Morgen von irgendwo vom Feld herschleppten. Karl neben mir schläft noch. Barfuß ist er, lauter eingetrocknetes Blut, Kratzer, Schlamm und Morast, und ich muss ebenso aussehen. Wenn wir in der Nacht richtig gelaufen sind, dann müssen wir inzwischen ein paar Kilometer von Treblinka entfernt sein.

Als wir im Dunkeln am anderen Ufer hinauf krochen und hinter uns den Feuerschein vom brennenden Treblinka sahen, fielen Schüttelfrost und jede Müdigkeit von uns ab. Zunächst weg, weit weg von dem Feuerschein. Immer wieder sanken wir in das Torfmoor, zogen einander heraus, wobei der andere fast versank, und unterdrückten dabei das verrückte Lachen, das uns immer wieder befiel.

Nachdem wir den Bug ein gutes Stück hinter uns gelassen hatten, bleiben wir das erste Mal kurz stehen. Wir werden versuchen, uns in den Nächten durch Polen an die slowakische Grenze, irgendwohin in das Beskiden-Gebirge, durchzuschlagen. Dort können wir uns vielleicht versteckt halten, dort können sich vielleicht auch irgendwelche Verfolgte oder Widerstandsgruppen aufhalten. Demnach müssen wir immer in Richtung Südwest gehen. Der Nordstern, der Kleine Bär, der Große Bär, das brennende Treblinka, daran müssen wir uns orientieren und der Luftlinie nach auf Erden flüchten, durch Moor, Gebüsch, Wald und über Äcker, durch stehendes, ungemähtes Getreide. Zuweilen bleiben wir stehen, schauen zu den Sternen hoch und mutmaßen: »Guck mal, sollten wir jetzt nicht ein bisschen mehr nach rechts und dann wieder ein bisschen mehr nach links gehen?« Der Feuerschein hinter uns wird kleiner, blasser, und als es dämmert, ist er nur noch grau. Karl wird wach, hebt den

Kopf und blinzelt mich an: »Also heute ohne Antreten. Wie schonend werden sie diese Geschichte über Treblinka ihren Vorgesetzten melden? Vielleicht werden sie alle dafür bestraft, dass es zu so was überhaupt kommen konnte.« – »Sonst aber wird man versuchen, alles zu vertuschen, die ganze Schande. Das bedeutet, dass man weiter weg von Treblinka so gut wie nichts wissen wird. Es wird keine Meldung geben.« – »Vielleicht werden sie nur über spezielle Fahndungskommandos weitersuchen.« – »Vielleicht nicht einmal das. Wer kann schon nachkontrollieren, wie viele man gefangen und erledigt hat und wie viele wirklich entkommen sind? Wetten, dass unsere SS-Jungs Meldung erstatten werden, dass sie uns alle gekriegt haben und draußen kein Zeuge herumläuft, dass also alles in Butter ist.« – »Das bedeutet ...?« – »... dass wir zwei nicht aus Treblinka sind, wir sind jemand ganz anderes.« – »Und wer sind wir, wer sollen wir eigentlich sein?« – »Das weiß ich jetzt nicht. Ich weiß nur, dass wir diese Nacht ein gutes Stück weiter gelangen müssen, und dann fällt uns vielleicht etwas ein.«

Karl untersucht seine nackten Füße. Seine Stiefel blieben im Schlamm des kleinen Sees stecken, als der Wachmann auf uns schoss. In der Dunkelheit hatten wir sie nicht mehr gefunden. Da erklärte Karl, er werde also barfuß durch das verdammte Polen schreiten. »Was ich vom Kino kenne, war dieser Aufstand nicht besonders rühmlich. Wir warfen gerade mal die Handgranaten und zündeten alles an. Nachher trudelten wir nur so herum und die schossen auf uns wie auf der Kirmes.« – »Standa Lichtblau hat mit dem Benzintank vielleicht den größten Beitrag geleistet.« – »Hat immer gesagt, dass er von Frau und Kind, die ›drüben‹ sind, nicht mehr weg will. Eigentlich sagten das alle, die älter waren, die mit ihren Familien gekommen sind und das Ganze organisiert haben.« – »Mensch, die waren vielleicht wirklich entschlossen, selber nicht wegzulaufen und uns Jüngere wegzuschicken. Anders kann ich mir nicht erklären, warum Lublink uns derart fortgejagt hat ...« – »... und ihn selbst hab' ich dann nicht mehr weglaufen gesehen.« – »Also wollten Galewski und alle die um ihn – Kurland, Sudowicz, Simche aus der Tischlerei – eigentlich nicht weg?« – »Und unser Rudi?« – »Hat Familie ›drüben‹ gehabt. Hat immer erzählt, sie sei schwanger gewesen und wie er sie geliebt hat.« – »Hat sich aufgeführt wie so 'n Geck, auch die feinen Sprüche ... Und dann hat er allen bewiesen, was für ein Kerl er ist – war.« – »Hans Freund dagegen, der hat alles schon vorher aufgegeben. Bis zuletzt glaubte er nicht, dass es dazu kommen könnte ...« – »Vielleicht wollte er auch nicht mehr weg von der Familie ›drüben‹ ... « – »Nur Robert Altschul, der hat es nicht vom Kopf, sondern vom Körper her aufgegeben – konnte einfach nicht mehr, war zu schwach.«

»Die Wachmänner aber, die blieben dem Fressen und Saufen treu und kämpften um »Hrosche« – Groschen. Müssen für solchen Fall Anweisungen gehabt haben. Das sah man daran, wie einige sofort hinausliefen und das Lager von draußen aus besetzten.«

Karl reißt ein paar Ähren unter sich ab, zermalmt sie zwischen den Händen, bläst die Grannen und die Spreu weg, so dass ihm nur die Körner auf der Handfläche bleiben. Er schüttet sich ein wenig in den Mund und streckt mir dann die Hand mit dem Rest entgegen: »Guck mal, das ist ein gutes Zeichen. Wie sagen es die Frommen – die Hand des Herrn ist geöffnet?«

Bei Sonnenuntergang, noch im vollen Tageslicht, verlassen wir unser Versteck, damit wir uns besser orientieren können. Vor uns breitet sich eine unendlich weite Ebene aus. Hinten am Horizont ragt ein Waagebalken zum Himmel, der sicher zu einem Brunnen gehört. Das Häuschen daneben scheint allein auf dieser flachen Welt zu sein. Wie eine Erscheinung zieht es uns an, obwohl es auch Gefahr bergen könnte. Gelangen wir überhaupt dorthin? Jetzt gehen wir schon so lange von Gebüsch zu Gebüsch und der Galgen zum Wasserschöpfen ragt immer noch fern am Horizont. Als das Häuschen vor uns schließlich doch größer wird, können wir dort auch Leben erkennen – eine Frau mit Kopftuch, den Rücken gekrümmt, geht auf den Brunnen zu. Wir müssen es versuchen, müssen fragen, aber nur von weitem – wir wissen ja nicht, wer noch in der Hütte ist. Auch die Alte kann gefährlich sein. Jeder, dem wir begegnen, kann ein Feind sein. Die Alte bleibt stehen, das Gesicht uns zugewandt, aber allzu überrascht scheint sie nicht zu sein. »Wie, nach Warschau, zur Weichsel? Das hier ist Ostrow, ihr müsst in die entgegengesetzte Richtung gehen, am besten dort drüben, immer der Straße nach.« Sie richtet sich ein wenig auf und schaut uns näher an: »Uciekacie z niewoly, tak? – Ihr flüchtet aus der Gefangenschaft, oder? Aber ihr seid keine Polen ...« – »Tak, tak – so, so«, nicken wir mit den Köpfen, »my Czechy – ja, aus der Gefangenschaft, Tschechen sind wir ...«

Wir verschwinden in der Dämmerung hinter dem nächsten Gebüsch und wiederholen die Beschwörungsformel, die uns die Alte unbewusst in den Mund gelegt hat. »Mensch, weißt du schon, wer wir sind und was wir machen? Tschechen sind wir und wir flüchten aus der Gefangenschaft. Aus der Gefangenschaft müssen schon mehrere vorbeigezogen sein – Polen, vielleicht auch mal ein Russe, ein Ukrainer – warum nicht auch ein paar Tschechen? Ja, Tschechen sind wir, und wir wollen nach Hause, in Richtung Südwesten.«

Zunächst an Warschau vorbei, über die Weichsel. So viel haben wir beide noch aus dem Geografieunterricht im Kopf. Nur bei der Orientierung nach den

Sternen sind wir komplett gescheitert. Unsere Pfadfinderkenntnisse ließen uns im Stich, das Glück aber nicht – vorläufig.

Eigentlich sind wir bis jetzt in Richtung russische Front gelaufen. Das war vielleicht unser großes Glück, weil sie in dieser Richtung kaum nach jemandem gesucht haben. Was für ein wunderbarer Irrtum. Was in der Dämmerung einfach scheint, wenn die Straße nach Warschau zwischen den Bäumen zu sehen ist, wird in der Nacht schwierig. Zuweilen müssen wir uns bis an den Rand der Straße begeben, um die Richtung nicht zu verlieren. In völliger Dunkelheit klettern wir einander auf den Rücken und buchstabieren aus nächster Nähe die Namen der Ortschaften – Wyszkow, Radzymin. Die wievielte Nacht ist es nach Treblinka? Das wissen wir nicht mehr. Es gibt verschiedene Anzeichen, dass wir uns einer dichten Besiedelung nähern – Lichtstreifen, die die Verdunkelung durchdringen, Zäune und Hundegebell.

In einer solchen Nacht ertönt irgendwo von der Straße her ein lautes »Halt!« Wir rennen weg und bleiben in einem Kartoffelfeld stundenlang reglos liegen. Es sieht so aus, dass wir der Straße nicht mehr so nah folgen können, da es überall Behausungen gibt. Wir werden es riskieren müssen, wenigstens eine Zeitlang bei Tageslicht zu gehen, um den Siedlungen auszuweichen. Es geht. Wir haben sogar das Gefühl, dass es jetzt weniger gefährlich ist als nachts. Wir verlassen unsere Verstecke von Tag zu Tag früher. Die weidenden Kühe geben uns wie Wegweiser die Richtung an. Vor der anderen Seite verbergen uns die Streifen von Gebüsch, die da wie Schutzwälle vermutlich überall deshalb sein müssen, damit der Wind die flachen Böden mit ihrem niedrigen Wuchs nicht kahl rasiert.

Bei Tageslicht können wir uns eine einsam stehende Hütte aussuchen, den geeigneten Zeitpunkt abpassen und um ein wenig Essen bitten. Die Beschwörungsformel »Wir sind Tschechen und flüchten aus der Gefangenschaft« bewährt sich. Gut ist auch, dabei mehr Tschechisch zu sprechen. Es klingt zwar etwas fremd, ist als slawische Sprache aber trotzdem verständlich. »Habt keine Angst – hier sind in den Kriegsjahren schon so manche vorbeigezogen – Polen, Russen und wer alles noch. Uns gebietet das Gefühl, den Hungrigen zu essen zu geben und sonst nichts zu fragen. Euch gebietet der Verstand, sich satt zu essen und gleich wieder weiterzugehen.« So hat es uns eine Bäuerin zur Beruhigung gesagt.

Eines Tages mündet ein Pfad so jäh in eine Gasse mit niedrigen Häusern, dass wir den entgegenkommenden Leuten nicht mehr ausweichen können, unter ihnen zwei in deutscher Felduniform. Es passiert nichts, wir sind vorbei, niemand beachtet uns. Ja, wir sehen doch ebenso aus wie die zerlumpten Spekulanten von überall hierzulande – beide barfüßig, der eine hat krustige Stiefel über den Schultern baumeln, die Hosen sind zerfranst, die Farbe des zerknitterten Hemdes und der Jacke ist nicht mehr zu erkennen. Mit neuem Selbstbewusstsein trotten wir auf den Gehsteigen an den Häusern und Häuschen vorbei, immer weiter. An den Anzeigetafeln lesen wir die uns bisher unbekannten Namen der Siedlungen – Rembertow, Solejuwky. Wir suchen und verfolgen die Richtung, in der »sich die Zivilisation schnell verdünnt«, und atmen auf, sobald wir uns in freier Landschaft bewegen können. Da wagen wir auch, die drei Leutchen, die auf einer kleinen Wiese das Grummet zusammenharken, anzusprechen. »Zur Weichsel wollt ihr, um Warschau herum? Da kommt ihr schwer durch. Überall sind Deutsche, das Militär. Sie kontrollieren, halten Wache.« Dann bespricht sich der Mann, der ein verwittertes Gesicht hat und auf dem nackten Körper nur eine Weste trägt, mit der Frau und dem Mädchen: »Die einzige Möglichkeit ist, dass ihr das alte militärische Schießgelände durchquert. Dann und wann prüfen sie dort irgendwelche Waffen und Sprengstoffe. Sonst wagt sich niemand dahin. Wenn ihr durchkommt, geht es durch den Wald und über die Straße weiter zur Weichsel.«

Wir kriechen unter den Stacheldrähten hindurch und gelangen auf ein Gelände, das für uns weniger gefährlich sein dürfte, weil es für alle anderen so gefährlich ist: schwarzes Gras, schwarzer Boden – alles ist verbrannt.

Als wir unter den Stacheldrähten wieder hervor kriechen und aus dem schwarzen Gehege in den lebendigen Wald hinübergehen, sieht man auch schon die Straße zwischen den Bäumen. Am Rande einer kleinen Lichtung, die direkt zur Straße abfällt, bleiben wir stehen, schauen uns um. In einer Grube sehen wir einen Rücken. Diesen Kerl könnten wir fragen, wie es weiter zur Weichsel geht. Wir treten ins volle Licht. Da tauchen hinter der Waldecke auf der Straße grüne Uniformen auf – deutsche Feldgendarmerie zu Pferd. Im nächsten Augenblick und dann so lange, bis die Kolonne vorbeigeritten ist und hinter dem anderen Waldende verschwindet, bohren und roden drei zerlumpte Kerle in der Grube, die Köpfe unter Mützen mit abgegriffenen zerknitterten Schildern. Zwei von ihnen pressen durch die Zähne: »Mach weiter – weitermachen, ein Wort, eine falsche Bewegung und du hast das hier im Schädel ...«

Karl hat die Axt in der Hand, ich die Schaufel, die der Mann am Rand der Grube liegen hatte, als er mit der Spitzhacke weitergrub. Wieder einmal hatte es in unseren Köpfen »Klick« gemacht, als jeder wie selbstverständlich in die Grube sprang, um ebenfalls zu »roden«. Jetzt, als die Gefahr vorbei ist, scheinen wir aufgeregter zu sein als der Mann. Als wir ihm entschuldigend erklären, dass wir »aus der Gefangenschaft flüchten«, winkt er nur ab, er sei an so manche »wypadki« – Vorkommnisse – gewöhnt. Dann zeigt er uns, wie wir weitergehen sollen. Ein Stück hinter der Straße entdecken wir eine Scheune, die in ausreichendem Abstand von dem einsamen Bauernhaus steht. Wir legen uns in der Dämmerung in einen Graben, so dass wir die Scheune immer vor Augen haben, und warten ab, bis es dunkel wird. Karl hebt mich vor dem Scheunentor hoch, und von oben schlüpfe ich hinein. Dann hebe ich den Riegel und lasse Karl herein. Die Scheune muss schon ziemlich voll sein. Es riecht im Dunkeln nach Getreide, nach Stroh, aber von oben, irgendwo vom Scheunengerüst duftet es nach Heu. Dem Geruch nach kriechen wir auf allen vieren hinauf und lassen uns fallen. Nach den ersten Augenblicken der Rast macht sich der Hunger voll bemerkbar. Irgendwann gestern haben wir das letzte Mal etwas gegessen. Wir vergraben uns tiefer in das Heu, um es wärmer zu haben. Karl neben mir wird unruhig: »Mensch, ich spür was Hartes unter mir.« – »Da, was Hartes? Vielleicht eine vergessene Heugabel.« Karl tastet herum, dann stößt er mir was ins Gesicht – ein Apfel. Äpfel, gelagert im Heu, dort, wo wir uns hingelegt haben. Ist so viel Glück ein Schicksalszeichen – ist die Hand des Herrn weiterhin geöffnet – oder beides, alles zusammen? Schlimm ist das Bauchweh am nächsten Tag nach all den Äpfeln, als wir uns endlich zur Weichsel hinschleppen.

Am Sortierungsplatz in Treblinka hatte ich auf einem Haufen ein Ledertäschchen mit komplettem Rasierzeug gefunden, so klein, dass man es in die Tasche stecken konnte. Es muss ein praktischer Mensch gewesen sein, der so etwas für den Transport mitnahm. Seitdem trage ich das kleine Rasierzeug immer bei mir. Jetzt stehen wir ausgezogen im Wasser in einer Biegung am Ufer und rasieren uns. Das, was ich im Wasserspiegel der Weichsel sehe, erinnert mich kaum mehr an mein eigenes Gesicht. Das Rasierzeug in dem kleinen Etui hat für uns einen viel größeren als nur praktischen Wert. In die rundliche Rasierseife sind vier kleine Brillanten eingedrückt. Von Willy Fürst und Salo Sauer, den beiden »Goldjuden«, bekamen wir sie am Vorabend des Aufstands, für den Fall, dass ... Karl und ich trafen eine Vereinbarung: Wenn wir überleben sollten, dann müsse es ohne Hilfe dieser Brillanten sein. Niemals würden wir sie anders als zum Andenken verwenden. Piaseczno, Gora Kalwaria, Grojec, Mogielnica – das sind exotisch klingende Namen von Ortschaften, die wir ohne besondere Vorkommnisse passierten. Hinter dem Fluss, von dem wir im Nachhinein erfahren, dass er Pilitza heißt, gelangen wir wieder in den Wald, wo wir uns am sichersten fühlen.

»Halt, rence do gory – Hände hoch!«, ertönt es zwischen den Bäumen. Mit eingezogenem Kopf und gehobenen Armen schauen wir in die Mündung eines Gewehres. Der Mann dahinter sieht aus wie ein Förster und Zöllner zugleich. Er vermischt Polnisch und Deutsch: »Wer seid ihr, was macht ihr da?« – »Wir sind Tschechen, kamen nach Polen zur Arbeit in der deutschen ›Organisation Todt‹. Irgendwo in den Wäldern hinter der Weichsel überfielen uns die Partisanen, beraubten und folterten uns. Wir flüchten nun schon einige Tage, wagen uns nirgendwohin, weil da sicher überall Aufstand ist. Wir wollen nach Hause, in die Tschechei.« – »Das erledigen die auf der Polizeistation in der Stadt mit euch. Aufstand gibt es hier keinen, aber es treibt sich da eine Menge von Banditen herum – keinen Schritt näher, kehrt um und los, im Marschschritt vor mir!«

Der Kerl in Förstermontur, die ganze Zeit den Finger am Abzug, tut so, als ob von überall aus dem Wald Partisanen und Banditen vorstoßen könnten – aber es taucht niemand auf ... »Wir heißen so, wie wir besprochen haben«, flüstert mir Karl unterwegs zu. Ich will ihm sagen, das sei heller Wahnsinn, andere Namen wären sicher besser. Dies geht aber nicht. Ein so langes Gespräch können wir vor dem Kerl nicht führen. Die Geschichte von der »Organisation Todt« und den Tschechen, die von den Partisanen überfallen wurden, hatten wir uns einfach so zusammengereimt nach allem, was wir von den Leuten in den Hütten und auf den Feldern aufgeschnappt haben. Karl war eingefallen, er könnte sich den Namen seines Freundes aus Olmütz ausleihen – und Wladimir Frysak heißen. Der soll irgendwo in Deutschland oder in Österreich im Arbeitseinsatz sein. Und so, wenn man nicht allzu gründlich bei uns zu Hause nachfragen würde ... Ich überlegte, mir den Namen Rudolf Masarek zuzulegen. Seine Anschrift in Prag kenne ich. Soviel ich weiß, war er die ganze Zeit nicht als Jude registriert – bis er heiratete. »Bis zum Verrücktwerden müssen wir das wiederholen«, murmelt Karl.

Nowe Miasto nad Pilicou, Neustadt an der Pilitza, wohin uns der wachsame Förster bringt, ist ein Dorf, das wir schon vorhin in Sicht hatten. Er führt uns geradewegs über den holprigen Dorfplatz, hie und da gepflastert, zu der Polizeistation. Nur Mützen von polnischen Uniformen sehen wir dort, keine deutsche Uniform bis jetzt. Das erleichtert und ermutigt uns. Wir wiederholen die Geschichte von den Tschechen beim deutschen Arbeitskommando, die von den Partisanen überfallen wurden. Es sieht nicht so aus, als ob die Polizisten das alles unglaubwürdig fänden. Ein gewisses Zögern spüren wir, besonders weil wir Tschechen sind, Tschechisch sprechen – ein ungewohnter und unklarer Fall. »Wir wollen nach Hause, in die Tschechei«, und als wir merken, dass es wirkt, trumpfen wir auf. »Wir werden uns bei unseren Behörden beschweren.« – »Bei der Regierung!«, Karl sagt es auf eine solche Weise, dass selbst ich beginne, es zu glauben. Beinahe unter Entschuldigungen fesseln sie uns an den Handgelenken. Im Polnischen haben sie einen lustigen Namen für die Handschellen: »Kajdanki«. »Lässt sich nicht anders machen, überall treiben sich hier Banditen und Vagabunden herum. Wir werden euch überstellen ...« Das Wort »Partisanen« sprechen sie nicht aus. Wohin sie uns überstellen wollen, sagen sie auch nicht. Jetzt lieber nicht zuviel fragen.

Die von einer Ecke des Dorfplatzes hinauslaufende Straße führt an niedrigen Häusern und Hütten entlang offenbar ins Leere. Von dort über die ganze Länge der nur stellenweise mit groben Steinen befestigten Straße scheint die untergehende Sonne, bis ihre letzten Strahlen langsam erlöschen. Auf den Handschellen, die unsere Vagabundenheit bekräftigen, blitzt sie noch einmal auf. Hinter uns schreitet ein Polizist, dessen Rang nur am Kopf auf der Mütze erkennbar ist. Sonst trägt er Zivilkleidung. Hie und da stehen in den offenen Türen Menschen, die sich an die Rahmen lehnen und gaffen. Einer von den Männern, im Hemd, barfuß, die Hände in den Taschen, ruft uns nach: »He, Wujtek, führst du da Juden zum Erschießen hinter die Stadt?« Im Augenwinkel kann ich das verneinende Schütteln der Polizeimütze erkennen, dann kommt die Antwort: »Eher irgendwelche Banditen.« – »Gut – Banditen sind wir – nicht jenes ...«, murmeln wir und sprechen das Wort gar nicht aus.

Am Rand des Städtchens sperrt uns der mit der Polizeimütze in ein dunkles Loch. Nach einer Weile merken wir, dass wir nicht allein sind auf dem gestampften feuchten Boden. Ein menschliches Wesen, angeblich mit einem Schuss im Bein, stöhnt dort und prophezeit jammernd sich selbst und uns die ganze Nacht auf Polnisch: »Das gibt eine Kugel in den Kopf, eine Kugel in den Schädel wird's geben ...« Am nächsten Morgen führen sie uns denselben Weg zurück vor die Polizeistation, wo schon eine Kutsche mit einem Pferd wartet. Man setzt uns in die Mitte, der, der die Polizeimütze und heute auch noch die Uniformjacke anhat, setzt sich mit dem Gewehr nach vorne, der in kompletter Uniform setzt sich, das Gewehr über den Knien, nach hinten, damit er uns im Auge behalten kann.

Vor dem Verlassen des Ortes machen wir bei einem Häuschen halt. Vermutlich wohnt da einer von den beiden Polizisten. Wir dürfen absteigen. Als zwei, drei Frauen sehen, wie wir uns schön gleichzeitig, mit den Handschellen aneinandergefesselt, bücken, um Fallobst aufzulesen, schütten sie für uns Birnen und Äpfel in den Wagen. Und die, kaum dass wir aus der Stadt heraus sind, liegen nun schmerzhaft schwer in unseren ausgehungerten Mägen.

Die Kutsche, eigentlich eine schmale fahrbare Pritsche, holpert durch die polnischen Haine unterhalb des Flusses Pilitza im lieblichen Spätsommer. In kurzen Zeitabständen muss sie anhalten: Wir zwei Vagabunden müssen absteigen und hüpfen schnell zum Straßenrand. Dort im Graben lässt der eine die Hose herunter und geht in die Hocke, die Hand mit der Handschelle erhoben, während der andere, leicht gebeugt, die Hand mit der Handschelle nach unten streckt. Die Positionen wechseln mehrmals.

Die beiden Polizisten sind ziemlich nachsichtig, auch wenn sie die Gewehre in der Hand behalten. Nur auf einem längeren Waldstück, als der hintere dem vorne zuruft: »Teraz uwaga – Jetzt aufpassen«, und das Gewehr Schussbereit macht, bleiben sie nicht stehen. Na ja, da könnten uns vermutlich die Partisanen den Dünnschiss unterbrechen – aber sie tun es nicht ...

Inzwischen sind wir verbissen entschlossen, das verrückte Spiel »arme, verirrte Tschechen« weiterzuspielen. Jeder Fluchtversuch würde bedeuten, dieses Spiel aufzugeben. Wie sollten wir auch fliehen, wenn wir mit diesen »Kajdanki« aneinandergefesselt sind. So arbeiten wir unauffällig die Einzelheiten unserer Geschichte durch. Wir überprüfen die Adressen, die Geburtsdaten, wir prüfen uns gegenseitig und stellen Fragen wie beim Verhör.

An einer Ortstafel erscheint die Aufschrift »Tomaszow Mazowiecki«. Die niedrigen Gebäude stehen dicht beieinander, mehrstöckige Häuser folgen, und die Kutsche rumpelt über das Stadtpflaster. Das ist schon eine zu große Stadt für uns. Hier könnte sich eine Amtsstelle der Gestapo befinden. Wenn wir der übergeben werden, dann ist es das Ende – das qualvolle Ende ...

Im Empfangsraum, der wie eine Pförtnerstube aussieht, wird zum Teil polnisch, zum Teil deutsch gesprochen. Keine Gestapo, keine schneidige Disziplin. Das ermuntert uns. Wir reden lauter als die Halbzivilisten da, die am Gürtel Pistole und Schlüsselbund tragen. Noch lauter sind wir, wenn wir Tschechisch sprechen, denn in einer anderen Sprache können wir uns nur schwer verständigen.

Wir enden »vorläufig« in einem Kellerraum, so niedrig, dass man dort nur liegen oder ganz gekrümmt sitzen kann. Nach drei Tagen in dem Loch will ich plötzlich aufschreien: »Liegend gekreuzigt – in der Nässe – und wofür?« Aber da würde Karl neben mir sagen, ich sei ein Hosenscheißer ... Das erste Verhör nach einigen Tagen in dem Keller ist entgegen unserer Erwartung nicht allzu gründlich. Vielleicht kommt es uns nur so vor. Wir sind noch auf andere Verhörmethoden eingestellt, und zudem spielen wir unsere Rollen nicht mehr, wir leben sie, wir haben uns in sie hineingesteigert. Wir glauben das, was wir sagen.

»Banditen, Partisanen haben uns überfallen. Die ganze Arbeitsgruppe wurde versprengt. Wir arbeiteten am Waldrand an irgendeiner Befestigung unweit von Wyszkow, so irgendwie hieß das Städtchen. Drei Tage erst waren wir dort, wohnten in Blockhütten in der Nähe eines Klosters ...«

Das mit dem Kloster stimmte. Die Nonnen dort gaben uns Essen, als wir auf der Flucht aus Treblinka waren.

»Als uns die Behörden aus dem Protektorat Böhmen und Mähren herschickten, fiel uns nicht im Traum ein, was für Verhältnisse dort herrschten ...« Während ich das sage und in die tschechische Umgangssprache überwechsle, was sie kaum verstehen, empfinde ich Verbitterung. Diese Halbzivilisten, die zur Hälfte Polnisch und zur Hälfte Deutsch sprechen, das werden »Volksdeutsche« sein – polnische Deutsche oder deutsche Polen, von denen uns Lublink und David Brat in Treblinka erzählt hatten. Die werden ziemlich wenig von irgendeinem Protektorat Böhmen und Mähren wissen. Nur aufgepasst, wenn sie losbrüllen oder losschlagen wollen – an der Wand hängt eine Peitsche. Da müssen wir schneller sein, früher und lauter aufbrüllen als sie und auf den Tisch hauen. Gleichzeitig aber müssen sie zwei durch die hiesigen Verhältnisse Verstörte vor sich haben, nicht wieder solche, die es faustdick hinter den Ohren haben.

Man führt uns als ungewohnten, ungeklärten Fall ab nach oben, in die Zelle. Das ist keine echte Gefängniszelle. Die Wände und auch die Pritschen sind aus Brettern zusammengenagelt. Wir sind so viele, dass wir schichtweise schlafen müssen. Die einen liegen auf der Pritsche, die über die ganze Länge ungefähr vier Fünftel der Zellenfläche einnimmt. Die anderen dösen, an die Wand gelehnt, im kleinen Gang vor der Pritsche, wo kaum zwei aneinander vorbeigehen können.

Nach einigen Tagen kennen wir uns aus in diesem Übergangsknast. In eine ehemalige jüdische Fabrik bauten sie die Holzzellen ein, in denen die Wanzen gedeihen, sich vermehren und voll saugen, eine ständige Qual für die vielen Leute hier. Es ist ein Einheitsgefängnis, weil sie alle einlochen ohne Unterschied – Verdächtige des »Partisanen- und Banditentums«, Diebe, Ganoven, Schwarzhändler, unbequeme und zwielichtige Leute.

Der ausgedörrte Deutsche am privilegierten Platz auf der Pritsche gleich neben der Tür erklärt, nur Salvarsan könne ihm helfen. Über diese Medikation spricht er ständig, vielleicht lernt er seine Rolle als Syphilitiker, redet und steigert sich in sie hinein. Der fesche Blonde, der sich Leon Dubel nennt, unterscheidet sich von uns allen dadurch, dass er einen herrschaftlichen Sommeranzug trägt, Hose und Sakko aus hellem Stoff, gestreift. An den Füßen hat er feine braune Halbschuhe, aber ohne Socken, einfach auf den nackten Füßen. Die ließ er vermutlich zurück, als er von der Frau eines Vorgesetzten türmen musste.

Vielleicht ist der Elegante ohne Socken aber wirklich ein Verbindungsmann der Widerstandskämpfer, und die Damengeschichte schiebt er nur vor.

Das Bäuerlein, das in der Mitte der Pritsche lagert, lieferte schwarz irgendwohin Fleisch, Speck und Talg. So fromm wie er sich gebärdet, kann er behaupten, es sei hauptsächlich für eine dicke Kerze bestimmt gewesen. Als einziger in der Zelle bekommt er aufgrund einer Sondergenehmigung von zu Hause eine Aufbesserung zu der hiesigen Kost. Jeden Morgen, wenn wir die übliche Zichorienbrühe aus den Blechnäpfen schlürfen, kniet das Bäuerlein vor der Pritsche nieder, stürzt sich auf die Ellbogen, faltet die Hände und betet zu der Wand gegenüber, wo er zu Hause sicher ein Heiligenbild hat. Hier in der Zelle gibt es nur lauter blutiges Geschmier von zerdrückten Wanzen an der Wand. Wenn das Morgengebet beendet ist, bekreuzigt er sich und greift unter die Pritsche, wo er seinen mit einem Tuch bedeckten Korb aufbewahrt. Selbstverständlich bekommt niemand einen Bissen ab. So bleibt er in der Zelle mit seinen gesegneten Mahlzeiten einsam.

Immer nach einer gewissen Anzahl von Tagen öffnet sich am frühen Nachmittag die Tür, und unterhalb des Riegels wird ein etwa 13-jähriger Bub hereingeschoben. Dann wissen wir, dass es Samstag ist. Einen Stuhl hat er geklaut, und weil er an den Wochentagen zur Schule muss, kommt er, um samstags und sonntags die aufgebrummten vierzehn Tage abzusitzen. Er ist unser lebendiger Kalender; mit seiner Hilfe zählen wir die Wochen ab.

Übergangs- und Umsteigeknast ist diese Einrichtung, weil bis auf sehr wenige Ausnahmen, wenn sie jemanden entlassen, aus ihr nur zwei Wege weiterführen. Wenn sie einem nach dem Verhör das rosa Formular zum Unterschreiben geben, dann geht es nach Oswiecim, auf deutsch Auschwitz – noch nie gehört, den Namen. Dann laufen in der Nacht im Hof die Motoren an, die Scheinwerfer leuchten, die Namen werden aufgerufen, und die Leute werden aus den Zellen auf die Lastwagen geholt. Wenn sie hingegen das weiße Formular zum Unterschreiben herüberreichen, dann geht die Reise nach Deutschland, ins »Reich« zur Arbeit. Da wird man bei Tage zum Bahnhof eskortiert. Der zweite Weg, nach Deutschland zur Arbeit, scheint uns so verheißungsvoll zu sein, dass wir auch eine gute Gelegenheit zum Flüchten ungenutzt lassen. Man sucht Aushilfen für Maurerarbeiten, wir melden uns, und der Wächter führt uns irgendwohin zum Stadtrand. »Was stand da, was war da eigentlich gewesen?« – »Ghetto, Juden – alle wurden weggeschafft, irgendwohin, alles wurde niedergerissen ...«

Kein Stückchen Wand steht mehr – überall nur holpriges Gelände, voll von durcheinander geworfenen Ziegeln und Steinen. Wir hocken mitten drin und schlagen mit einem Handhammer den Mörtel von den Ziegelsteinen ab, damit sie wieder verwendet werden können. Die trübe Witterung wirbelt einige zerrissene Blätter auf, bedruckt mit uralter Schrift. Pane szanowny – geehrter Herr Wächter »... weggeschafft, irgendwohin ...«, gerade wir zwei, die hier hocken, wissen wohin – bis weit hin zu dem rotgelbgrünlichen Feuerschein blicken wir – in den Ohren klingen uns die alten Worte und das neue Zeugnis: »Eli, Eli – ins Feuer und in die Flammen stürzte man uns ...« Das zweite Verhör ist gründlicher oder eher länger, weil es sich, wie wir herausspüren, so gehört. Man stellt uns einige Fangfragen. Der Verdacht, dass wir doch was mit den Partisanen und Banditen zu tun haben, besteht also weiter. Und eben da brauchen wir nichts vortäuschen.

»Nach Hause wollen wir. Sie halten uns jetzt schon einige Wochen fest, inzwischen hätten Sie schon anfragen, telegrafieren können ...« – »Das gibt's nicht, dafür haben wir keine Zeit.« Die werden nicht einmal wissen, ob so was wie eine Verbindung existiert! »Ihr werdet von hier nach Deutschland zur Arbeit geschickt.« Man schiebt uns das weiße Formular zur Unterschrift zu.

Aufgepasst! Kein Jubel. Weiter, bis zu Ende kämpfen: »Wir wollen aber nach Hause!« – »Das geht nicht. Wir haben unsere Weisungen. Da bekommt ihr von uns eine Transportliste für die Fahrt ins Reich zur Arbeit, ausgestellt auf eure Namen. Wir bringen euch ins Sammellager nach Czenstochau. Von dort werdet ihr weiterbefördert, und was ihr dann macht, ist eure Sache, das werdet ihr selber verantworten müssen.« Karl und ich schauen uns an, nicken mit den Köpfen, dass es so ginge, wenn es halt nicht anders geht.

Das erste Mal unterschreiben wir mit unseren neuen Namen. Eine Zeitlang kommt es mir auch schon vor, dass diese polnisch-deutschen Kriminalfritzen sich ähnlich gebärden wie die in Treblinka in der letzten Zeit, die herumschlenderten und für sich brummten: »Alles Scheiße – alles ist sowieso Scheiße.«

Man gibt uns ordnungsgemäß alles zurück, was man uns beim ersten Verhör abgenommen hatte, auch mein Etui mit dem Rasierzeug. Wir bitten den Gefängnisfriseur, der uns vor dem Abgang rasieren soll, er möge uns mit unserer eigenen besseren Rasierseife einseifen. »To je bardzo dobre mydlo, nadzwyczajne – ja, das ist eine sehr gute Seife – außergewöhnlich ...«

Das Sammellager in Czenstochau ist eine riesige Durchgangsstätte mit dem Leitspruch »Nach Deutschland zur Arbeit«, denn in deutschen Landen werden viele, sehr viele Arbeitskräfte benötigt. – Über die Stacheldrähte lässt sich auch hier gut spekulieren und manches Tauschgeschäft machen, zum Beispiel verschrumpelte Stiefel aus Treblinka gegen Schnürschuhe. Und Holzbaracken mit durchlaufenden Pritschen übereinander gibt es hier mehr als in Treblinka.

Die Gesundheitsuntersuchung passieren wir mit den anderen. Da bei manchen die Vorhaut geschrumpft ist, wird wohl nicht genau untersucht, wer wirklich beschnitten ist.

Für die Reise fassen wir ein kantiges Kommissbrot und einen Pappbecher mit Kunsthonig, der wunderbar den hungrigen Magen verklebt. Kolonnenweise führt man uns zum Bahnhof und setzt uns in einen Wagon – einen Personenwagon. Kaum hingesetzt, schlafen wir ein. Alles um uns herum wird durch fürchterliche Müdigkeit vernebelt. Über die größere Stadt, die sich hinter dem Fensterglas matt abzeichnet, sagen sie, es sei Kattowitz. Nach längerer Zeit bleibt der Zug an einer kleineren Station stehen. Das kann nicht weit von der ehemaligen polnisch-mährischen Grenze sein. Unser bewaffneter Begleiter aus Czenstochau führt alle anderen ab zu einem anderen Zug, und zu uns sagt er: »Ihr zwei fahrt allein weiter über Mähren und Wien nach Mannheim, so wie das da in der Transportanweisung steht. Nur dieses Dokument bekommt ihr in die Hand. Überall gibt es Kontrollen. Wenn ihr zu türmen versucht, wird man euch zurechtweisen und euch noch einiges aufladen.«

Wir bekommen die Transportweisungen ausgehändigt. Die Tür des Abteils schließt sich hinter der Schulter mit dem Gewehr. Niemand überwacht uns. Wir sind allein. Auf der Transportweisung stehen Bestimmungsort und Anschrift: »Mannheim – Heinrich Lanz AG«.

Rheinischer Stahl und rheinischer Wein

Niemand, nichts hindert uns daran, auszusteigen, zu verschwinden, zu versuchen, verlässliche Leute zu finden, auszusagen, Zeugenschaft abzulegen. Nur etwa zwanzig Kilometer sind wir jetzt von Olmütz, Karls Geburts- und Heimatstadt, entfernt. Vor Müdigkeit hängt der Kopf herab oder fällt auf die Schulter des andern. In stiller Beharrlichkeit wecken wir uns gegenseitig und überlegen in leisem Ton: »Da herrscht überall zu große Ordnung, da halten wir nicht durch, und es kann noch schön lange dauern. Auf Anhieb erkennt man dich, weil du da zu Hause bist. Zuckst so mit der Schulter und man wird wissen, was du denkst. Jedem, dem du es sagst, machst du auch zum Gejagten, kannst dir vorstellen, was sie mit solchen Mitwissern machen würden. Überhaupt, wer soll dir das alles glauben? Auch wird man denken, wir seien zwei Verrückte. Wer soll dich verstecken und füttern – und wie lange? Wohin schickt man die, die so zerlumpt sind wie wir? Nach Deutschland – nur nach Deutschland. Hierzulande sind wir zu auffällig. So ein schönes Dokument haben wir in der Hand, damit existieren wir amtlich. Am Rhein dort, weit weg, die Landschaft kennen wir noch nicht, und wie viele aus dem Lager von Czenstochau werden dort schon sein? Also, fahren wir weiter ...«

Im halbleeren Abteil des Zuges sitzen wir in der Ecke an der Schiebetür. Diese geht auf und es erscheint eine grüne Uniform – Ausweiskontrolle.

»Ihr müsst doch noch irgendwelche Personalausweise haben.« – »Die hatten wir, aber in die Hand hat man uns nur diese Transportweisung gegeben. Alle anderen Papiere, hat man uns gesagt, werden direkt in die Fabrik geschickt. Auch als wir bei der Organisation Todt arbeiteten, behielt der Leiter unsere Papiere.« Der nicht mehr junge Mann in grüner Uniform mustert uns noch eine Weile. Es scheint, dass wir nicht die ersten Zerlumpten sind, die da zur Arbeit fuhren, auch wenn die vorangegangenen ihre Papiere vielleicht besser beisammen hatten. Aber was soll das; alle Daten stehen auf der Transportweisung, Stempel des Arbeitsamtes mit Adler und Hakenkreuz ist auch vorhanden und zuletzt der Vermerk »zugewiesen zur Arbeit bei der Firma

Heinrich Lanz, Aktiengesellschaft, Mannheim«. Und außerdem sitzen wir im richtigen Zug, fahren in der angegebenen Richtung.

Fast bis zum Abend, mehrere Stunden lang müssen wir am Wiener West-Bahnhof auf Anschluss warten. »Du, guck mal, der dort in Uniform, dem fehlt eine Hand.« – »Und ich sehe wieder einen ohne Bein, siehst du, wie er das Hosenbein hübsch sauber umgeschlagen hat?« – »Guck, der dort auf dem Wägelchen hat überhaupt keine Beine.« – »Und ein Einarmiger schiebt ihn.« – »Und noch ein Rollstuhl. Warte, das ist 'ne ganze Kolonne. Ein, zwei, drei, acht Deutsche in Uniform und nur zwölf Arme und neun Beine.«

Etwa zwei Stunden hinter Wien, fast schon bei Dunkelheit, reißt uns eine zweite Kontrolle aus dem Schlummer. Sie verläuft ähnlich wie die erste, nur bin ich jetzt schon selber überzeugt, dass unsere anderen Papiere auf getrenntem Wege unterwegs sind. Es wäre doch ungerecht, wenn uns jemand deswegen schikanieren wollte. Die Augen schließen sich wieder.

Explosion – Benzin – Standa Lichtblau – nein, im Zug nach Mannheim bin ich und draußen detoniert's ... »Fliegerangriff, Bombenangriff«, höre ich. Der Zug steht, und zuweilen bebt er leicht. Nach längerer Zeit ist es überall still. Aus großer Entfernung kommt ununterbrochen ein gedehnter Ton. »Abgeblasen«, Bombenangriff abgeblasen, Entwarnung, das hör' ich zum ersten Mal, das sind hübsche neue Wörter. Bald nach der Morgendämmerung hält der Zug auf einem größeren Bahnhof. Wir steigen aus.

Mannheim-Ludwigshafen ist eine Doppelstadt am mittleren Stromlauf des Rheins, ein Industriegebiet im Südwesten Deutschlands. Maschinenbau, Chemie, Elektrotechnik. Na bitte, und da hat mir der Herr Professor in Geografie im Abiturzeugnis nur »Gut« gegeben. Den wievielten haben wir denn heute, den 24. September 1943?

Keine zwei Monate sind es her, seit wir von dort, von jenseits ... Nicht zwei Monate, eher zwei Jahre, so kommt es mir vor. Was ist das? Erwacht dieser Bahnhof, diese Stadt so schwer in den düsteren Morgen? Erhebt sich da alles nach irgendwelchen Erschütterungen? Gebilde zeigen sich, die ich früher als Ruinen alter Burgen sah, dazu noch bekleckst mit Kalk und Mörtel. Na ja, da sind Bomben gefallen – vor kurzem –, vielleicht gerade in dieser Nacht. Zerstörung, Erdbeben, Katastrophe – hurra –, das ist unser größtes Glück, unsere größte Chance.

»Heinrich Lanz Fabrik? Ein Stückchen von hier, da über die Fußgängerbrücke über dem Gleis und dann die Straße nach links.« Das soll eine Straße, eine Gasse sein? Häuser ausgerissen, wie ein zahnlückiger wunder Mund. Wie sagte es einmal Bredow zu Seidel oben in der »A-Baracke«? Mensch, dort wirst du nichts mehr erkennen, dort sind ganze Straßen verschwunden.

In dem Pförtnerhaus schwarze Uniformen, manche mit rotem Besatz. Solche haben wir noch nicht gesehen, und auch die Bezeichnung ist für uns neu: Werkschutz. Der eine setzt sich die Brille auf, um unsere Transportweisung zu lesen. Dann führt uns der andere an verschiedenen Gebäuden und Hallen vorbei, wo es poltert, hämmert, dröhnt, quietscht und schwirrt. Auf dem Gleis schiebt eine kleine lustige Lok zwei große normale Wagons. Auf dem Vorhof vor dem Gebäude mit Büros eine Statue aus Eisenguss mit Backenbart, im altmodischen Mantel mit Schößen und Uhrkette an der Weste, das wird er sein, der alte Lanz. »Gründer, nicht wahr?«

Im Empfangsbüro tragen die meisten Zivilkleidung, aber einige auch Uniformen, die wir schon kennen – grün, also Polizei. An den Tischen vor uns geht es amtlich zu. Ein Streit zwischen zweien wird geschlichtet, die hierher direkt aus der Werkstatt gekommen sind. Dann wird über ein Vergehen verhandelt, der Wohnsitz wird ermittelt. Die vor uns – Gesichter, Hände und Arbeitskleider mit fettigem Schwarz beschmiert – lassen einige polnische, andere daneben ukrainische Worte fallen. Vom Tisch hackt einsilbiges Deutsch dazwischen: »Ausländer nur da – nicht dort –, du auch Ausländer.« Aha, für solche fungiert hier schon die Polizei als Kontrolle und Überwachung. Diese grüne Gendarmerie- oder Polizeiuniform schaut überhaupt nicht so bedrohlich aus. Sie ist abgetragen, anstatt in Stiefeln stecken die Füße unter dem Tisch in Schnürschuhen, und darüber sind lederne Schafte geschnallt. Dieselben hatten wir bei uns zu Hause im alten Schrank stehen, angeblich noch aus dem Weltkrieg.

Schwer zu verstehen, was der ältere gesetzte Mann in Uniform dem anderen in Zivilkleidung erzählt. Offenbar spricht er den hiesigen Dialekt. Aber der Sinn der Worte lässt sich doch erfassen, dass nämlich er und seine Familie in der Nacht auf heute das letzte Stück Dach überm Kopf verloren haben, ihr Häusle, alle schafften dran. Inzwischen nimmt er mit steifen Fingern unsere Transportweisung in die Hand. Er schreibt daraus ab und überträgt die Daten auf irgendwelche Karten, ordnet diese in eine Kartei, und zwei davon überreicht er uns. Er schaut uns kaum an.

»Da habt ihr euren Fabrikausweis. Besorgt euch noch Fotos, und tut sie drauf, kommt dann noch mal her, und ich tue euch noch 'n Stempel drüber. Wohnen werdet ihr auf 'm Lager. Das ist 'ne Gemeinschaftsunterkunft der Firma für Ausländer. Sie liegt außerhalb der Stadt, aber es fallen dort nicht soviel Bomben. Da ist der Bezugsschein. Kost und Unterkunft wird man euch vom Lohn abziehen.« Wir übernehmen die Fabrikausweise. Das letzte Wort auf dem Stempel ganz unten ist tatsächlich »Polizei«.

Nein, das ist nicht der Augenblick zum Aufatmen. Jetzt müssen wir zu dem bewährten, abschließenden Angriff übergehen. »Schauen Sie, wie man uns hergeschickt hat. Alles haben wir verloren, keine anständige Kleidung haben wir. Die Transportweisungen wollen wir behalten. Entschädigung werden wir verlangen.« Der zivile Beamte hinter dem andern Tisch händigt uns einen weiteren Bezugsschein aus. Auf dem Stempel steht unten »Deutsche Arbeitsfront« – auch ein hübsches Wort.

Das Lager der »Arbeitsfront« befindet sich im Untergeschoss des Fabrikgebäudes. Wir legen die Bezugsscheine dem älteren Mann dort vor. Er humpelt nach hinten und erscheint wieder mit zwei Bündeln, die er vor uns auf das Pult legt. Wir machen eins auf, und Karl zählt leise: »... zehn Stück – und wie sie gefaltet und gebündelt sind – diese Knoten – und diese kurzen wattierten Winterjacken –, hattest du sie sortiert oder ich?«

Man führt uns an unsere Arbeitsstätte. Der Schmiede hat man uns zugeteilt. Alles herum schwarz, dazwischen glühend Gelbweiß und erkaltend Dunkelrot, nur diese Farben in der großen Halle. Leute wie kleine Teufel weichen den Feuerzungen aus, die ihnen aus den Öfen entgegenschlagen. Sie fechten mit Zangen wunderlichster Formen, springen zur Seite vor butterweich glühenden Quadern, Würfeln, Zylindern, die dann verschiedenförmig gestaltet werden, je nachdem, wie sich die großen Ungetüme, die Fallhämmer mit jedem Schlag in sie verbeißen. Nein, hier wird nicht mit dem alles beherrschenden Tod gearbeitet. Und doch – etwas von seinem Werkzeug wird hier im glühenden Zustand geknetet. Dort drüben, die geschmiedeten Stücke, die von leuchtendem Gelb ins Dunkelrote übergehen und schwarzgrau erlöschen, schauen aus wie Köpfe von großen Geschossen, Granaten oder so etwas.

Nicht mehr lange bis zum Ende der Morgenschicht. Vorläufig gucken wir nur zu, jeder bei einem anderen Fallhammer. Beim Verlassen der Schmiedehalle marschiert auf dem Hof, begleitet von einem Wächter, eine Kolonne im Dreierzug an uns vorbei. Die Kerle sind noch zerlumpter als wir. An einigen der schmierigen, zu engen grünen Röcke hängen noch metallene Uniformknöpfe. Große Buchstaben »KG« werden im Vorübergehen an ihren Rücken sichtbar. Wie war das? Ihr flieht aus der Gefangenschaft? – hat uns damals die Alte gefragt. G – Gefangener, K – Krieg, KG – Kriegsgefangener. Wie halten es die mit ihren Dokumenten?

Seckenheim heißt der Ort, wo sich unsere Unterkünfte befinden. Ein elektrischer Zug mit sauberen weißen Wagons fährt mit uns am Fluss, dem Neckar, entlang. Wir steigen dort aus, wo schon ländliches Gebiet an die Stadt grenzt. Stellenweise sieht man kleine gepflegte Felder. »Stojala, dumala, cihanoczka moloda – sie stand da, die junge Zigeunerin ...« Nicht über die Baracken, die grünen Zäune, die dunklen Kiefern von Treblinka, sondern in diesem länglichen Gebäude, in das wir hineintreten und das an ein Gasthaus erinnert, erhebt sich der gleiche wilde mehrstimmige Chor. Oben im ehemaligen Saal, umgewandelt in eine Schlafstätte, schlendern oder stehen sie herum oder liegen auf den zweistöckigen Pritschen mit Strohsäcken und singen, die lebenslustigen wilden Gesellen. Anders als die in Treblinka haben diese, die sich freiwillig aus der besetzten Ukraine zur Arbeit ins »Reich« gemeldet hatten, Zivilkleidung an. Blasse Gesichter von der Fabrikarbeit. Am großen Holztisch wird Karten gespielt und »Hrosche« – Groschen – hin und her geschoben. Jemand will sich auf Polnisch »eine Papirossa drehen«, zuerst muss er sich aber den Tabak von einer großen Rolle fein schneiden. Die liegt auf dem Tisch und ist für alle da. In dieser Gegend wird Tabak angebaut und auch Wein.

Tschechisch ertönt: »Ihr seid Tschechen?«, zunächst prüfend und dann, als wir die Mützen ablegen, mit freudiger Begrüßung: »A sieh mal, Jungs, ihr seid eingelocht gewesen ...« Keine Bange – die nachwachsenden Haare auf unseren Köpfen sind ein guter Nachweis, dass wir »die richtigen Kumpel« sind. Niemand wird uns weiter ausfragen, wenn wir selber nicht anfangen, über uns zu erzählen. Ein zierlicher Blonder kommt, der zu seinen feurigen ukrainischen Landsleuten überhaupt nicht passt. Betont freundlich wendet er sich an uns: »Ihr seid neu hier – ich heiße Leo und erledige hier im Lager amtliche Angelegenheiten. Gebt mir die Bezugsscheine aus der Fabrik für die Unterkunft und das Essen und auch die Fabrikausweise. Mit denen geh' ich noch heute zur Ortspolizei wegen polizeilicher Anmeldung. Heute Abend bekommt ihr alles zurück.« Noch drei andere sind heute Neuankömmlinge. Zwei scheinen Polen zu sein, der dritte ist Holländer. Klar, es werden doch Ausländer nicht einzeln zur Ortspolizei hin und her trudeln. Das wird alles ordentlich im Sammelverfahren erledigt, sind sowieso alles Arbeitskräfte für die Fabriken, einer wie der andere, wichtig, dass die Räder rollen. »Alle Räder müssen rollen für den Sieg«, diese Parole sahen wir heute schon mehrmals, an der Fabrikmauer, an der Lokomotive. Am Abend verteilt der blonde Administrator Leo an alle Neuen polizeiliche Anmeldungen, bestätigt, gestempelt. Eine solche, sehr ähnliche Karte mit Bestätigung, dass einer »polizeilich am Wohnort gemeldet ist«, musste jeder bei uns zu Hause auch haben, noch bevor die Deutschen unser Land besetzten.

»Mensch, das ist doch ein echtes amtliches Dokument. Jetzt gibt es uns wirklich. Da hast du's polizeilich bescheinigt – Wladimir Frysak – Rudolf Masarek.« – »Bei irgendwelchen Kontrollen werden wir immer sagen, die anderen

Papiere mussten wir in der Fabrik abgeben.« – »Ja, und hübsche Futterale besorgen wir uns für diese Ausweise. So was wie Etuis für Dokumente wird es hier doch noch geben, ohne Bezugsscheine.«

Ohne Bezugsschein besorgen wir uns auch nach ein paar Zahltagen unseren ersten Ausgehanzug. Da geht dann immer nur der eine aus, und der andere liegt in Decken eingewickelt auf der Pritsche im Lager. Jetzt haben wir schon beide einen Sonntagsanzug, so dass wir zusammen in die Stadt ins Kino gehen können.

Nirgends hängt eine Tafel mit der Anordnung »Juden Eintritt verboten«, weder am Eingang ins Kino noch an der Tür zur Gastwirtschaft, noch beim Eintritt in den Park. Ist ja nicht nötig. Hier gibt es keine Juden mehr. Diese Stadt ist »judenrein«.

Der erste Film, den wir in festlicher Kleidung und erregter Stimmung sahen, war ein Farbfilm: *Baron von Münchhausen*. Ich schaute gebannt, wie Hans Albers, den ich von früher her als Darsteller von Heldenrollen kannte, inmitten der Schlacht auf einer Kanonenkugel fliegt, in schneeweißer Husarenhose, schwarzen Lackstiefeln bis über die Knie und rotem Rock. So saß ich da, weit weg von Treblinka, draußen im Leben, und guckte dem fantastischen Geschehen um den Baron von Münchhausen zu.

Soll sich niemand täuschen – die Schmiede bei Lanz sind keine Mannsbilder, die, jeder die Lederschürze umgehängt, den ganzen Tag mit dem Handhammer auf den Amboss schlagen. Sepp, bei dem ich zuerst als Heizer und später als Hammerführer angelernt werden sollte, ist zwar ein großer Brocken, schaut aber dabei wie ein alter Bär aus. Der Oberkörper bekommt beim Gehen immer Übergewicht nach vorne, so dass ihn die Beine mit jedem Schritt einholen müssen. Vom alten Bär hat er noch die Stimme und die schlauen Äuglein hinter einer kleinen ovalen Brille. Etwas hat er doch vom alten Dorfschmied, bei dem wir zu Hause die Pferde beschlagen ließen – er stinkt so angenehm nach Schweiß und Zunder. Auch wenn er jünger wäre, müsste er nicht einrücken. An der rechten Hand fehlt ihm nach irgendeinem Unfall der Zeigefinger, so dass er den Abzug nicht gut drücken könnte, und mit den Plattfüßen könnte er sich in der Sturmlinie auch nicht so flott bewegen.

Hans, mit grauen Haarbüscheln, die an beiden Seiten unter einer alten Seemannsmütze heraushängen, ist so klein, dass ihm der Hebel vom Dreitausend-Kilo-Gesenkhammer bei vollem Schlag bis an die Schultern reichte. Ja, ein tonnenschweres Gesenk fiel ihm beim Einbauen in den Hammer auf den Fuß und zerquetschte alle Zehen. Seitdem führe ich dem Hammerschmied Sepp den Hammer.

Am meisten erfuhr und lernte ich von Anton in den kurzen Zeitabschnitten, wenn er und Otto mich und Karl beim Schichtwechsel ablösten.

Anton ist hier was Besonderes, weil er in die Schmiede wirklich hingehört. Er ist ein echter Schmied und hat zu Hause irgendwo in Nordböhmen gelernt. Als einziger von uns hat er für diese Schufterei die richtige Figur. Nur die Haut ist nicht braun gebrannt wie bei einem echten Schmied. Vielleicht ist seine Haut am ganzen Körper so hell, weil er sich so sorgfältig wäscht. Wenn dieser solide, stattliche Handwerker im vollen Schaffen ist, scheinen seine großen Hände mit dem gelbglühenden Stück in der Zange irgendeine chirurgische Arbeit auszuführen. Nach der Schicht, schon in Zivilkleidung, pflegt er seine schaufelartigen Hände zu scheuern und rosa zu schrubben, dass sie aussehen wie bei Herrn Doktor im Ordinationszimmer. Die hellen, ein wenig rötlichen Haare, noch feucht nach dem Duschen, sind gescheitelt, die Schildmütze ist seitlich aufgesetzt. Seine schwarzen Schnürschuhe glänzen immer. Anton – auf Tschechisch Tonda – wird eine Garnitur Putzzeug für seine Schuhe daheim in seiner Wohnung und eine im Schrank hier in der Garderobe haben.

Otto – auf Tschechisch Ota – kommt aus Mähren. Schon deshalb versteht er sich mit Karl so gut, wenn sie sich beim Schichtwechsel an dem Fußhebelhammer in der hinteren Reihe ablösen. Anton macht sich zwar über sie lustig, dass es wie Weihnachtsgebäck sei, was sie da schmieden – die Glieder für die Panzerketten –, aber sie beide haben am Rücken ihres Arbeitskittels weiße »Landkarten« von Salz aus getrocknetem Schweiß, wie übrigens wir alle, die hier im »heißen Betrieb« arbeiten. Wenn man bedenkt, dass sie in einer Schicht aus langen schweren Stangen acht- bis neunhundert solcher Brezeln schmieden, dann haben sie während der Schicht vielleicht mehr Kilos, eigentlich Tonnen, in ihren Händen als wir an den schwersten Handhebelhämmern.

Otto ist zwar auch ausgelernter Schmied, sieht aber überhaupt nicht so aus. Neben Anton ist er wie ein fremdländischer Bub – dunkle Haut, dichte schwarze Haare, die auf beide Seiten herabfallen und die er immer unter die Schildmütze stopfen muss. Beide, Anton und Otto, kommen täglich aus Hockenheim herbei, wo sie wohnen. Als sie 1942 hier ankamen, konnte man gut verdienen und leben – noch ohne Fliegerangriffe, behauptet Anton. Aber Otto macht mit einfältigem Lächeln Andeutungen, dass da bei Anton auch noch ein Fräulein im Spiel war. Bei Otto selbst ist es nicht klar, was er mehr und was er weniger wollte – Anton nicht allein gehen lassen oder Geld verdienen oder die deutschen Frauen näher kennen lernen.

»Warum wohnt ihr zwei eigentlich nicht auch privat?«, fragt uns Otto einmal beim Schichtwechsel. »Als Tschechen habt ihr ein Anrecht darauf. Nur die

Ukrainer und die Polen und überhaupt die von ›schlechterer Rasse‹ müssen im Lager wohnen.« Und Anton fügt hinzu: »Im Lager bescheißt man euch doch fürchterlich. Keine Bezugsscheine und Lebensmittelkarten bekommt ihr in die Hand und müsst mit dem Fraß dort zufrieden sein. Die paar Tschechen, die dort verbleiben, sind zu dumm und zu faul, selber ein wenig zu wirtschaften. Acht Tschechen sind wir jetzt hier in der Schmiede, und außer euch beiden wohnen wir alle privat in Untermiete. Alle bekommen wir Nahrungsmittel für Schwerarbeiter, eben für die Arbeit im heißen Betrieb.« Und Otto holt aus seiner alten abgegriffenen Aktentasche, die er neben dem Hammer hängen hat, zwei angebrochene Brote, dick mit Schmalz beschmiert. »Ja, das stimmt«, sagen wir uns nachher. »Wir sind doch loyale Tschechen, haben Anspruch, privat zu wohnen und direkt Lebensmittelkarten zu beziehen. Herrgott, wir lassen uns doch nicht übers Ohr hauen, wir wollen das, was uns zusteht. Und mit den Frauen dürfen die loyalen Tschechen auch ...«

Bevor wir vom Lager wegziehen, veranstalten wir dort ein kleines Abschiedsfest. Dreißig Liter Wein besorgen wir vom Bauern aus der Pfalz und der blonde Leo zaubert Schmalz und Brot herbei. Und dann geht es los: »Oj pri luczku, pri luczku.« Zusammen mit den wilden ukrainischen Gesellen singen wir das Lied vom feurigen Ross, das sich über die Aue und das breite Feld so frei herumtrieb, vom Kosaken, der aber nicht so frei war – ohne merken zu lassen, woher wir es eigentlich schon kennen. Leo vertraut uns an, dass er das Schmalz und das Brot von der Frau Wirtin aus der Nachbarschaft bekommen habe und er sie in den flauen Zeiten besuche.

Umziehen sei wie eine kleine Sintflut, pflegte meine Großmutter zu sagen. Unser Umzug aber ist einfach. Wir tragen unsere zwei Köfferchen und die zwei Margarineschachteln nur einige Straßen weiter. In Seckenheim liegt nämlich alles nahe beisammen. In der Straße, in der wir jetzt wohnen, geht es überhaupt nicht weiter, es ist eigentlich nur eine Halbstraße: Nur auf einer Seite stehen die Häuser. Aus dem Fenster oben gucken wir geradewegs in die Felder. Das Stück mit Tabakstauden direkt vor dem Haus gehört unserem Hausherrn. Er hat dort Erde für einen kleinen Luftschutzraum ausgehoben, den er mit Holz verstärkt hat. Dieser »Bunker« ähnelt den Schützengräben aus dem Ersten Weltkrieg, deren Abbildungen mir immer so gefallen hatten. Ich prüfe, ob ich sauber genug bin, um mich in ein echtes Bett zu legen, und wundere mich, dass das weiße Betttuch und die rotweißen Bezüge so rein sind. Keine Kleckse und blutige Streifen. Ich wundere mich, dass auf dem Tisch in unserem Zimmer alles so liegen geblieben ist, wie wir es hingelegt hatten – die ganze Zeit über, wenn wir in der Fabrik sind. Auch die Sachen im Schrank sind nicht berührt worden. Neulich, als Karl zur Morgen- und ich zur Nachmittagsschicht mussten, lag ich allein im Bett und rührte mich nicht. Nur mit den Augen betastete ich den Überzug, die Bettdecke, die Wände, mit den Ohren genoss ich die Stille. Dann stand ich noch eine Weile am Fenster in »meinem« Schlafanzug und blinzelte in die bräunlichen und rostigen Winterfelder ohne Schnee. Ja, so ist es, das hier wird »Privat« genannt. Wir wohnen privat.

Das Zimmer oben in dem Häusle gehörte den beiden Söhnen unseres Hausherrn, Herrn Gottfried K. und seiner Frau. Die beiden Jungs schliefen in den zwei Betten, bis sie für die Uniformen heranwuchsen. Der eine wird drin nie mehr schlafen und der andere erst nach dem Krieg, wenn überhaupt. Bis dahin entschieden sich die alten Leute, das obere Zimmer zu vermieten. Im Gegensatz zu all den anderen, die jetzt im Krieg nicht wissen, was sie mit dem wertlosen Geld anfangen sollen, haben die Rentner selbst davon zu wenig. Als aber die von der »Winterhilfe« ins Haus kamen, mit der Sparbüchse und einem Sack, um für die Soldaten an der Front zu sammeln, da verwies der alte K. nicht einmal auf seine finanzielle Situation: »Habe schon geopfert, mein Opfer liegt irgendwo bei Krementschug«, sagte er nur.

Solche Aussagen hören wir von unserem Hausherrn öfters. Schwer zu beurteilen, ob er sich so aufgrund seiner früher gefassten Meinung äußert oder weil ihm schon alles egal ist, nachdem der eine Sohn gefallen war und er selbst wegen der Magengeschwüre seine Arbeit als Maurermeister aufgeben und in den Ruhestand gehen musste. Während unser Hausherr immer mehr verfällt, wird seine Frau runzelig vor lauter Sorgen. Sie sorgt sich um alles und wacht über alle, weil Dinge so und nicht anders gemacht gehören, und wenn man etwas vernachlässigt, dann gibt es noch größere Sorgen.

»Wenigstens ein Essen im Tag sollen junge Leute wie ihr so recht hausgemacht haben, besonders wenn sie so schwer schaffen müssen. Ihr richtet euch alles hier bei uns in der Küche zu. Ich zeig' euch das Geschirr, das ihr benützen könnt, und schau' auch, dass es euch auf 'm Herd nicht anbrennt. Das Essen tut ihr euch ordentlich auf'n Teller, da aus der Schublade nehmt ihr euch das Besteck und werdet da, wo geheizt wird, am Tisch in Ruhe essen. Es versteht sich, das benutzte Geschirr werdet ihr abspülen und alles wieder an seine Stelle zurücktun. Wenn euch der Fliegeralarm im Haus erwischt, werdet ihr eure Sachen nehmen und mit uns in unseren Bunker im Feld gehen.« – Ja, ja – so macht ihr oben keine größere Sauerei, wenn ihr euch da unten in der Küche öfter aufhaltet, wo man sowieso den Boden täglich aufwischen muss. Und oben heizen wird auch nicht nötig sein, wenn ihr dort nur übernachtet. Unsere Buben, so lang's ging, ließ ich auch nicht so viel herumtreiben. Beim Fliegeralarm könnt ihr auch unsere Sachen packen und uns helfen, und wenn schon etwas passiert, dann müssen wir alle löschen und retten, was zu retten ist. Im Haus bleibt ihr mir nach 'm Sirenengeheul auf keinen Fall. Kann mir die Scherereien mit den Behörden vorstellen, sollte euch was im Haus treffen ... Vielleicht jagen solche Gedanken unserer Quartiersfrau neben dem, was sie laut sagt, durch den Kopf, unter dem kleinen Haarknoten. Vielleicht aber denkt die gute Alte überhaupt nicht so und ich bin ein richtiges Miststück, dass ich das von ihr denke. Wenn ihr Haarknoten schon ganz grau wäre und noch lächerlicher, die Haut darunter wie kleine Fetzchen, dann wäre sie wie die dort, reif für ... So, Frau K., hängen Sie sich in mich ein, und wir gehen – zum Doktor, ins Lazarett ... Der Fliegeralarm hat uns wieder einmal beim Schichtwechsel zusammengeführt. Ich sitze mit Karl, schon in Arbeitsanzügen, unten im Waschraum und schaue zu, wie Anton und Otto nach der Schicht duschen. Zu uns hat sich auch Heinrich Toman gesetzt, der älteste und erfahrenste von allen Tschechen hier in der Schmiede und vielleicht bei Lanz überhaupt. Seine Haare sind schon grau, aber schön dicht, nach hinten gekämmt. Er ist schlank wie eine Gerte. Wenn er statt dem einst blauen, jetzt fettigen schwarzen Arbeitsanzug eine graue Hose anhätte, sportliche Halbschuhe, ein Sakko, um den Hals im offenen Hemd ein feines Tuch gebunden, wenn er das von Ruß beschmierte Gesicht sauber gewaschen, sich rasiert und vielleicht ein ganz wenig bepudert hätte, passend zu den weißen Haaren und den hellblauen Augen, dann wäre Heinrich ein feiner Herr im reifen Alter, der viele Jahre irgendwo in exotischen Landen gelebt und viele Erinnerungen hat. Heinrich genießt den Ruf des besten Kranführers in der Schmiede. Jeder Hammerschmied von den schweren Fallhämmern sieht am liebsten oben in der Laufkabine Heinrichs Kopf mit aufgesetztem Barett, wenn er neue Gesenke einbauen muss oder sonst zur Arbeit den Kran benötigt.

»Ihr zwei –« Heinrich wendet sich zu uns – »euch hat man doch schön in die Mangel nehmen müssen und dann so nebenbei gefragt, ob ihr freiwillig zur Arbeit ins Reich wollt. So wie ihr ausgeschaut habt, als ihr gekommen seid. No, beichten müsst ihr uns da nichts. Alle sind wir hier freiwillig. Ich musste von der letzten Station, wo wir gastiert hatten, schnell und weit weg. Otto hier – du Lausbub, gib' zu, dass du bei euch daheim deine Keuschheit nicht schnell genug loswerden konntest, und so bist du ins Deutsche Reich aufgebrochen.«

»Ich mach' Ihnen ein Geständnis, Herr Toman« – Otto ist der einzige, der Heinrich siezt – »aber erst, wenn Sie uns sagen, was Sie gemeinsam mit Thomas Pech haben. Man erzählt sich, Sie haben mit dem Meister ausgemacht, dass Sie die Zwölfstundenschicht am Kran immer nacheinander fahren dürfen, da sie gemeinsam falsche Zähne haben, und die tauschen Sie immer bei der Stechuhr aus.«

»Dem Thomas Pech hab' ich geholfen, weil er, der Arme, wegen dem fliegenden Schwein am Pilsner Schlachthof hierher geraten ist. Eines Tages ging irgendein Angehöriger der deutschen Besatzung zufällig an der Außenmauer des Städtischen Schlachthofs von Pilsen vorbei. Und da, im Abenddunkel, fliegt auf einmal ein halbiertes Schwein über die Mauer, ihm direkt vor die Füße. Kein Bezugsschein, keine Lebensmittelkarten waren dabei. Na, und so ist Thomas, damals Werktätiger am Pilsner Schlachthof, der drängende Gedanke gekommen, sich freiwillig zur Arbeit ins Deutsche Reich, schon das Dritte, zu melden. Und wie sie ihn für hier ausstatteten, ging er halt einiger Zähne verlustig.« Anton stellt die Dusche ab und bearbeitet sich sorgfältig mit dem Handtuch. Seine Fragen richten sich an uns zwei: »Wie macht ihr das eigentlich mit den Weibern, wenn ihr den Hausherrn und seine Frau zu Hause habt. Die lassen euch doch niemand aufs Zimmer mitnehmen. Da müsst ihr immer ausgehen.« – »So eingerichtet wie ihr zwei haben sie's nicht – zu Hause nur Quartiersfrau und der Hausherr auf dem Schlachtfeld, unbekannt wo. Aber kannst sicher sein, dass sich ihnen auch was Gescheites bietet. Deutschland ist von seinen Männern entvölkert, die Bomben fallen immer öfter und dichter.« Heinrich legt eine blecherne Tabakdose neben sich auf die Bank, öffnet sie, zerreißt und zermalmt zwei Zigarettenstummel und mischt sie mit dem anderen Tabak aus der Dose. Erst beim Drehen der Zigarette zwischen den Fingern fährt er fort: »Hinzu kommt, dass jede auf jenes Stück Fleisch neugierig ist, das sie nicht kennt. Ein Stück Fleisch weniger als ein Pfund, weniger als für den Kaufmann von Venedig.«

Ein solches Gleichnis aus dem Mund des besten Kranführers hier in der Schmiede ist für uns nicht außergewöhnlich. Heinrich war von Beruf Schauspieler, bevor die Deutschen die Tschechoslowakei besetzten ...

»Wie alt bist du, Otto – zwanzig? Ich bin achtundvierzig. Das ist wie zweimal vierundzwanzig und ist dabei doch nicht zweimal vierundzwanzig. Da überlegst du dir schon, bevor du aus deinem Gewehr schießt, auch wenn du es geladen hast. Solchen Gulasch, den ich mir zurichte, macht mir sowieso keine Hausfrau, und die meine jetzt ist ohnehin schon alt.«

»Die meine ist auch nicht mehr die jüngste, aber so sauber, so gepflegt«, erzählt Anton. »Jetzt muss ich mich nicht mehr kümmern. Alle Lebensmittelkarten und Bezugsscheine geb' ich ihr. Die Brote für die Schicht krieg' ich immer vorbereitet und warmes Essen, wenn ich von der Schicht zurückkomme.«

»Meine Alte besorgt immer für Samstagabend Wein«, schließt sich Otto an. »Guck mal, die Socken sind von ihrem Alten.« – »Na siehste, was für einer du bist«, lässt sich Heinrich hören. »Der andere kämpft für dich an der Front, und wenn er zurückkommt, wird er nicht einmal 'ne Socke im Schrank finden. Eigentlich, wenn man's so nimmt, ist es deine historische Sendung in diesem Krieg. Die deine, die Alte, wird noch ihren Enkelkindern, wenn sie irgendwelche haben wird, erzählen, dass die Tschechen ganz annehmbare Leute sind. Nach mir sollten noch mehr Ausländer herkommen, noch mehr sollten sie mit den vereinsamten Damen in den Armen liegen und sich gegenseitig zuflüstern – halte mich fest, liebe mich, bis dass die Bombe oder das Kriegsende uns scheiden.«

Den Fliegeralarm haben sie abgeblasen, Anton und Otto gingen heim, und ich stelle den Ofen wieder an. Während des Fliegeralarms war er auf die kleinste Stufe zurückgefahren und daher ausgekühlt, von Leuchtendgelb ins Dunkelrot.

Karl schickt sich an, bei Hertha im Laden vorbeizuschauen und etwas zum Mittagessen und auch zum Mitnehmen in die Nachmittagsschicht zu holen. Ich trage inzwischen unsere Koffer und Margarineschachteln nach unten in den Gang. Auch die wichtigste Habe unserer Hauswirtsleute steht dort in Koffern bereit. Bei Fliegeralarm wird das alles in den kleinen Bunker im Feld getragen. Wenn wir zu Hause sind, geht das mit unserem Einsatz »ruck-zuck«. Wenn wir auf Schicht sind, muss unser Hausherr alles raustragen. Dann gedenken wir seiner besonders als eines »Brillantenträgers«, ohne dass er über die hohe Auszeichnung etwas weiß. Das Rasierzeug mit den Brillanten ist nämlich in einem der Koffer.

Ich guck' aus dem Fenster, ob Karl schon zurückkommt. Heute hat er es irgendwie eilig, er zeigt nicht wie sonst die Papiertüte, wie voll Hertha sie gepackt hat. Er schwenkt die Zeitung. Hereingestürmt, hält er mir mit einem Ruck die Titelseite vor die Augen: »Sie sind gelandet«, steht dort. Wann? Gestern. Die Zeitung trägt das Datum 7. Juni 1944. Sind gelandet – sind schon da – diesseits – an diesem Ufer. Ihr alliierten Jungs, dass ihr nur schnellstmöglich herkommt, und passt auf, dass ihr nicht auf eine der Minen tretet, die ich geschmiedet habe ...

Die komischen Nachttöpfe auf ihren Köpfen

Einer der Fliegerangriffe im Januar 1945 hat das Dach der Schmiedehalle völlig abrasiert. Seitdem arbeiten wir als Dachdecker. Der Meister hat uns hochgeschickt, damit wir es zusammen mit »echten« Dachdeckern versuchen. Das sind französische Gefangene, denen von den bläulich-grauen Uniformen mit der Zeit nur noch die langen schweren Mäntel und – einige wenige – Baretts auf dem Kopf geblieben sind. Vielleicht sind sie nicht alle »echte« Dachdecker. Aber sie meldeten sich zu dieser Arbeit, da kein Aufpasser ihnen in dieser Höhe auf die Finger schaut. Als der nächste Fliegerangriff das gerade neu gedeckte Dach wieder abdeckt, zeigen sich die Francois, Pierres und Claudes, die mit dem selbst gedrehten Glimmstengel im Mundwinkel, nicht mehr. Vielleicht hat es ihr eigenes Lager im ehemaligen Speisesaal eines Wirtshauses irgendwo in Schriesheim, Oggersheim, Viernheim selber voll erwischt.

Jetzt sind wir da oben allein. Kein Meister klettert uns nach. Wir – das sind wieder Anton, Otto, Heinrich, Karl und ich. Auf dem Dach, zwölf Meter hoch über dem Boden aus gusseisernen Platten, kommen wir uns wie Sportler oder Schausteller vor. Über die ganze Spannweite balancieren wir auf dem Balken – und frisch genagelten Leistenwerk, werfen uns die Dachziegel zu und wetteifern, von wem aus das brandrote Ding eleganter in der Luft segelt.

So verbringen wir ein Stündchen, dann kriechen wir hinter den Lichtfang auf das flache Stück außer Sichtweite von unten und lassen uns von der Sonne wärmen. Jetzt, mitten im Februar, ist es hier am Rhein so schön wie bei uns im Frühling.

Wir beobachten unbemerkt das Geschehen unter uns. Die ganze Schmiede steht erloschen da. Die Öffnungen der Öfen sind blind, die Fallhämmer stumm. Kein Feuer, kein Schlag-auf-Schlag, nirgends herumspritzender glühender Zunder, nicht einmal dunkelroter Abglanz aus erkaltenden geschmiedeten

Stücken. Überall graues kaltes Eisen, wartende Stille – die Leutchen unten stehen debattierend hinter den hohen Hämmern und Öfen, damit man sie nicht zu gut sieht, trödeln herum, überflüssig und nichtig wie Ausgedinger.

Zwei Frauengestalten beleben unten die Szene: »Seht mal, diese Treibhauspuppe Luise – wie alt ist sie? Achtzehn, neunzehn? – Hat darum selber ersucht. Nämlich: Ich will nicht, dass mich die Bombe als Jungfrau trifft.« – »Dafür ist Gerda ein erfahrener Dragoner mit stattlichem Hinter- wie auch Vorderteil. Mit ihren fünfundzwanzig Jahren hat sie schon einige geschlagene Schlachten hinter sich.« – »Du sagst ›erfahrener Dragoner‹ und in was für ein Schlamassel ist sie hineingeschlittert? Lange hat niemand was davon gemerkt, bis es herauskam, dass sie eine besondere Vorliebe für den Polen hat, der an dem Fußhammer in der zweiten Straße schafft. Eine Deutsche und ein Pole – das ist eindeutig strafbar. Neulich hat Annemarie eine amtliche Akte darüber mitgebracht und uns daraus vorgelesen. Mit Polen schlafen ist ein schwerer Verstoß gegen das Gebot der Rassenreinheit, mit den Ukrainern ebenso, mit den Russen – und das sind lauter Gefangene – ist es direkt zum Steinigen. Aber zurück zu Gerda: Durch das Bürofenster hat man sie gesehen, wie ihr gewaltiger Busen vom Heulen auf und ab wippte. Am meisten hat der Stellvertreter des Betriebsleiters getobt, der Politische, der immer das ›Plätzchen‹ am Rockaufschlag hat und so scharf auf die Weiber ist. Vertuscht hat man es. Gerda soll gewusst haben, wie man schnelle Buße tut.«

Ich höre auf, das weitere Gespräch zu verfolgen. Eigene Erinnerungen tauchen in mir auf. Alle Fallhämmer da unten verstehe ich jetzt zu führen und auf ihnen zu schmieden. An allen großen Öfen habe ich gearbeitet und weiß, wie man sie richtig einstellt, damit das Eisen sauber, ohne viel Zunder heiß wird. Hinter alles wollte ich kommen, weil ich mich dann als ganzer Kerl gefühlt habe. Das alles hat mir gefallen und es gefällt mir hier. Zu Hause hab' ich mir vorgestellt, ganz Deutschland sei Brachweide und -heide, es gedeihe hier wenig, die Leute schauten finster drein und die Weiber seien hässlich. Von dort, vom Leben hinterher, von wo ich mit Karl entkommen bin, konnte ich mir niemanden von ihnen anders vorstellen als mit Totenkopf. Aber vielleicht schien mir nur nach dem dortigen Inferno das hier alles so wundervoll – auch die Glut im Ofen und am Hammer, die den Atem hemmt. Vielleicht nur deshalb kommt mir dieses Stück Deutschland vor wie ein großer Garten – dazwischen hier und da irgendwelche Werkstätten. Oder ist es wirklich so, dass uns beiden ein großes Glück beschieden war, das uns in diesen Landesteil führte, an den Rhein. »Rhein – Mädel – Wein«, es reimt sich.

Hoch oben, so hoch, dass man sie im Gegenlicht der Sonne kaum sehen kann, fliegen in schneidenden Intervallen irgendwelche Jagdflugzeuge. Zwischendurch tönt lang gezogenes Dröhnen schwerer Maschinen herüber. Auf die Sirenen ist kein Verlass mehr. Die Amerikaner, die Engländer und die Franzosen sollen stellenweise schon am andern Ufer des Rheins sein. Ihre Flugzeuge kommen schon, bevor die Sirenen heulen.

Plötzlich ein schneidender Ton von oben, der immer schärfer anschwillt. Etwas rast auf uns zu und drückt uns flach auf das Dach. Mit den Gesichtern liegen wir nach unten, den Kopf zwischen den Armen. Das Heulen wird von gellendem Knattern unterbrochen. »Bisher noch nicht dagewesen, aber jetzt sind sie da – die Tiefflieger.« Wir heben die Köpfe, als das Heulen langsam wieder abnimmt. »Jetzt müssen wir sehen, was die in der Fabrik angerichtet haben.«

Am Vorhof stellt sich Heinrich im öl- und rußverschmierten Arbeitsanzug mit seinem Barett auf dem Kopf vor die Statue des Gründers der Werke, Heinrich Lanz, in derselben Pose: einen Fuß vorgeschoben und die rechte Hand vorne in den Mantel eingehängt. »Guckt mal, einen sauberen Durchschuss hat er und steht immer noch. Das würde ich so nicht fertig bringen. Na, das ist das Ende, Jungs. Habt ihr Schach gespielt? Kennt ihr euch in Schachwelsch aus? Nicht sehr wahrscheinlich, denn ihr seid nie so oft direkt aus dem Theater ins Cafe gegangen. Also das, was jetzt kommt, das haben wir im Schach ›technisches Fertigmachen des Gegners‹ genannt.«

Von Tag zu Tag kommen weniger Leute in die Schmiede. Die russischen Gefangenen mit den Buchstaben »KG« auf dem Rücken bleiben auch aus. Nicht mehr zu sehen sind auch die Hüte der italienischen Bersaglieri, freilich ohne Feder, die man gekappt hat, als man sie Ende 1944 zu uns einlieferte, weil sie mit den Deutschen nicht mehr gemeinsam kämpfen wollten.

Die Straßenbahnen fahren nicht mehr, die Züge ebenfalls nicht. Von Anton und Otto aus Hockenheim fehlt seit einigen Tagen jede Spur. Wir kommen von zu Hause in Seckenheim zu Fuß, nur um in der Fabrik nachzuschauen und zu sehen, was mit Heinrich los ist. Mit der OEG-Bahn dauerte es zwanzig Minuten, jetzt brauchen wir drei Stunden, bis wir durch alle Fliegerangriffe und das Durcheinander auf der Straße nach Mannheim gelangen. Die Stadt ist entvölkert. Alle ziehen fort, verkriechen sich. Dabei spüre ich, dass sie, dass wir alle warten. Auf was? Auf die, die sich hinter dem Rhein befinden. Bis sie kommen, bis alles vorbei sein wird. Mein Gott, wie wird es sein – das Ende – und für uns ein Anfang? Unsinn, nichts darf ich mir vorstellen, an nichts denken.

Wir finden Heinrich vor seiner Wohnung in der Nähe der Fabrik, wie er sich den Weg zur Haustür des ehemals zweistöckigen Hauses und zu seiner

Wohnung im Erdgeschoss bahnt. Er schob nur die gröbsten Brocken von Schutt zur Seite und arbeitete sich durch den Schutt von Ziegelsteinen, Verputz und Glassplittern vor. Nur er allein war in der Stille und in der Menschenleere der Trümmerstraße zu bemerken. Wir entscheiden, dass er zu uns in die weniger gefährdete Gegend außerhalb der Stadt umzieht. Wir selber sind vor kurzem ebenfalls umgezogen, wieder einige Straßen weiter in Seckenheim. Die gute alte Frau K. hat uns doch zuviel bemuttert und zu wenig Freiraum gelassen. Unsere neue Wirtin zog vor einigen Tagen mit ihrem Kind aufs Land und überließ uns die gesamte Dreizimmerwohnung. Platz haben wir dort also mehr als genug.

Wir begannen sofort mit dem Packen von Heinrichs Habseligkeiten. »Heinrich, bei uns in Seckenheim sind die Fensterscheiben noch ganz, und durch sie guckst du in die Felder. Von wo hast du so viele Koffer, so viele Sachen?« – »Na ja, als die Weiber hier erfuhren, dass ihre Männer nicht zurückkommen, oder einfach, als sie von ihnen lange nichts gehört hatten, da kamen sie und brachten – die eine das, die andere jenes. Als ich sie tröstete, erkannten sie wohl, dass sich hinter meinem abgenutzten Äußeren eine schöne und gute Seele verbirgt.« Heinrich bindet die Koffer auf einem zweirädrigen Karren fest. »Dieses Vehikel habe ich vermutlich anlässlich des Umzugs der letzten Dame verdient.« – »Morgen früh zieht auch Annemarie zu uns. Ein Fahrrad hat sie, noch ganz gut fahrbar, aber zum Essen hat sie nichts. Und in unserer großen Wohnung ist kein Krümel mehr zu finden.«

Als wir auf der Suche nach Essen in einem zerstörten Stadtteil in den Keller eines ansehnlichen Hauses eindringen, umgibt uns ein berauschender Duft. »Liebe Leute, das Fressen nahmen sie mit, den Wein konnten sie nicht mitschleppen, also stachen sie ihn an, damit er ausläuft. « – »Oder hat hier schon jemand vor uns geplündert?« – »Na was, Wein allein soll auch nahrhaft sein. Braucht ihn nicht so aus dem Fass schlabbern, da sind noch ein paar gefüllte Flaschen.« Als wir hinaustreten und in die Sonne blinzeln, heult es von oben auf uns herab, begleitet von Maschinengewehrgeratter. – »Siehst du, für was der Wein auch gut ist – wie schnell du vor dem Tiefflieger zu Boden gehst.« Karl liegt auf dem Bauch, die Weinflaschen unter den Armen. Im nächsten erreichbaren Keller lässt er die beiden Flaschen aus den Händen gleiten und auf dem Boden zerschellen. Dort stehen zwei große Korbflaschen. »Verflucht, der wievielte Keller ist das? Der fünfte, sechste? Und überall nur Wein, Wein allein. Nirgends ein Stückchen trockenes Brot, das sich in den Wein eintunken ließe.«

An den zerbröckelten Wänden, die nichts mehr trennen, nichts schützen, zu nichts gehören und eigentlich gar keine Wände mehr sind, schieben sich vor meinen Augen Schilder und Parolen ineinander: »Alle Räder müssen rollen für den Sieg« – »Der Feind hört mit« – »Vater tot. Werner mit Familie in den Schwarzwald« – »Celui qui pille, sera comdamné à mort« – »Wer plündert, wird zum Tode verurteil« – »Ein Volk, ein Reich, ein Führer«.

Du Bestie, hier stehe ich oben auf einem deiner Trümmerhaufen und schaue auf dich herab, besaufe mich mit Wein und an dem Anblick, wie du krepierst. Weißt du, wer ich bin, wer wir sind? Welche Zeugenschaft wir mit uns, in uns tragen? Und jetzt, jetzt ist es uns vergönnt, die Zeugen deines Verendens, deiner Agonie zu sein. Halt, Moment, das ist überhaupt nicht möglich, dass ich so etwas sehe. Also hier stand einmal ein hübsches Einfamilienhaus. Unten gab es eine Küche, Speisekammer, Wohnzimmer, oben die Schlafzimmer, und auch ein Bad haben sie dort gehabt. Nur, das Häuschen sehe ich jetzt nicht mehr; von dem ganzen Häuschen sehe ich nur noch die Abflussleitung, und an der hängt oben hoch eine Wanne – nichts als eine Badewanne, und von ihr führt nach unten in den Boden ein Röhrchen. Wohnen können sie da nicht mehr, nur baden können sie – wenn sie hochklettern. Na, los, los, locker, locker, schneller, schneller – ins Bad, ins Desinfektionsbad, auf dass das Wasser nicht kalt werde. Wie denn, das hätten wir uns doch denken können, dass niemand Essbares gegen Wein eintauscht. Nur ein paar Zigaretten haben wir in der Nachbarschaft ergattert. Wir sitzen zu Hause im Dunkeln, heizen im kleinen Kanonenofen, weil die Abende jetzt, Ende März, noch kühl sind, weil die feuchten Zigaretten trocknen müssen und weil wir zum Abendessen etwas Warmes haben sollten – Glühwein, was denn sonst. Draußen beginnt es zu donnern, zu gellen, der Himmel wird in glühende Fetzen aufgerissen, mit rötlicher, bläulicher und glitzernd-gelber Umrandung. »Das ist das Artilleriefeuer, jetzt ist auch schon die Artillerie da.«

Wir sind nun zu dritt, nicht mehr zu zweit. Und einer von dreien hat größere Chancen als einer von zweien. Auch könnten wir Heinrich für unsere Geschichte keine passendere Kulisse vorstellen als das, was sich eben draußen abspielt. »Heinrich, nimm einen großen kräftigen Schluck und hör zu. Wir geben dir Zeugenschaft – du übernimmst sie – für den Fall, dass wir zwei ...«

Als in der Stille draußen, von der wir nicht wissen, wann sie eingetreten ist, die ersten Vogelstimmen ertönen, die der Morgendämmerung vorauseilen, weiß Heinrich alles. Er weiß von der Endstation, umgeben vom grünen Zaun, vom Bahnhof mit der Schrifttafel »Treblinka«, von dem Desinfektionsbad mit dem tötenden Gas, vom »Lazarett« mit dem Kennzeichen des Roten Kreuzes. Er kennt die Namen der Angehörigen des SS-Sonderkommandos Treblinka, die echten und die Spitznamen. Er weiß vom Aufstand am 2. August 1943.

Heinrich steht neben dem kleinen Kanonenofen, zuweilen legt er Holz von zerhackten Stühlen nach, so dass der dämmerige Raum rot durchleuchtet wird, zuweilen betastet er die auf einem Hocker ausgelegten Zigaretten und zündet sich die trockenste an.

»Ihr seid also Juden, ihr Kerle. Wer hätte das von euch gedacht – in der Schmiede, bei den Öfen, bei den Fallhämmern. Und ihr sagt, dass vielleicht eine ganze Million dort – und dass vielleicht nur ihr zwei ...?« Ein ungewohntes Geräusch auf der Straße reißt uns aus dem Schlummer in der warmen Nähe des Ofens. Unter unseren Fenstern ziehen, eilen Leute mit Karren, Rucksäcken, Körben vorbei. Quer durch diesen Strom schiebt Annemarie ihr Fahrrad in unsere Richtung. Zwei Koffer hat sie bei sich, einen hinten auf dem Träger befestigt, den anderen vorne auf der Lenkstange. »Alle ziehen zum Rangierbahnhof. Es sollen dort ganze Züge zerbombt stehen. Wagons voll mit Nahrungsmitteln«, berichtet sie, als wir ihre Koffer und auch das Fahrrad in die Wohnung tragen. I wo denn, jetzt ein Fahrrad irgendwo außer Sicht stehen lassen! Auch wenn es im Hinterhof abgestellt und mit einem Schloss gesichert wäre, im Nu kann es verschwinden. »Also, Herrschaften, los, unseren zweirädrigen Jagdbomber ...« – »Annemarie kann inzwischen den Ofen heiß halten.«

Der Rangierbahnhof, zu dem man von uns aus zur Abkürzung am besten über einen Feldweg gelangt, ist einer der kleineren Güterbahnhöfe, die rund um die Stadt liegen. Bis jetzt haben hier die amerikanischen Jungs gute Treffer gelandet. Hätten sie sich um etwas mehr als einen Kilometer in unsere Richtung geirrt, dann hätten wir wahrscheinlich jetzt keine Wohnung oder sogar überhaupt keinen Hunger mehr. Als wir auf der kleinen Fußgängerbrücke dahintrotten, um so über die Zwischentreppe in der Mitte hinunter zu den Gleisen zu gelangen, öffnet sich uns eine grandiose Bühne: Aus aufgebrochenen, geborstenen Wagons quellen, befleckt mit Ruß und Schlacke, Kisten und Schachteln hervor. Unbekannt von wem, unbekannt für wen. Mengen von kostbarem Niemandsbesitz, bedroht von Wirren und Verderbnis. Man erkennt nicht mehr, welche Wagontür durch eine Explosion aufflog und welche von menschlicher Hand aufgebrochen wurde. Heinrich steht auf dem Trittbrett vor einer der aufgeschlagenen Schiebetüren. Der Wagon ist voll von Hüten. Heinrich nimmt einen nach dem anderen in die Hand und brüllt abwechselnd Karl und mich an: »Willst du den – oder den – oder den?« Die Hüte segeln majestätisch durch die Luft, und Heinrich, der Schauspieler aus böhmischer Provinz, in Grandseigneur-Positur, beginnt die Ballade des Herrn Cyrano de Bergerac vorzutragen: »Meinen breiten Hut werf' ich hin, und das mit Grazie.« Zwei Wagons auf dem gegenüberliegenden Gleis bäumen sich auf und keilen sich ineinander wie zwei Hengste. Eine Frau, mit Mehl im Gesicht bepudert und auch in den Haaren wie eine Rokoko-Dame, hält zwei weiße Säckchen gegen ihren Busen gedrückt. Sie spricht einen Jüngling an. Es scheint, sie verspricht ihm beides. Nebenan ein Wagon, umgekippt wie eine gefallene, an der Kette geschleppte Kuh. Halt, was ist das in dieser Wagonhälfte? Englische Inschriften auf Schachteln mit gelbem Pulver: getrocknete Eier. Zigarettenstangen, Lucky Strike. In der anderen Hälfte des Wagonraums in zwei Kisten geflochtene Flaschen – Verrat – Wein, wieder Wein, aber diese Sorte haben wir noch nicht in unserem Lager: Chianti! Das haben die vielleicht in Italien erbeutet. Jetzt erbeuten wir es. Oder ist – war es eine Sendung des Roten Kreuzes? Dann ist es auch in Ordnung. Wir sind doch der Rot-Kreuz-Hilfe bedürftig, oder?

Oben auf der Böschung erscheinen grüne Uniformen, es knallen Schüsse. Das Gelände leert sich schnell. Jemand sagt, dass die zwei Ausländer, die auf der Böschung nahe der Fußgängerbrücke liegen, von Tieffliegern getroffen sind. Ein anderer behauptet, die von der Feldgendarmerie, die vorbeigehuscht sind, haben sie erschossen. »Wer plündert ...«

Dieses gelbe Häufchen, wie viel Eier können das sein, zwanzig, dreißig? Probieren wir mal, das Pulver mit der Margarine zu verrühren, die Annemarie mittlerweile organisiert hat. Zwanzig, dreißig Rühreier, Chianti Meilini in so schönen Korbflaschen, und das alles ohne ein Stück Brot, ohne eine Kartoffel. Wir rutschen auf den Stühlen herum. Karl schwenkt die leere Flasche mit der Bastschlinge. Heinrich ist jetzt fast so triefäugig wie damals bei dem Fliegerangriff, als er verschüttet wurde.

»Mehl und Kartoffeln haben sie uns vor der Nase weggeschnappt, als ich mit den Hüten geblödelt habe. Auch hätten wir nicht sofort wegziehen sollen, nachdem die grünen Polis vorbei waren. Jesus-Maria, dort müssen doch noch irgendwo in den Wagons Mehl und Kartoffeln sein. Wir sollten Annemarie nicht so darben lassen.«

»Heinrich, im Nu wird es dunkel. Wir schaffen es nicht mehr zurück. Die knallen uns ab, wie die zwei heute Mittag.« – »Hast wohl Angst?« – »Was, wer, ich?« – »Einer sollte aber mit Annemarie hier bleiben und die Wohnung bewachen. Zwei langen dort.«

Karl bleibt, Heinrich und ich brechen auf. Bald ist es Abend. Der Feldweg liegt still und verlassen vor uns wie die ganze Gegend. Ungefähr auf halbem Weg erscheinen zwischen dem Gebüsch geduckte Gestalten in Uniform. »Das werden die Opas und die Buben vom Volkssturm sein und noch ein paar normale Soldaten, die sich da heute Vormittag einfanden. Haben nicht böse ausgeschaut, waren ziemlich abgerackert. Zurück können wir jetzt auf keinen Fall.« –

»Halt, was ist mit euch?« – »Wir sagen es Ihnen offen. Wir schaffen in der Lanz-Fabrik und wohnen hier in der Nähe. Zu Hause haben wir nichts zu beißen und dachten, wir könnten was am Bahnhof in den zerbombten Wagons finden. Am Vormittag sahen wir, dass von dort Leute etwas mitgebracht haben ...« – »Das war vormittags, aber jetzt gegen Abend haben die Amerikaner die Fußgängerbrücke schon ganz aus der Nähe beschossen.« – »Aber ...«

Heinrich winkt mit der Hand ab und verfolgt den Blick des Alten, der auf unser Vehikel gerichtet ist. Um es beweglicher zu machen, haben wir ihm nur eine Deichsel verpasst, anstatt der bisherigen zwei. »Gut, oder?« – »Na ja, g'schickt« – das zweirädrige Ding macht aus uns Einheimische. »Also geht – ist sowieso alles Scheiße.« Je mehr wir uns der Fußgängerbrücke nähern, um so mehr scheint unser Karren zu knarren. Wir heben ihn hoch und tragen ihn leise hinunter. Als wir von Wagon zu Wagon schleichen, kommt es mir einen Augenblick vor, als ob jemand über die Brücke huschte. Ich gebe Heinrich ein Warnzeichen. Wir verkriechen uns im Wagon hinter der Schiebetür und lauern.

»In dieser Stille kann man meinen, dass da irgendwelche Kulissenschieber mit dem Kopf unter dem Arm herumlungern.« Heinrich verstummt und beginnt zu jammern: »Ne, ne, das darf nicht, aber doch, Mensch, jetzt glaub' ich schon, dass dunkle Kräfte mit uns ihr Spiel treiben – dieser Demijohn, dieser Glaskolben, umgeben von Hobelspänen, ist voll mit Spiritus – reiner Spiritus –, so um die fünfundzwanzig Liter, und Erdäppel keine, keine einzige Kartoffel. Na, für den Spiritus wird es schon Essen geben – nur nicht mehr heute Abend.« Oben auf der Brücke setzen wir den großen Glaskolben auf den Karren. Ich schiebe und steuere mit der Deichsel von hinten, Heinrich hält die Flasche am Hals aufrecht. »Was sagen wir den Onkeln in Uniform, wenn sie fragen, was wir da anstatt Kartoffeln führen?« – »Dass wir es für sie und für uns zur Desinfektion genommen haben. Möglich, dass sie nicht mehr da sind, dass sie heim sind – zur Mutti, schlafen gegangen.«

Auf dem Weg zwischen der Brücke und den wenigen vereinsamten Häuschen reißt unser Karren derart die schwere lastende Stille auf, dass wir dabei halblaut schwätzen müssen. »Halt« – auch wenn es gedämpft, nicht laut ertönt, hält es uns auf der Stelle an. »Hände ...«, nichts anderes kann dieser leise oder bestimmte Befehl bedeuten als: »Hände hoch!«

Wir wenden uns in Richtung der Stimme. Aus der Öffnung, wo früher ein Fenster im Erdgeschoss gewesen sein muss, blitzen uns ein paar kleine Ringe entgegen. Ja, Hände hoch – wenn ich die Deichsel loslasse, gerät der Karren aus dem Gleichgewicht, und der Glaskolben rutscht herunter – krach, bumm –, und die schießen. Ich hebe daher zuerst die freie linke Hand hoch, die rechte hebe ich nur langsam, damit ich sie bei Bedarf schnell wieder auf die Deichsel legen kann, und verfolge dabei Heinrichs Hände. Die eine hat er schon erhoben, die andere, am Hals der Flasche, bringt er so geschickt nach oben, dass er vorher noch die Flasche von der Ladefläche langsam herunterschieben kann. Gut so, jetzt kann ich die Deichsel endlich loslassen, und wir haben schließlich alle Hände oben.

»He«, das klingt und sieht so aus, als sollten wir näher kommen. Ein, zwei, drei Schritte, im Halbdunkel des Häuschens werden die Umrisse der Gestalten deutlicher.

»Was haben die auf den Köpfen ...« Heinrich neben mir kommt ins Stottern, ... was für komische Nachttöpfe? Das sind sie doch!« Herrgott – wie sagt man auf Englisch »schießen – nicht schießen« – Tschechen – Czech – hab' ich's gesagt oder nicht? Egal, jetzt schießen sie nicht mehr, der eine zeigt, wir sollen zu ihnen hinter das Haus kommen, wieder richten sie ihre kurzen Gewehre auf uns, als wir sie umarmen wollen. Englisch können wir uns nicht verständigen. Ich kenne nur ein paar Worte. Einer spricht jedoch radebrechend etwas, was wie Polnisch klingt: »Kde – wo – Nemcy – the Germans?« Die Dunkelheit über uns wird von einem schillernd fliegenden Geschoss durchbohrt, dann kommt das zweite geflogen, das dritte, dann ganze Scharen. Über unseren Köpfen bildet sich ein streifiges Gewölbe aus glühenden und gellenden Geschossen. Wir laufen quer durch die Gärten hinter den niedrigen Einfamilienhäusern. Wir wissen, dass hier statt der üblichen Zäune nur niedrige Drähte die einzelnen Grundstücke abgrenzen. Aber unsere Amerikaner wissen es nicht. Der schmächtige Junge mit dem geflochtenen Riemen am Halfter seines Revolvers, der von Heinrich geführt wird, stolpert ständig über diese Drähte. Heinrich fängt ihn auf und brüllt ihm im Geschützfeuer auf Tschechisch - begeistert ins Gesicht: »Also wie – bist du besoffen oder ich?« Die meisten Deutschen in Uniformen sind wirklich heim – zur Mutti schlafen gegangen. Einige, die dageblieben sind, und ein paar Zivilisten aus den umliegenden Häuschen werden von den Amerikanern in einen Kellerraum zusammengetrieben. Uns weisen sie in einen anderen Kellerraum, wo wir vielleicht etwas zu essen finden können. Selber haben sie nichts Essbares bei sich. Nur Zigaretten bekommen wir von ihnen. Die Nacht müssen wir also im Keller verbringen.

»Prosze – bitte«, sagt der mit den Polnischkenntnissen, als er mir mit seinem Feuerzeug Feuer gibt. Jetzt sehe ich erst, dass das Gesicht unter dem großen Helm, der ganz anders aussieht als die deutschen Helme, sehr jung ist.

Er muss jünger sein als ich. Von seinem Vater hat er nur ein paar polnische Worte aufgeschnappt, als er – noch ein Knabe – mit seinen Eltern nach Amerika kam. Soll ich jetzt vor diesem Buben mit dem komischen Nachttopf auf dem Kopf meine Arme ausbreiten und ihm in diesem Augenblick offenbaren, was dort geschah, von wo auch er stammt? Blödsinn, Unsinn, dem geht es jetzt nur darum, selber nicht getötet zu werden. Von oben hört man ein Stöhnen. Die Tür schließt sich hinter uns, Heinrich und ich sind im Keller allein.

»Rudolf, sag, dass du nach den Kübeln von Wein auf nichts anderes Appetit hast als auf eingemachtes Obst – Kirschen, Marillen, Birnenkompott.« Heinrich streift mit einem angezündeten Streichholz in der Hand die Regale ab, auf denen lauter Einmachgläser stehen, volle und leere. »Da sieht man 'ne Haushälterin, Mann, das wäre 'ne Hausfrau! O ne, doch nicht, abmessen würde sie einem alles, knapp würde sie mich halten. Das ist doch Eingemachtes vom Vorjahr. Die hat es abgezählt und auf das ganze Jahr verteilt. Jetzt räumen wir ein, zwei Regale, und nehmen uns die Bretter, damit wir nicht auf dem kahlen Zementboden schlafen müssen. Aber morgen müssen wir früh auf den Beinen sein, weil dieser Stoßtrupp, wenn ich es richtig verstehe, nicht lange hier bleibt.«

Als mich Heinrich in der Morgendämmerung weckt, herrscht überall Stille. Die Amerikaner sind nicht zu sehen. Wir öffnen die Tür zu dem Raum, wo die Deutschen versammelt sind. Sie sitzen ordentlich auf den Bänken gegenüber, mit dem Rücken zueinander. Sie wissen nicht, dass die Tür wieder aufgeschlossen ist. Die Amerikaner mussten wohl den Schlüssel umgedreht haben, bevor sie weggegangen sind. »Was wird mit uns«, fragt die Alte und spricht offensichtlich auch für den Alten, der neben ihr sitzt. Die meisten haben uns am Abend zusammen mit den Amerikanern gesehen. Also geschieht mit ihnen das, was wir jetzt sagen: »Nichts, nichts wird Ihnen passieren, wenn Sie da ruhig weiter sitzen bleiben, bis wir Ihnen sagen ...«

Nichts passiert euch, nur von oben, durch das vergitterte Luftloch, wird man euch in diese Kammer ein wenig Desinfektion hineinschütten – denke ich.

Heinrich schließt die Tür und dreht den Schlüssel wieder um. »Und jetzt haben wir ein Stündchen Zeit, um uns doch noch nach Kartoffeln umzusehen.« Wir laufen die Treppe hoch in die oberen Wohnräume. Federbetten und Matratzen aufgeschlitzt, blutbefleckt, die Schränke aufgerissen, die Tür zur Speisekammer – wahrscheinlich war sie versperrt – aufgebrochen, alles mit dem Bajonett zerstochen, überall Verheerung, alles besudelt, bekleckst, verklebt mit lauter weißen Federchen.

»So sichert sich ein Soldat, wenn er den Rücken nicht gedeckt hat, damit ihn niemand von irgendwo anfällt. Die müssen hier einen Verwundeten gehabt haben. Man hat ihn bis nach unten gehört. Vielleicht waren sie auch wütend, dass jemand aus dem Hinterhalt geschossen hat.« Heinrich hebt vom Bett ein Fernglas auf, besichtigt es und liest die Inschrift: »Paris, das muss er in Frankreich geklaut oder schwarz gehandelt haben, nicht ahnend, dass es diesem böhmischen Pack in die Hände fällt. Guck dir das an, aus der Speisekammer haben sie nur Eier genommen. Da sind zerschlagene Eierschalen. Alles andere hätte vergiftet sein können – für sie, aber nicht für uns. Schau, wie sie das bisschen Schmalz versaut, das Mehl zertrampelt haben, die Schweine.« Während wir die weggeworfenen, kaum zur Hälfte gerauchten Zigarettenkippen auflesen, lässt Heinrichs Wut auf die Amerikaner nach: »Du, zu dieser Armee ließe ich mich als Bodenwischer und Aufräumer anwerben.«

Heinrich schiebt in der Morgendammerung den zweirädrigen Karren, beladen mit Kartoffeln, Mehl, Erbsen, alles in Säckchen und Tüten. Gläser mit Eingemachtem und alles andere, was zerbrechlich ist, verstauten wir in einem Kinderwagen, den wir im Keller entdeckt haben. Dieser Feldweg ist also der ruhmreiche Weg in die Freiheit, hinter dem Kinderwagen, den ich schiebe, trete ich den Siegesmarsch an. Aus dem Haus laufen Karl und Annemarie uns entgegen. Über die Äcker und die eingefallenen Häuser sieht man bis zur Hauptstraße, auf der schwere amerikanische Panzer rollen. Aus dem zweiten Stockwerk des Hauses, wo man zuletzt französische Gefangene gehalten hat, hängt vor einer Traube von Leuten eine Trikolore herab – so groß, dass sie jeden der aus den Panzerluken herausschauenden Soldaten beim Vorbeifahren fast einwickelt.

»Wladimir, eigentlich: Karl!« – »Rudolf, nein: Richard!« – »Ja, ja, Annemarie, nur ich bleib' dein Heinrich – stets dein Heinrich.«

Villa im noblen Viertel

Zwei Tage lang werden wir vernommen. Wir sagen aus in einer Villa in Neuostheim, diesem noblen Vorort, den wir bisher nur als Zwischenstation auf der Bahnstrecke zwischen Seckenheim und Mannheim kannten. Solche Uniformen wie die da, denen wir unsere Geschichte erzählen und die uns ausfragen, könnte Heinrich auf der Bühne getragen haben. So sauber sind sie, die Hosen haben tadellose Bügelfalten, oben auf den Kragen glänzen golden die Buchstaben US und CIC. Während der Essenszeiten nehmen sie uns mit in ihre Kantine. Mein Gott, wie kann jemand inmitten von soviel Essen so wenig essen? »Allesamt ungesunde, nicht normale Leute sind es. Das kommt von der Nachrichtenschieberei und von dem Papierkram«, meint Heinrich, als wir ihm später alles erzählen. »Wie nennen sie sich? CIC – Counter Intelligence Corps? Intelligenzler also – die erkennt man schon daran, wie sie die Uniform tragen.« Irgendwie absonderlich sind sie also wirklich. Wer in aller Welt hat es schon gesehen, von der Zigarette nur ein stummelgroßes Stückchen zu rauchen und das ganze Stück, das normalerweise geraucht wird, wegzuwerfen?

Nachdem unsere Aussage beendet ist, führt man uns in einen anderen, noch besser ausgestatteten Raum. Dort stehen zwei höhere Offiziere. Der eine hält mit Schreibmaschine beschriebene Papiere in der Hand, in denen beide gleichzeitig lesen. Der andere wirft unterdessen einige Worte zu uns hin. Was war das? Das klang wie Jiddisch. Der hohe Offizier spricht wie die Juden in Polen, in Treblinka, sprachen. »Und beten, Hebräisch, habt ihr auch nicht gelernt?« Der Offizier schaut uns direkt an. Na Servus, die glauben uns noch nicht so ganz. Und dieser da wird uns jetzt auf Hebräisch prüfen. Mein seliger Großvater, der du mir alle die begangenen Sünden aufgezählt hast, als ich damals am Rosch-Haschanah, am Neujahrsfest, mit Pepi Horak, dem Goj, dem Nichtjuden, in die Synagoge kam, beide ohne Kopfbedeckung und an einer Pferdewurst kauend, Großvater, der du im Ghetto Theresienstadt im eigenen Kot mit aufgeschnittenen Adern vor mir gelegen hast, hilf mir jetzt, dass ich mich erinnere. Wie ging das, wie klang das damals, als man Ihm am Freitagabend, am Sabbat, gedankt hat? Das hab' ich mir doch gemerkt, weil es mir gefiel, dass man Ihm nicht nur für Brot, sondern auch für Wein gedankt hat.

»Boruch ato adonaj ... hamauzi lechem min haorec – das ist für das Brot. ... baure peri hagofen – das ist für den Wein.« Richtig schreiben könnte ich es nicht, weiß nicht einmal, wie die Laute, die Silben zusammengehören. Vielleicht hat der Offizierskapo da überhaupt nichts verstanden, ist an eine andere Aussprache gewöhnt? Jetzt dreht er sich um zu dem andern, der noch ein höherer Kapo zu sein scheint, und sagt, es sei »okay«.

»Also ihr habt mit dem heutigen Tag endgültig gewonnen, ihr habt das Zeugnis abgegeben. Wartet, ihr werdet noch berühmt sein, und ich muss mich von jetzt an an euch klammern«, räsoniert Heinrich nach dem Abendessen.

Später am Abend geht es unten auf der Straße und bei uns im Treppenhaus irgendwie lustig zu. Zwei von den Jungs, die vielleicht auf der Streife sind, kommen zufällig herauf bis in unsere Wohnung. Man versteht sich nur wenig. Wir versuchen ihnen zu erklären, dass wir Tschechen, nicht Deutsche sind. Sie beide sollen aus New York sein. Wir klopfen uns gegenseitig auf die Schultern, sie tätscheln auch Annemarie. Dann, wie auf Befehl, richten sie ihre Maschinenpistolen auf uns. Die Helme, die komischen Nachttöpfe, setzen sie nicht auf, sondern schlagen uns mit ihnen zusammen. Der eine stößt Annemarie mit seiner Maschinenpistole in die Brust, bis sie aufkreischt und einknickt. Dann packt er sie an den Haaren und schleppt sie zur Treppe. Der andere schaltet das Licht aus und richtet den Leuchtstreifen seiner Batterielampe auf uns. Aus dem Treppenhaus hört man Stöhnen und Ächzen. Ich nehme kaum wahr, wann sie sich ablösen. Dann verschwindet der Lichtstreifen, gefolgt von kurzem Getrampel auf der Treppe. In der Dunkelheit und Stille schleppt sich Annemarie herauf. Sie hatten sie in die Fensternische im Treppenhaus gepresst und dort vergewaltigt, einer nach dem andern. Es geschah gestern Nacht, in der Nacht auf heute. Und jetzt ist früher Vormittag. Annemarie sitzt auf einem Hocker mitten im leeren Zimmer. Auf dem Schoß hat sie eine Waschschüssel und verliest Trockenerbsen. Nie haben wir uns in diesem Zimmer länger aufgehalten. Es diente uns lediglich zum Lagern von erbeuteten Nahrungsmitteln und Weinflaschen. Es berührt uns, wie Annemarie da so allein über der Schüssel hockt. Wir setzen uns also dazu und sortieren mit.

Herrgott, sie soll wenigstens für einen Moment den Kopf heben, sie soll sich rühren, sie soll aufhören, fortwährend nur in der Schüssel herumzustochern. Verflucht ... Jetzt ist sie aufgestanden und trägt die verlesenen Erbsen weg, mit so einem geduldigen Ausdruck, als ob sie sich für uns geopfert hätte. Dafür sollen wir ihr vielleicht noch dankbar sein, damit sie die Oberhand bekommt, verdammt, das soll also der Sieg sein?

»Was ist ihr eigentlich passiert? Nichts«, Karl fährt auf. »Hat ihr jemand die Titten abgeschnitten, wie die dort es machten – in den Ghettos? Hat man ihr auf einen Schlag Mutter, Vater, Bruder umgebracht – wie mir? Was geht sie mich an, was gehen sie mich alle an?« »Ja, ja, mach dir nur Luft.« Heinrich stochert im Häuflein von Tabak und Zigarettenstummeln, das er auf einer ausgebreiteten Zeitung vor sich liegen hat. »Es geht überhaupt nicht darum, ob sie Deutsche ist, wir Tschechen und jene Amerikaner. Es ist Krieg, jene sind Soldaten, sie ist ein Weib und wir sind beschissene Zivilisten. Soviel ich aus Erfahrung weiß, hätten sie eher wegen ihr auf uns geschossen und nicht, weil wir ihnen vor der deutschen Linie herumspaziert sind. Die zwei hatten sich doch abgesprochen, vielleicht sogar mit ihrem Kommandanten, der irgendwo unten herumlungerte. Das wird üblicherweise gemacht in der Nacht, in der sich die Mannschaften ablösen. Ich wette, dass die zwei jetzt schon Gott weiß wo sind. Und niemand kann ihnen etwas beweisen. In solchen Fällen können einem auch die Herren Offiziere aus der noblen Villa nicht viel helfen.«

Heinrich verstummt für eine Weile. »Das gäbe vielleicht ein Theaterstück: Zwei, die aus Treblinka herauskamen, zwei von einer Million Menschen, fielen durch die Hand ihrer Befreier, als sie vor ihnen die Ehre einer Frau aus dem feindlichen Lager verteidigten. Blödsinn, Unsinn ist das alles. Wut hab' ich, dass ich so was nicht sofort gerochen hab', als die zwei zu uns hochkrochen.«

Heinrich zieht einige Male an seiner selbst gedrehten Zigarette. »Was hält uns hier eigentlich jetzt noch? Warum ziehen wir nicht auch um in das noble Viertel? Die Herrschaften haben euch gesagt, ihr sollt warten und euch in der Nähe aufhalten. Ihr werdet denen also melden, dass ihr aus Sicherheitsgründen noch näher sein wolltet. Ausgebombte Villen gibt es dort genügend. Dann nehmen wir also eine in Beschlag.« Wir laden unsere ganze Habe auf den Zweiräder, auf Annemaries Fahrrad und auf den Kinderwagen aus jener »historischen Nacht«. Die Räder des Kinderwagens brechen bald unter der Last zusammen, wir ziehen und schieben ihn auf der Straße wie einen Schlitten. Heinrich stolpert und ringt mit der Deichsel des Karrens in der Hand um das Gleichgewicht. Annemarie schiebt das beladene Fahrrad und lacht. Viel haben sie sich mit uns nicht unterhalten, die CIC-Offiziere, als wir ihnen mitteilten, dass wir in ihre Nähe umziehen möchten. Es sei »olrajt«, sagten sie, und dass sie uns jemanden schicken, der sich um uns kümmern würde.

Am nächsten Tag hält vor unserer einstöckigen »Villa« mit ihrem eingedrückten Dachstuhl und den durchlöcherten Wänden ein Jeep an. Aus ihm klettert ein knochiger, nicht sehr junger, nicht alter Mann. Er scheint in der Uniform mehrfach zusammengefaltet zu sein. Der Helm – der Topf – nimmt sich bei ihm besonders komisch aus, weil er einen zu kleinen Kopf hat. »Ich bin in dieser Armee Rabbiner«, fängt er gebrochen Deutsch-Jiddisch an, »der außer Beten sich um die Sorgen jüdischer Soldaten sorgt, und wenn ihr nichts dagegen habt, werde ich auch bei euch ein bisschen den Rabbiner machen.« Wir stehen immer noch vor dem Haus und beschauen die weiße Inschrift »Chaplain« auf dem Jeep.

»Das Oberkommando hat entschieden«, erklärt er, »dass alle Geistlichen in der Armee auf ihrem Jeep einheitliche Bezeichnung haben sollten. Deshalb habe ich auch die Inschrift ›Chaplain‹ anstatt ›Rabbi‹. Den Davidstern hat man mir dann dazu gemacht, damit man mich unterwegs nicht wegen Absolutionen anhalte, aber auch das habe ich schon bewerkstelligt.« – »Das soll also ein jüdischer Feldkurat sein«, wundert sich Heinrich. »Aber ihr zwei, ihr müsst erbärmlichere Gesichter machen, verelendeter ausschauen, wenn er für euch sorgen will.« Für uns ist der Krieg zu Ende, aber wir müssen warten, bis er für alle zu Ende ist. Die Tage werden länger, schöner, wärmer. An einem solchen Tag hören wir ein verrücktes Hupen, und dann sehen wir einen von den schwarzen Boys hinter dem Lenkrad seines Trucks ebenso verrückt grinsen. Neben sich hat er an der Frontscheibe die Armeezeitung *Stars and Stripes* angeklebt. Über die ganze Seite sind in riesigen Buchstaben nur zwei Wörter gedruckt. Je näher das Fahrzeug kommt, desto größer und deutlicher werden die Buchstaben: NAZIS QUIET.

Auf der großen Fläche des Betonbeckens, das, mit Wasser gefüllt, zum Löschen von Bränden bei Fliegerangriffen bestimmt war und jetzt, entleert, den US-Boys als Spielplatz für Baseball dient, hört das Spiel auf. Die Schlagstöcke, die Mützen, die Fanghandschuhe fliegen hoch. Die Zuschauer auf der Böschung springen auf und reißen die Arme hoch. Unter ihnen ein kleiner schwarzer Soldat mit Handflächen hell wie Pfötchen eines jungen Bären, er schlägt Purzelbäume. Einer von dem Trupp der Puertoricaner, die in der Villa gegenüber einquartiert sind, steht reglos, mit der Stirn an die Wand gelehnt. Aus der Kantinenküche fliegen frisch gebackene Dounuts – Krapfen – heraus. Ein alter Herr in Zivilkleidung hält seinen langsamen Gang an, vorgeneigt stützt er sich auf seinen Stock, schaut um sich herum. Man hört ihn nicht, man sieht ihm die Frage an: Ist der Krieg also zu Ende? Den 8. Mai 1945 haben wir heute?

Sobald es dunkel wird, reißt jeder von seinen Fenstern die Verdunkelungspapiere und -stoffe herunter, damit auch er sein Licht in diese Sonnenwende hinaus sendet.

Den Himmel durchkreuzen die Streifen der Scheinwerfer. Einer, der von irgendwo hinter dem Rhein mit seinem Streifen über den Himmel von einem Ende zum anderen mit der Regelmäßigkeit eines riesigen Metronoms pendelt, fesselt mich. Ich weiß, was der Junge dort hinter dem Horizont der ganzen Welt signalisiert: »Ich werde nicht mehr getötet – nicht mehr geschlachtet – ich werde leben – lieben – leben.«

Buße mit Fagottspiel

In den sechziger Jahren und noch Anfang der siebziger Jahre fanden vor dem Landgericht in Düsseldorf zwei große Treblinka-Prozesse statt. Der Erste gegen die »Puppe« Franz, den »Todesengel« Miete und noch andere. Der Zweite gegen den »Burgherrn« Stangl, den Brasilien an die Bundesrepublik ausgeliefert hatte. Er arbeitete in São Paolo im Volkswagenwerk. Seine Personalkarte war angeblich leer – blanko. Alle drei bekamen lebenslänglich. Stangl starb bald danach in der Haft an einem Herzinfarkt. Auch Miete starb schon im Gefängnis. Franz lebte dort noch – Ende 1990.

Suchomel, einer der Mildesten, soll vor Gericht erklärt haben: »Herr Vorsitzender, die ganzen Jahre bis zu meiner Verhaftung spielte ich in unserer Kirchenkapelle Fagott – immer unentgeltlich.« Ist die Wirkung einer Handgranate manchmal so gering? Damals beim Aufstand verschwand er in seiner weißen Uniform nach einer Explosion aus meinem Gesichtsfeld. Auch er ist gestorben, nachdem er sechs Jahre abgesessen hatte und aus der Haft entlassen worden war. Küttner blieb nach seiner Verwundung unauffindbar. Es gab Vermutungen, dass er in der DDR untergetaucht sei. Nur die Parteibücher brauchte er vermutlich zu wechseln, seinen Beruf als Polizeimeister nicht. In den beiden Prozessen sagten als Zeugen 54 Überlebende des Aufstandes von Treblinka aus. Sie überlebten auf unterschiedliche Weise. Zu den Prozessen kamen sie aus den verschiedensten Ländern der Welt, wo sie lebten. Vierundfünfzig von Achthunderttausend? Neunhunderttausend? Einer Million? Auch ich sagte als Zeuge aus. Die ganze Zeit wartete ich gespannt auf den einen Auftritt. Zu meiner vielleicht größten Genugtuung kam es nicht dazu. Keiner von denen stand auf, stellte sich stramm, die Augen geradeaus und erklärte: Ja, ich habe es getan aus Überzeugung, ich war und bleibe dieser Idee ergeben und bin bereit, zu jeder Zeit dafür gerade zu stehen. Keiner.

Zu meiner Enttäuschung saßen auf der Anklagebank nicht »die Bauherren« des Lagers Treblinka, die das Vorhaben ausgebrütet hatten, auch nicht jene, die es mit dickem Stift entworfen, und nicht die, die mit feinem Stift die Konstruktion, die Abdichtungsdetails der Gaskammern gezeichnet hatten – und selbstverständlich auch nicht die, die »den Werkbetrieb aus der Chefetage von irgendwo draußen managten«.

Das einzige gemauerte Gebäude im Lager, die Gaskammern, konnte bei dem Aufstand nicht zerstört werden. Angeblich hat man dort noch einige Hundert vergast. Im Herbst 1943 liquidierte man das Lager endgültig, unterpflügte das ganze Gebiet und besiedelte es mit ukrainischen Bauernfamilien, die dort Landwirtschaftsbetriebe aufziehen sollten. Sie flüchteten später – aus Angst vor den sich nähernden Russen oder vor den Geistern der Toten oder vor den lebendigen Geistern, die dort nachts kamen, um nach Gold und Schmuck zu graben. Heute ist auf dem Gelände ein eindrucksvolles Monument errichtet. Nach der Hitler-Finsternis habe ich die Stalin-Finsternis in der vormaligen ČSSR erlebt. Ich tröstete mich damit, dass diese nicht den eigenen dunklen Kräften des Volkes entsprungen war, sondern von außen kam.

In den Jahren 1951 bis 1953 musste ich als politisch unzuverlässiges Element in einem Hüttenwerk manuell arbeiten. Die Kumpels dort wunderten sich nicht wenig, dass dieser »Tintenbubi« mit den schweren Fallhämmern, den Öfen und den glühenden Brocken umgehen konnte. Als sich die Verhältnisse allmählich zum politischen Frühling auflichteten, ging es auch mit mir wieder aufwärts.

Nach der Zerschlagung des Prager Frühlings flüchtete ich mit meiner Frau, mit Tochter und Sohn in die Schweiz. Ich erklärte ihnen, man müsse sich dazu entscheiden – das Einfamilienhaus, in dem meine Frau aufgewachsen war, den Garten, in dem sich unsere Kinder tummelten, das alles zu verlassen –, als ob man in den allernächsten Tagen deportiert werden sollte. Es wurde eine feine, eine noble Flucht im Vergleich mit Treblinka.

Was mit den Brillanten geschah, mit denen wir und die mit uns »überlebten«? Zwei gleiche Ringe gibt es aus ihnen. Den einen trägt Jean, heute Witwe von Karl Unger in den USA. Den anderen trägt meine Frau. Die Geschichte dieser beiden Ringe könnte man heute vielleicht so anfangen zu erzählen: »Es gab einmal einen Ort, umgeben von einem hohen grünen Zaun ...«

Richard Glazar 1990

Skizze des Lagers Treblinka

(nach Angaben des Autors)

1-3 »Max Biala-Kaserne«

1 Unterkünfte für die (ukrainischen) SS-Wachmänner
2 Unterkünfte für die (ukrainischen) SS-Wachmänner
3 Verwaltung und Krankenrevier für die SS-Wachmänner
4 Gerätekammer für das Kartoffelkommando
5 Zoo-Ecke, auch Tiergarten genannt
6 Pferdestall
7 Schuppen
8 Wäscherei für die SS
9 geplante Bäckerei (nicht mehr gebaut)
10 geplante Vorratskammer (nicht mehr gebaut)
11 »Große Kassa«, Arbeitsstätte der »Goldjuden«

12-24 Das so genannte Ghetto

12 Küche für die jüdischen Häftlinge
13 Wäscherei für die Wachmänner
14 Krankenrevier-Stube für die jüdischen Häftlinge
15 Unterkunft/Schlafstätte für die »Hofjuden«
16 Schneiderei und Sattlerei
17 Tischlerei
18 Schlosserei
19 Schlafstätte für jüdische Frauen
20 Spenglerei
21 Magazin der Werkstätten 16-18 und 20
22 Unterkunft/Schlafstätte für die »Arbeitsjuden«, so genannte B-Baracke
23 Waschraum
24 Unterkunft/Schlafstätte für die »Arbeitsjuden«, so genannte A-Baracke
25 schmale Gasse zwischen Stacheldrahtzäunen; diese Verbindung zwischen Lager I (Auffanglager) und Lager II (Totenlager) wurde ausschließlich von den SS- und den Wachmännern benutzt.
26 Entkleidungsbaracke für die Frauen, mit so genannter Friseurstube
27 »Kleine Kasse« am »Schlauch«
28 Baracke mit Holz- und Baumaterialien, darin der Desinfektionskessel
29 Motorenraum der neuen Gaskammern
30 Unterkunft/Schlaftstätte für die »Arbeitsjuden« im Lager II (Totenlager)
31 Kleine Holzbude mit dem Kennzeichen des Roten Kreuzes im »Lazarett«
32 Abfall-/Müllgrube
33 Magazin mit Nahrungsmitteln für die jüdische Häftlingsküche

Die Lagerskizze wurde nach einer Vorlage des Autors
von Esther-Maria Roos, Frankfurt gezeichnet.

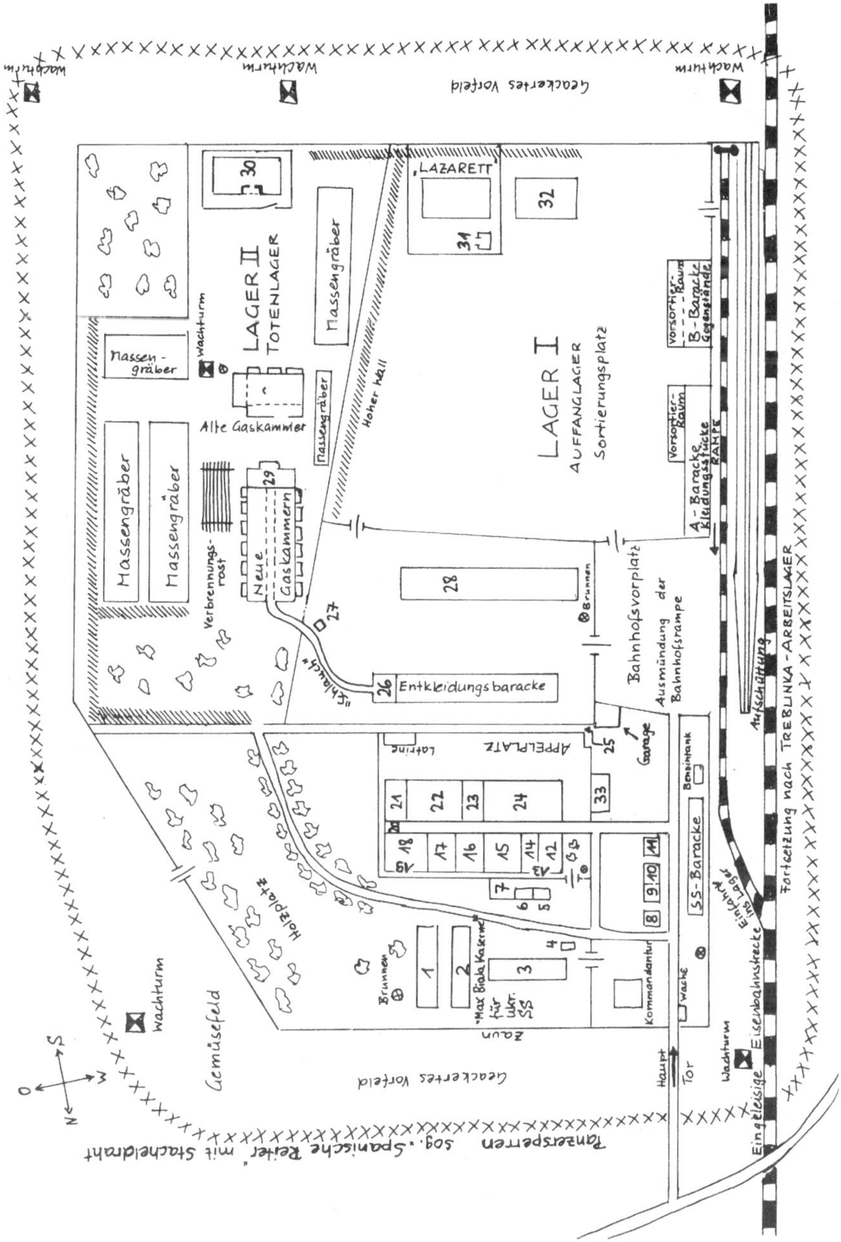

Wachturm
Geackertes Vorfeld
LAGER II
TOTENLAGER
Massengräber
Massen-gräber
Alte Gaskammer
Verbrennungs-rost
Neue Gaskammern
"Schlauch"
Entkleidungsbaracke
Hoher Wall
„LAZARETT"
LAGER I
AUFFANGLAGER
Sortierungsplatz
Vorsortier-Raum
B-Baracke Gegenstände
A-Baracke Kleidungsstücke
RAMPE
Brunnen
Bahnhofsvorplatz
Ausmündung der Bahnhofsrampe
Aufschüttung
Fortsetzung nach TREBLINKA-ARBEITSLAGER
APPELPLATZ
Latrine
Garage
Benzintank
SS-Baracke
Einfahrt ins Lager
Eingleisige Eisenbahnstrecke
Wache
Kommandantur
Zaun
Haupt Tor
"Max Biala Kaserne" für ukr. SS
Holzplatz
Gemüsefeld
Panzersperren sog. „Spanische Reiter" mit Stacheldraht
N S O W

Richard Glazar mit seiner Mutter

Richard Glazar nach der Befreiung 1945 in Mannheim

Richard Glazar 1968

Sobibór

Das Vernichtungslager

ISBN 3-89771-814-6
412 Seiten · 20 €
Mit umfangreichem Bild- und Dokumententeil

Jules Schelvis, der Sobibór und weitere Lager überlebt hat, recherchierte jahrzehntelang in Archiven in Ost und West und hat ein an Fülle und Detailgenauigkeit beeindruckendes Buch zusammengestellt, in dessen Mittelpunkt die Geschichte des Vernichtungslagers Sobibór und der geglückte Aufstand der Häftlinge am 14. Oktober 1943 stehen.
Das vorliegende Buch, in dem Jules Schelvis eigene Erlebnisse, ergänzt durch Zeugenaussagen aus den Sobibór-Prozessen der Nachkriegszeit, umfangreiches Archivmaterial und Interviews mit Überlebenden verarbeitet, ist 1993 erstmals in den Niederlanden erschienen und gilt seitdem als Standardwerk.
Nachdem das Buch jahrelang in Deutschland vergriffen war, gibt es anlässlich des 60. Jahrestages des Aufstandes im Vernichtungslager Sobibór eine Neuauflage.

Der vergessene Aufstand

ISBN 3-89771-813-8
256 Seiten · 16 €
Mit einer ausführlichen Recherche von Heike Kleffner und Miriam Rürup zur Nachkriegsaufarbeitung der Sobibór-Verbrechen in Justiz und Medien

Thomas Blatt ist einer von ungefähr 50 Überlebenden des Aufstandes im Vernichtungslager Sobibór. Dass das Morden in diesem heute fast vergessenen Lager der »Aktion Reinhardt« im Oktober 1943 schließlich endete, war auch das Ergebnis dieses Aufstandes, den mehr als 350 der so genannten Arbeitshäftlinge zur Flucht nutzen konnten. Thomas Blatt war als 16-Jähriger in die Planungen des Aufstandes eingeweiht und in die Umsetzung dieser Pläne einbezogen. In seinem Buch beschreibt er detailliert die scheinbar unmöglichen Voraussetzungen für den Aufstand und dessen Durchführung.
Mit seiner Veröffentlichung wollte Thomas Blatt ein zutreffendes und umfassendes Bild des Aufstandes zeichnen und dem Widerstand gegen den nationalsozialistischen Völkermord die Bedeutung zukommen lassen, die ihm gebührt. Damit kämpfte er gegen das fast vollständige Fehlen von Spuren an, da die Nationalsozialisten nahezu alle Opfer ermordet sowie das gesamte Lager zerstört hatten.
Dieses Buch war bisher nur auf Englisch und Polnisch erschienen, im Land der Täter fehlte es. Im Zusammenhang mit dem 60. Jahrestag des Aufstands liegt *Sobibór – der vergessene Aufstand* nun auf Deutsch vor.

UNRAST-Verlag